논리와 구조

비-고전 명제 논리의 대수적 접근

논리와 구조

비-고전 명제 논리의 대수적 접근

양은석 지음

전북대학교출판문화원

서 문

필자는 1999년 『논리와 철학』을 출판하였다. 이 책은 당시까지 필자가 연구한 논리학의 철학적 배경을 중심으로 서술된 논리 철학에 관한 저술이다. 필자는 당시 『논리와 철학』의 후속으로 『논리와 구조』라는 제목의 저술을 써야겠다는 생각을 가졌다. 그리고 그 생각은 10여 년의 세월이 흘러 이제야 실현될 수 있게 되었다.

필자가 당시 논리 철학적 작업의 후속으로 생각했던 저술은 형식 논리학의 다양한 내용을 하나의 주제를 중심으로 담아내는 것이었다. 그러한 생각을 갖게 된 이유는 크게 두 가지이다. 하나는 형식 논리학이라는 이름으로 매우 다양한 논리학이 소개되고 발전되어가고 있다는 사실에 대한 깨달음이고, 다른 하나는 그러한 논리학의 흐름을 제대로 소개하고 있는 국내 저술이 없다는 현실에 대한 안타까움이었다.

그러나 당시 이러한 생각은 상당히 막연한 것이었다. 왜냐하면 그때 당시 필자는 그동안 소개된 논리학 분야의 다양한 내용들을 아직 충분히 소화해 내지 못한 상태였기 때문이다. 그때까지 필자가 알고 있는 논리 분야는 고전 논리, 양상 논리, 직관주의 논리, 퍼지 논리와 다치 논리 정도이었고, 알고 있는 내용들도 불충분하거나 부분적인 것들이었다. 시인하건데, 어떤 내용들은 아무리 읽어도 잘 이해가 되지 않는 그런 것들이었다. 핑계를 대자면, 그러한 부족한 부분들을 보완할만한 학문적 토대가 그때 당시에는 제대로 구축 되어있지 않았었다. 그 당시 필자가 얻을 수 있는 도움은 사실상 고전 논리와 양상 논리 그리고 직관주의 논리에 관한 것이었고 그것 또한 매우 제한적이었다.

필자가 지금과 같은 방식으로 이 책의 저술 방향을 설정하게 된 계기를 마련해 준 것은 2000년대 초반 마이클 던(J. M. Dunn)과의 만남이다. 필자는 학술진흥재단(현 연구재단)의 지원에 힘입어 박사후 과정으로 인디애나대학(블루밍턴소재)에 방문할 기회를 갖게 되었고, 던은 그곳에서 당시 필자의 지도 교수였다. 당시 필자는 개인적으로 대수적 방법으로 논리를 이해할 때 논리를 더 잘 이해할 수 있었고, 던이 그러한 접근을 하고 있다는 것을 알고 그분 아래서 연구를 더 진척시키려고 했었다. 당시 던은 『철학적 논리에서 대수적 방법들』이라는 책을 출판하려는 시점에 있었다.

던과의 만남을 통해 연관 논리라는 분야를 접할 수 있게 되었고, 이전에 잘 이해가 되지 않던 내용들을 보다 손쉽게 이해할 수 있게 되었다. 아울러 연관 논리 의미론을 제대로 한번 이해해 보자는 심정으로 무작정 달라붙어서 작업했던 논문이 국제 학술지에 출판되는 결과를 낳게 되었다. 귀국 직후 필자는 다소의 시간적 여유를 갖게 되었다. 그로 인해 그동안 연구해 온 결과들을 잊어버리지 않기 위하여 관련 연구 내용을 초고 형태로 저술해 놓았었다. 이후 기존 연구를 더 심화하고 확대하는 작업을 해 오면서 저술 작업은 잠시 잊고 있었다. 2010년 연구재단 인문저술지원사업에 필자의 저술 작업이 선정되어 『논리와 구조』라는 이 책의 저술에 다시금 관심을 갖게 되었다. 다행히 그 동안 필자의 연구를 더 심화하고 외연도 확대할 수 있었기에 더 나은 결과물들을 이 책의 저술에 포함할 수 있게 되었다.

요즘은 20여 년 전에 비해 시중에 기본적인 논리학 교재들이 많이 출판되어 있는 상황이다. 하지만 내용을 더 심화할 수 있는 논리학 교재는 전무한 실정이다. 이 책은 기본적으로 기존 논리학 교재를 습득한 후 보다 더 진척된 연구를 해보고 싶은 동기를 갖고 있는 동료들을 위해 쓰여졌다. 필자는 이 책을 통해 독자들이 나날이 발전해 가는 형식 논리학의 다양한 분야를 접할 기회를 갖고, 또 논리학에 대한 보다 더 심도 있는 관심과 이해를 얻는 기회를 갖게 되기를 기대한다. 이 책은 논리학을 보다 전문적으로 연구하고자하는 학자들과 학부, 대학원 생들에게 도움이 될 수 있는 그런 책이다.

전북대 출판문화원 관계자님들과 여러 선생님들이 이 책을 출판하는 데 힘이 되어 주셨다. 특히, 이 저술이 교정되는 데 최원배 선생님과 이혜은, 이일권 선생의 도움이 컸다. 그분들의 도움과 노고에 이 책이 최소한의 보답이 될 수 있으면 좋겠다. 또한 이 책을 읽는 동료들로부터 쏟아질 많은 비판과 질책은 필자의 연구를 심화시킬 뿐만 아니라 이 땅에 논리학을 살찌우는 역할을 담당하리라 믿어 의심치 않는다.

일러두기

1. 차례와 본문에서 ++로 표시된 절은 전체 내용에 비추어 좀 더 발전된 내용을 담고 있는 절이다. 기본적인 내용에 관심 있는 독자들은 위와 같이 표시된 절을 제외하고 나머지 부분을 먼저 읽어도 된다.
2. 증명의 마지막에 사용된 □ 기호는 증명이 끝났음을 의미하는 기호이다.

목 차

제6장 **연관, 초일관 명제 논리**

제7장 **다치, 퍼지 명제 논리**

제8장 **준구조 명제 논리**

제 1 장

논리와 구조

- 속 구조의 철학적 함의에 관하여 -

1. 들어가는 말

이 장은 다음의 두 가지를 목적으로 한다. 첫째, 형식 논리학의 의미해석이나 공리 연역의 근간이 되는 논리적 구조의 중요성을 부각시키고자 한다. 둘째, 그러한 구조에 대한 형식적 논의가 속(lattices)을 통해 상당 부분 마련될 수 있다는 점을 철학적으로 예증하고자 한다.

이러한 논의의 필요성은 다음의 두 가지 문제 상황에서 발견할 수 있다. 첫째, 최근 형식 논리학 내에서 논리학이 점차 다양화되고 있다는 점이다. 그에 따라 그 동안 논리학의 영역에서 간과되었던 시제, 미결정성, 불확정성, 모호성 등의 논제들을 체계적으로 검토할 수 있게 되었다. 그러나 우리는 논리 대수(algebra of logic)로 알려진 불 대수 구조 안에서는 이러한 논제들을 체계적으로 다룰 수 없다. 그리고 형식의 다양화는 그간 형식화되었거나 앞으로 형식화될 모든 것들을 형식 논리학의 범주에 귀속시킬 수 있는 지와 같은 철학적인 문제를 야기한다.

둘째, 첫째 문제와 관련하여 그 동안 일반적으로 수용되어 온 학(S. Haack)의 논리학 분류에는 중요한 문제가 간과되어 있다는 것이다. 학은 고전 논리학에서 타당한 논리식들을 보존 하는가 아닌가에 따라 고전 논리(classical logic)에 대비되는 논리 체계들을 고전 논리를 연장한 확장 논리(extended logic)와 그것에 대결하는 일탈 논리(deviant logic)로 나누고 있다(Haack(1996), 2－4쪽). 이때 학 스스로도 구조의 중요성을 강조하고 있음에도 불구하고(같은 책, ix), 그녀의 논리학 분류는 각 논리식들의 타당성 범위가 구조적으로 같지 않다는 점을 충분히 반영하지 못하고 있다.

학이 어려울 것으로 생각했던 것(같은 책, xxvi)과 달리 논리 체계들의 분류는 형식적으로 마련될 수 있다.[1] 그리고 속 구조가 그에 맞는 역할을 할 수 있다. 즉 형식 논리학 내에서 논리 체계들 간의 형식적 분류는 속 구조를 통해 상당 부분 마련될 수 있다. 2장 이하의 논의에서 그간 이질적인 체계로 간주되어 온[2] 명제를 대상으로 하는 고전 논리나 직관주의 논리, 연관 논리, 다치 논리 등이 모두 속 구조를 갖는다는 점이 밝혀질 것이다. 대신 이 장에서는 그러한 속 구조가 논리학 내에서 왜 중요한지에 대한 철학적 검토를 할 것이다.

2. 속 구조의 논리 철학적 함의
: 배중률, 모순율에서 멱등 법칙으로[3]

아리스토텔레스가 동일률과 함께 배중률, 모순율을 공리로 간주한 이래 그러한 논리적 원리들은 서양 철학사에서 주요한 형이상학적 원리로 자리 매김 해 왔다. 각 원리는 진, 위의 엄격한 가름의 문제와 연관되어 있으며[4], 그것을 형식화해서 보여준 인물이 논리 대수의 창시자로 알려진 불(G. Boole)이다(Boole(1854), 37, 49 - 51쪽).[5] 2치 대

---

1) 필자는 첫째 문제와 관련하여 임의의 논리 체계가 특정 구조를 넘어서 적용될 수 없다는 점에서도 학의 분류가 갖는 문제는 결코 간과될 수 없는 것이라고 생각한다. 그러나 이러한 점에 대한 본질적인 문제 제기가 국내에서 아직 제대로 이루어지지 못하였다.

2) 물론 경우에 따라서는 타당한 논리식의 구문론적 범위에 따라 직관주의 명제 논리는 고전 명제 논리의 종속 체계(subsystem)로 간주되기도 한다.

3) 필자는 모순율을 모순은 항위에 해당한다는 원리로, 무모순율을 모순의 부정은 항진에 해당한다는 원리로 사용한다.

4) 그러한 점은 진, 위의 구별이 모순율에 기초해 있다고 하는 라이프니쯔의 주장에 잘 나타나 있다(조르겐슨(J. JØrgensen) JØrgensen(1962), 73쪽).

5) 그런 점에서 불 대수는 2치 대수로도 불려진다(닐 부부(W. Kneale & M. Kneale) Kneale & Kneale(1978), 413쪽).

수로 알려진 불 대수의 정형화[6]와 관련해서 필자가 주목하고자 하는 것은 (대수적으로 여 법칙이라고 불리는) 배중률, 모순율이 아닌 오늘날 멱등 법칙(idempotence, idempotency)으로 불리는 논리적 원리이다. 왜냐하면 멱등 법칙은 산술 연산과 구별되는 논리 연산의 기본적인 특성을 반영하고 있음에도 불구하고 그것이 왜 중요한지에 대한 철학적 논의가 아직 충분히 이루어지지 못하였기 때문이다.[7]

2.1 논리 대수: 불 대수에서 속으로

전통적으로 논리 대수는 (직관주의와 구별되는) 2치를 전제하는 불 대수를 가리킨다. 그러한 명칭은 스스로 자신의 대수를 논리 대수로 명명한 불의 의도에 따른 것이다. 그러나 그러한 한정은 논리 상항으로 간주되는 논리 연결사를 연산으로 한 (논리) 대수의 본래적 의미를 충분히 살릴 수 없는 문제가 있다. 그리고 논리 대수 또는 대수 논리학자들의 연구에서 드러나듯이 현대적 의미에서 볼 때 논리 연산은 불 대수로 그 범위가 한정되지 않는다. 그런 점에 비추어 볼 때 필자는 불 대수보다는 속을 논리 대수로 명명하는 것이 더 자연스럽다고 생각한다. (실제로 오늘날 준구조 논리(substructural logic)나 대수 논리(algebraic logic)에 해당하는 논리 체계들은 그 체계에 상응하는 속, 보다 정확히 속의 집합(class)을 의미론으로 한다. 즉 그러한 의미론에 대하여 완전하다(complete).)

그 이유는 임의의 형식 논리 체계가 논리 상항으로 논리 연결사를

---

6) 산술의 대수와 유비적으로 논리 대수를 정형화하는 작업에서(Boole(1854), 6쪽) 불의 논리 연산에 대한 이해가 현대적인 논리합, 논리곱 연산과 정확히 일치하지 않는 문제점이 있기는 하나 그것이 이 글의 중요 논의 사안은 아니다. 그러한 혼돈과 관련해서는 같은 책, 45, 49, 50쪽에 나타난 논리 연산의 사용을 참조할 것.

7) 이 절에서의 내용은 필자의 양은석(1998)에 소개된 내용에 바탕을 두고 있다.

사용하는 한, 논리 연결사가 대수적으로 연산자의 역할을 담당하기 때문에 그 체계는 특정한 구조를 가질 수밖에 없고 속이 그러한 논리 연산의 특성을 잘 반영할 수 있기 때문이다.[8] 그 점을 논리 대수의 역사적 논의를 중심으로 검토하는 것이 이 절의 목적이다.

먼저 지적할 것은 속 구조 성립의 역사적인 면이다. 속 구조에 관한 연구는 '데디킨트(R. Dedekind) - 오르(O. Ore) 계열'과 '쉬뢰더(E. Schroeder) - 벌코프(G. Birkhoff) 계열'로 나뉘어 질 수 있다. 전자의 계열이 수론에 그 기반을 두고 있다면,[9] 후자의 계열은 논리 대수에 그 기반을 두고 있다.[10] 필자의 논의와 관련하여 주목할 것은 후자 계열이다. 왜냐하면 속 구조는 논리학사나 논리 철학적으로 불에서 시작된 논리 대수의 정립 과정에서 발생한 것이기 때문이다.

초기 산술의 대수와 유비적으로 논리를 이해하고자 하는 불의 시도에서 논리 대수라는 명칭이 발생했으며,[11] 논리적 원리들을 표현하는

---

8) 이러한 점은 라지오와(H. Rasiowa)(와 지콜스키(R. Sikorski))의 저술 Rasiowa(1974), Rasiowa & Sikorski(1970), 던(J. M. Dunn)과 하디그리(G. M. Hardegree)의 저술 Dunn & Hardegree (2001), 그리고 갈라토스(N. Galatos) 등이 저술한 Galatos et. al (2007) 등에 비교적 잘 나타나있다.

9) 데디킨트의 속 개념에 대한 발상은 수론에서 시작된 것이고, 오르는 추상 대수의 일반적 토대를 제공하기 위해 속에 관심을 가졌다(코리(L. Corry) Corry(1996), 120, 271쪽). 데디킨트의 속 발상이 쉬뢰더의 영향 하에서 이루어지고 오르의 속 논의가 화이트헤드의 보편 대수를 통해 이루어진 것이라는 점을 감안할 때, 두 계열이 전적으로 분리될 수 있는 것은 아니다. 다만 관심 사안에 따라 두 계열을 구분하였다. 데디킨트, 오르의 '속에 대한 관심'의 보다 자세한 논의를 위해서는 코리의 Corry(1996), 2장 3절과 6장을 참조할 것.

10) 쉬뢰더의 속 개념에 대한 발상은 그의 논리 대수 연구에서 발생한 것이다(Corry(1996), 120-21쪽). 수 대수와 논리 대수를 포함하는 화이트헤드의 보편 대수(universial algebra)의 관심을 계승한 벌코프는 속 개념 그 자체에 관심의 초점이 맞춰져 있으나(같은 책, 271쪽) 후에 폰 노이만과 더불어 속 구조를 통한 양자 논리에 기여한 바(미텔슈타트(P. Mittelstadt) Mittelstadt(1978), 1쪽, 2장 참조)를 감안할 때 그를 논리 대수의 역사 안에 포함시킬 수 있다.

11) 대수적인 논리 계산의 발상을 문제 삼는다면 그것은 아마도 라이프니쯔까지 소급될 수 있을 것이다(JØrgensen(1962), 71-82쪽 참조). 그러나 '논리 대수'라는 이름

데서 산술 연산과 유비적으로 논리합(disjunction), 논리곱(conjunction)과 같은 논리 연산의 기호화가 시작되었다(Boole(1854), 27, 57쪽 참조).[12] 그리고 연산 사용과 관련된 불에 대한 비판과 함께 예본스(W. S. Jevons), 퍼스(C. S. Peirce) 등을 통해 오늘날과 같은 논리 연산의 사용법이 정착되었다(JØrgensen(1962), 116-35쪽, Curry(1963), 160-61쪽 참조).

그러한 논리 연산의 사용을 근간으로 한 논리 대수에 대한 논의에서 속 개념을 발상한 것이 쉬뢰더이다(Corry(1996), 120-21쪽, Curry(1963), 159쪽). 쉬뢰더의 영향 하에서 화이트헤드는 수 연산과 비-수 연산[13](논리 연산)을 모두 포괄할 수 있는 보편 대수(universial algebra)를 구상했으며(JØrgensen(1962), 136-44쪽 참조), '속'이란 표현을 사용한 벌코프의 속 이론은 그러한 대수에 대한 관심에서 비롯된 것이다(Corry(1996), 283-84쪽).[14] 화이트헤드의 논리학에 보편 대수의 적용은 후에 수리 논리학에서 모델 이론으로 자리 잡는다. 다음 인용에서 알 수 있듯이 코리는 그러한 역사적 맥락에서 벌코프를 모델 이론이 정착되는데 있어서 초기 단계의 주요 공헌자로 간주한다.

> 보편 대수에 관한 벌코프의 속 이론 작업은 모델 이론의 초기 단계에 주요한 공헌을 한 것으로 일상적으로 간주되어 왔다. 비록 모델 이론의 초기 전개로부터 보편 대수의 초기 전개를 분리할 수는 없지만 모델 이론은 1950년대 초반 이래 독립적인 연구 영역으로 인식되기 시

으로 구체적인 형식화를 이뤄낸 것은 불이다(JØrgensen(1962), 97-116쪽 참조).

12) 일반적으로 논리학 교재에서는 '논리합', '논리곱'이라는 표현 대신 '선언', '연언'이라는 표현을 많이 사용한다. 이 장에서는 산술에서의 연산과의 비교를 위해 선언, 연언이라는 표현대신 논리합, 논리곱이라는 표현을 사용한다.

13) 비-수(non-numerical) 연산(대수)은 퍼스와 화이트헤드에서 논리 연산으로 간주된다(JØrgensen(1962), 141-43쪽 참조).

14) 그러한 관점에서 벌코프는 쉬뢰더와 달리 논리합, 논리곱(합, 교)과 같은 표현 대신 결합(join), 교우(meet)란 표현을 사용한다.

작했다(Corry(1996), 284쪽).

그리고 모델 이론과는 별도로 벌코프는 폰 노이만과 함께 속 이론에 기초한 양자 논리를 구상했으며 속 구조에 기반한 논리 대수를 수리 논리학의 기초로 삼은 사람이 형식주의자로 알려진 커리(H. B. Curry)이다(Curry(1963), 4, 5장 참조).[15)]

그러나 논리 대수의 역사에서 속 구조가 어떻게 발생 했는지를 지적하는 것은 단지 간접적으로 속 구조의 중요성을 인식시키는 것에 불과하다. 속 구조가 논리적으로 중요한 것은 그것이 수 연산과 구별되는 논리 연산의 특성을 잘 반영하기 때문이다.

먼저 수 연산이나 (일반적인) 추상 대수에 논리 대수가 충분히 적용되지 않는 점이 이미 인식되었다는 사실을 다음 진술에서 확인해 보자.

> 표에 의해 유한 집합의 추상 원소들 위에서 정의된 연산 표현은 … 이미 군론에서 알려진 장치였다. 그러나 그것을 쌍군(Dualgruppen)에 적용하려고 할 때 … 데디킨트는 그것이 엄청나게 어렵다는 것을 발견했다. 따라서 데디킨트는 쌍군에 대한 대안적 정의를 찾았다(Corry(1996), 125쪽).[16)]

이러한 면은 데디킨트의 속에 대한 발상이 당대 대수학자들에게 관심을 끌지 못했다는 사실(Corry(1996), 128-29쪽)과 속을 통해 대수의 중요한 모든 정리들을 증명하고자 했던 오르의 계획이 실패로 돌아갔다는 사실(같은 책, 292쪽)에 잘 반영되어 있다.

실제로 속 정의에 사용되는 결합(join), 교우(meet) 연산은 그 자체로는 일반 대학 교재에 사용되는 추상 대수의 기본 구조 군(group)을 이

15) 그러한 영향은 퍼지 이론의 창시자로 알려진 자데(L. A. Zadeh)에서도 발견된다. 그의 퍼지 집합에 대한 논의는 분배 속을 근간으로 한다(Zadeh(1987/1965), 34쪽).
16) 여기서 쌍군은 속에 대한 데디킨트의 명칭이다(Corry(1996), 121쪽).

루지 못한다.[17] 반대로 그것이 논리 연산에 잘 맞는다는 것은 퍼스가 수학과는 달리 논리를 이루는 속을 분배적인 것으로 생각했다는 사실(Curry(1963), 137, 160-61쪽 참조)과 타르스키(A. M. Tarski)가 고전 명제 계산과 직관주의 명제 계산이 속 이론 안에서 해석될 수 있다고 언급한 사실(Tarski(1956), 454쪽)에서 확인될 수 있다.[18]

그러면 속의 어떤 원리가 논리 연산을 수 연산과 구별되도록 하는지를 마지막으로 검토해 보자. 닐 부부는 논리 대수와 일상적인 대수의 차이점이 불 대수 공리들 중 모순율에 있는 것으로 간주한다(Kneale & Kneale(1978), 412쪽). 그러나 모순율은 배중률과 더불어 고전 논리에 한정된 논리적 원리이다. 그리고 (불 논리 대수의) 그러한 차이는 (0, 1만을 계산의 원소로 하는) 부정 연산의 특수한 용법에서 비롯된 것이다.

논리 대수적 관점에서 형식 논리학의 범위를 특수한 부정 연산 용법에 따르는 고전 명제 논리와 그것을 구문론적으로 확장한 체계로 한정하지 않는 한 그의 주장은 설득력을 갖기 어렵다.[19] 그리고 필자의 지금까지의 논의나 타르스키의 언급(Tarski(1956), 454쪽 주2)에 따라 분배 법칙에 한정해 볼 수 있다. 그러나 그러한 원리로 한정할 경우, 속 구조를 가지면서 분배 법칙을 만족하지 않는 (양자) 논리 대수(Curry(1963), 137쪽)를 논리(대수)에서 배제해야 한다. 보다 중요한 것은 분배 법칙이 일반적인 수 연산과 논리 연산의 차이점을 보여줄 수 있는 원리가 아니라 많은 대수와 논리에 공통적으로 적용되는 원리라는 것이다.[20]

---

17) 양은석(1999), 188쪽 주28 참조.

18) 결합과 교우는 각각 논리합과 논리곱에 상응하는 연산자이다.

19) 실제로 닐 부부는 대안 논리에 관한 논의에서 배중률, 모순율에 해당하는 여 법칙과 직접적인 관련을 맺는 2치를 강력히 옹호하고 있다(Kneale & Kneale(1978), 572-75쪽 참조). 그러나 A에 대한 부정 연산(¬A)의 일반적인 정의 가령 1 - A를 따를 때, 부정 연산에서 값 매김을 0, 1로 한정할 필요는 없다.

20) 추상 대수에서 합과 곱에 관한 분배 법칙을 만족하는 것은 환이나 선형 공간으로 정의된다.

앞으로의 논의에서 드러나겠지만 속 정의에서 (일반) 산술의 대수 법칙과 구별될 만한 논리적 원리는 속 모두에 적용되는 기본원리인 멱등 법칙이다. 그리고 그것은 부정 연산의 특수한 용법과는 아무런 관련이 없다. 닐 부부가 미처 생각하지 못한 그러한 점은 논리 대수 역사에서 이미 밝혀진 것이며 그 원리를 최초로 발견한 사람은 논리 대수의 창시자 불이다.[21] 불은 수 연산에서 $x^2 = x$ 법칙이 적용될 수 있는 것은 0과 1뿐이라는 점을 들어 멱등 법칙을 논리와 연관된 특수한 법칙으로 간주한다(Boole(1854), 37쪽).[22] 불이 지적한 대로 수 연산 일반에 적용될 수 없는 멱등 법칙은 논리 대수적으로 논리합, 논리곱의 특성에 기인한다.

그 점은 화이트헤드가 보편 대수를 수에 관한 대수와 그렇지 않은 대수 즉 논리 대수로 나누는 것에서 잘 나타난다. 화이트헤드는 멱등 법칙을 수의 합과 곱에 적용될 수 없고 논리에 적용되는 합과 곱에 대한 특수한 법칙으로 간주한다(JØrgensen(1962), 141쪽). 그리고 논리 대수로서 속을 논하는 데서 커리가 그 점을 지적하고 있다(Curry(1963), 136쪽).

이를 통해 지적할 수 있는 것은 멱등 법칙이 수 연산에는 적용될 수 없으나 논리합, 논리곱 연산의 특성을 반영한다는 것이다. 그렇다면 논리에 어떤 특성이 반영되어 있기에 멱등 법칙이 논리 연산과 수 연산을 가르는 준거가 될 수 있는가? 다음 절에서 이를 좀 더 고찰해 보자.

---

21) 이는 물론 항진(恒眞)의 원리(The Principle of Tautology)로 그것을 구상한 사람은 라이프니쯔이다(라이프니쯔는 이를 "a is aa / A = A + A"로 정립하였다(JØrgensen (1962), 78, 80쪽). 그러나 그것이 수 연산과 다르다는 사실을 보여준 것은 불이다.

22) 그러나 불은 아직 멱등 법칙과 여 법칙의 차이를 보여주지는 못하였다(Boole(1854), 49-51쪽 참조). 그것은 논리 상항 내지 연산 논리합, 논리곱의 정립을 통해서야 비로소 분명히 구별된 원리로서 자리 잡는다.

2.2 논리 연산과 언어

논리 연산 논리합과 논리곱이 멱등 법칙을 만족하는 것은 논리의 기본 대상인 언어의 특성 때문이다.[23] 그러한 연산은 비상관(non-interactive) 연산이라는 이름을 통해 수 연산과 분명히 구별될 수 있다. 여기서는 이점을 좀 더 분명히 하도록 하겠다.

2.2.1 개념, 명제 그리고 멱등 법칙

형식화를 수반하는 지에 관계없이 전통적으로 논리는 (개별자에 대한) 술어로 간주되는 개념과 명제 (또는 그 형식)을 기본 대상으로 한다. 개념의 특성이 수에도 적용될 수 있다는 것을 잘 보여준 사람은 현대 기호 논리학의 창시자로 알려진 프레게(G. Frege)이다. 비록 수가 개념의 외연을 통해 정의될 수 있을지라도, 그러한 개념의 특성이 수 연산까지 보존되는 것은 아니다. 개념, 명제 혹은 이들을 표현하는 술어, 문장과 같은 언어를 기본 대상으로 삼는 논리 연산과 수를 그 기본 대상으로 하는 수 연산은 충분히 구별될 수 있다. 그 점을 잘 반영해 주는 것이 다름 아닌 멱등 법칙이다. 이는 멱등 법칙을 형식화하는 불의 초기 발상에서 이미 나타난다.

불은 인간의 사유 법칙이 언어에 반영되어 있다고 전제하고서 논리 대수에 관한 논의를 전개한다(Boole(1854), 30쪽). 실제로 그의 논리적 원리로서의 사유 법칙에 대한 기호화는 언어 특히 개념의 특성을 통해 마련된다. 다음의 인용에서 보듯 그 점은 불이 사유의 두 번째

---

23) 물론 논리가 형식화된 이후에는 그것의 적용 범위가 훨씬 광범위하게 된다. 그것은 고전 명제 계산이 스위치 시스템에 잘 맞는다는 데서 확인할 수 있다. 그러나 스위치 시스템의 구체적인 내용은 다를지라도 형식적으로 그것이 고전 명제 논리 대수(불 대수)와 동형이라는 데 유의할 필요가 있다. 그러한 시스템은 형식적 구조에 있어서 명제 논리와 구별되는 체계가 아니다.

법칙((2))으로 멱등 법칙($x^2 = x$)을 정형화하는 과정에 그대로 반영되어 있다.

> 등식 (2)의 증명에서 가정된 것은 의미의 절대적 동일성이다. 그것이 표현하는 법칙은 언어에서 실제로 예증된다. 임의의 주어와 관련해서 "좋아, 좋아"라고 말하는 것은 … "좋아"라고 말하는 것과 같다. 따라서 "좋은, 좋은" 사람은 "좋은" 사람과 같다. 그러한 단어의 반복은 때때로 질을 향상시키거나 확인을 강조하기 위해 사용된다. 그러나 이러한 효과는 단지 부차적이고 규약적인 것에 불과하다. 그것은 언어와 사유의 내적 관계에 기초한 것이 아니다(Boole(1854), 32쪽).

인용에서 볼 수 있듯이 법칙 (2)가 오늘날의 멱등 법칙처럼 논리곱의 특성만으로 형식화된 것이라고 하기는 어렵다. 예본스가 지적하듯이 합과 곱에 관한 그의 논리 연산 사용에는 수 연산과 혼동을 일으키는 다소의 문제점이 있다(JØrgensen(1962), 116쪽 참조). 그럼에도 불구하고 같은 개념이 여러 번 반복된 표현은 기본적인 의미에 관한 한 논리적으로 한 개념 표현과 마찬가지라는 점에 주목할 필요가 있다. 그러한 개념의 특성은 수를 대상으로 하는 수 연산과 논리 연산이 갖는 기본적인 차이점이기도 하다. 그 점을 산술의 곱과 관련하여 불은 다음과 같이 표현하고 있다.

> 우리는 논리 부호들이 $x^2 = x$라는 특별한 법칙에 종속된다는 것을 (II.9)에서 보았다. 지금 수 부호들 중 같은 형식 법칙에 종속되는 것은 0과 1 둘 뿐이다. 대수로 고려할 경우, 등식 $x^2 = x$는 0, 1 이외에 어떤 다른 기원도 갖지 않는다(Boole(1854), 37쪽).[24)]

이를 (형용사로 표현된) 개념을 대상으로 하여 "그리고"로 표현되는

24) 이는 수 0, 1을 2치와 관련시키는 결정적 계기가 된다(Boole(1854), 37쪽). 그러나 그러한 점은 이 글의 관심 사안이 아니다.

논리곱에 적용할 경우, 첫째 예증에 사용된 "좋은"은 다음과 같이 나타낼 수 있다.

<사례1> "좋고 좋은" = "좋은"[25)]

"그리고"에 관한 개념이 갖는 주어진 특성은 "또는"으로 표현되는 논리합에도 그대로 적용될 수 있다.

<사례2> "좋거나 좋은" = "좋은"

그러나 일반 수 연산에 있어서 개념의 외연으로서의 집합과는 달리 개념의 의미가 사상된 수는 더 이상 그러한 특성을 보존하지 않는다. 그 점은 불이 논리곱 형식으로 나타나는 멱등 법칙을 만족하는 수로 간주한 0, 1에 있어서 (논리합의 경우) 1 또한 마찬가지이다. 반면 "그리고"와 "또는"으로 표현된 개념에 관한 논리 연산의 특성을 명제도 그대로 보존한다. 이를 논리 대수로 하여 현대적으로 표현한 것이 바로 합과 곱에 관한 멱등 법칙이다. 실제로 개념의 내포와 외연의 측면을 고려할 경우, 같은 개념을 곱하거나 더한다고 해서 산술에서처럼 새로운 수 개념 가령 1+1=2가 발생하지는 않는다.[26)] 그리고 그것은 명제에도 그대로 적용될 수 있다. 같은 명제를 곱하거나 더한다고 해서 새로운 명제가 발생하지는 않는다. 가령 "철수는 학교에 간다. 그리고 철수는 학교에 간다."는 "철수는 학교에 간다." 이외의 새로운 의미를 갖지 않고 두 명제는 서로 동치이다. 이는 (위의) 개념이 지닌 성질을 더 이상 보존하지 않는 수와 구별되는 논리학이 기본 대상으로 삼

25) 여기서 "="는 의미가 같다는 것을 나타내는 기호에 해당한다. 지금 사례의 경우는 다음으로 해석될 수 있다. "좋고 좋은"은 "좋은"을 의미한다. 그리고 그 역도 마찬가지이다.

26) 이는 개념의 외연에 해당하는 집합 연산(합, 교)에 잘 반영되어 있다.

는 언어의 기본적인 특성을 잘 반영해 준다. 논리합, 논리곱만으로 설명될 수 있는 그러한 특성은 '아니다'에 해당하는 부정 연산과 관련해서 발생하는 제한적 성격을 넘어서는 논리에 사용된 언어 일반이 갖는 특징이기도 하다. 그 점을 합과 곱에 관한 연산의 문제를 통해 다음절에서 좀 더 확인해 보자.

2.2.2 불환과 불 대수: 상관 연산 대 비상관 연산

명제 논리 계산의 근간이 되는 불 대수는 대수적으로 불환과 동형이다.[27] 그러한 점에서 불 대수는 전통적인 추상 대수의 일부로 간주될 수 있다. 그 점을 가장 먼저 보여준 인물은 스톤(M. H. Stone)이다. 스톤은 수에 맞는 대수로부터 비-수 대수 또는 논리 대수로 불 대수를 구별하는 화이트헤드의 보편 대수의 관점(Stone(1938), 809쪽)[28]을 더 이상 받아들이지 않는다. 그의 입장에 따를 경우, 불 대수는 추상 대수 안에서 취급될 수 있는 특수한 대수에 불과하다(Stone(1936), 37쪽).[29] 그러한 발상을 코리는 다음으로 묘사하고 있다.

> 스톤이 불 대수를 현대 대수로 의도적으로 흡수한 기반은 불 대수가 거기서 모든 원소가 멱등적인 … 특수한 유형의 환에 불과하다는 그의 유명한 통찰에 의해 제공되었다(Corry(1996), 288쪽).

스톤의 주장이 틀린 것은 아니다. 그러나 그러한 작업에는 손쉽게 간과된 면이 있다. 추상 대수는 수 특히 실수와 복소수에 관한 연구를 기초로 한 것이다(Corry(1996), 173-83쪽 참조). 그런 점에서 (곱에 관한) 멱등 법칙은 0, 1과 같은 특수한 수에나 적용될 수 있는 사소한 법

---

27) 이와 관련하여 시몬스(G. H. Simmons) Simmons(1963), 부록3과 타르스키 Tarski (1956), XVII장을 참조할 것.

28) 코리 Corry(1996), 287쪽에서 재인용된 책과 페이지 번호임.

29) 코리 Corry(1996), 288쪽에서 재인용된 책과 페이지 번호임.

칙에 불과하다. 그리고 스톤에 따를 경우, 불 대수가 따르는 멱등 법칙은 환의 영역에서 논의될 수 있는 특수한 조건에 불과하다.

그러나 지금까지의 논의에서 보듯 멱등 법칙은 불 대수에 한정된 원리가 아니다. 그것은 비 - 수 대수 또는 논리 대수를 반영하는 속 구조에 대한 논의를 위해선 반드시 지켜야 할 일반적 원리에 해당한다. 즉 (환에 대한 논의 수행을 위한) 군론의 일반적 원리들처럼 (속으로 한정할 경우) 그것은 논리 대수가 성립하기 위한 일반적 원리에 해당하는 것이다. 다음의 정의를 통해 마련된 불환과 불 대수 사이의 동형성 주장에는 손쉽게 간과된 면이 있다.

$$x \wedge y = xy \;\&\; x \vee y = x + y + xy \quad \cdots\cdots (1)$$

$$x + y = (x \wedge y') \vee (x' \wedge y) \;\&\; xy = x \wedge y \quad \cdots\cdots (2)$$

외적으로 추상 대수 성격상 크게 문제될 것은 없다. 그리고 (2)의 경우는 집합 연산에 적합한 합과 곱에 관한 해석이다. 그러나 논리합과 곱(또는 집합 연산 합과 곱)의 역할을 고려할 때, (1)의 경우는 일상적인 수 연산의 계산법이 아니다. 그리고 앞에서도 밝혔듯이 논리 연산은 직접적으로 군 이하의 추상 대수에 적용될 수 있는 연산이 아니다. 이를 통해 확인할 수 있는 것은 멱등 법칙의 전제가 보여주듯 결국 논리 대수에 사용되는 합과 곱 연산은 수 연산에 사용되는 합, 곱과는 근본 성격을 달리한다는 점이다.

그러한 차이점은 상관 연산과 비상관 연산의 구분을 통해 지적될 수 있다. 논리합과 곱, 집합 연산 합과 교 그리고 결합과 교우는 비상관(non-interactive) 연산에 속한다. 반면 대수 합과 곱, 유계 합과 곱 그리고 격렬 합과 곱은 상관(interactive) 연산에 속한다(반데머(H. Bandemer)와 고트발트(S. Gottwald)의 Bandemer & Gottwald(1995), 33-34쪽). 그리고 양자를 가르는 준거가 바로 속 성립의 기본 조건인 멱등 법칙이다.

실제로 화이트헤드는 합과 곱의 기본 특성을 바탕으로 논리 대수와 수 대수를 구별하고 있다. 그리고 그러한 특성이 반영되어 있는 것은 화이트헤드가 합과 곱에 관한 특수 법칙이라고 부른 멱등 법칙이며, 불 대수와 직접적으로 관련된 보충 요소(supplementary element)라고 부른 여 법칙 배중률, 모순율이 아니다(JØrgensen(1962), 141-42쪽 참조). 화이트헤드에 대한 스톤의 평가에는 그러한 면이 간과되어 있다.

이런 점에서 보면 수를 기본 대상으로 하는 산술 또는 수 연산과 비-수 연산의 구분은 여전히 유효하다고 하겠다.[30] 그리고 2.21절의 논의와 연관해 볼 때 비-수 연산으로서의 논리 연산에는 수 연산과 구별되는 언어를 근간으로 한 연산의 특성이 반영되어 있다고 하겠다.

3. 언어와 논리 구조

2장 이하의 형식적 논의에서 그 동안 상호 이질적인 논리 체계로 간주되어 온 명제를 대상으로 한 고전 논리와 직관주의 논리, 연관 논리, 다치 논리 등이 모두 (분배) 속 구조를 갖는다는 점이 분명해질 것이다. 주목할 것은 전통적 의미의 배중률과 모순율에 해당하는 여 법칙을 만족 하는가 아닌가를 준거로 그 체계들이 속 구조 내에서 상호 구별될 수 있다는 점이다. 즉 비논리 상항으로 고전 논리 체계의 대상이 되는 명제들이 2치의 특성을 반영한다면, 직관주의 논리 체계의 명제들은 증명 가능성 또는 구성 가능성을 전제한다. 그리고 무한 다치 논리 체계의 명제들은 값 매김에 있어서 0, 1 사이에 나타나는 불확정성

---

30) 스톤의 입장과는 달리 양자를 공통적으로 묶어 낼 수 있는 것은 t-규범(t-norm)과 s-규범(s-norm, t-conorm) 등이 갖는 경계 조건, 교환 법칙, 단조성 조건, 결합 법칙과 같은 것이다.

(미결정성과 모호성)을 배제하지 않는다.[31]

그러한 면은 이 장에서 논제로 삼지 않은 '부정(negation)'과 '함의(implication)' 연산의 차이점을 수반한다.[32] 그럼에도 불구하고 그것들이 논리 대수적으로 같은 구조 안에서 이해될 수 있는 것은 논리합, 논리곱과 같은 연산의 구조적 공통성에 기인한다. 그런 점에서 보면 논리 체계들 간의 공통점과 차이점은 논리 대상의 공통적 특성과 그렇지 않은 특성이 논리 연산에 반영되어 있기 때문이라고 할 수 있다.

이러한 논의는 학처럼 대결적 구도에 초점을 맞출 필요 없이 논리 연산에 따른 각각의 체계가 갖는 기본적 구조를 확인할 수 있는 장점을 갖는다. 그리고 그에 따라 논리 구조의 공통점과 차이점도 확인할 수 있다. 필자는 논의 영역을 계산 가능한 형식 체계로 한정한다면, 내적 논의의 일관성을 기할 수 있다는 점에서 필자의 논리 구분 방식이 전통적인 학의 방식보다 올바르고 공정하다고 생각한다.

그간 수용되어 온 학의 논리 분류와 그에 따른 탐구의 가장 큰 문제점은 그녀가 표준 논리와 비표준 논리를 가르는 데 철학적인 입장을 문제 삼고 있다는 점이다(Haack(1996) 1, 2장 특히 xxvi 참조). 철학적 입장에 따라 논리 체계가 달라질 수 있다면, 전통 2치 논리 특히 고전 논리를 표준 논리로 명명하는 것 자체가 원론적으로 불가능하다. 왜냐하면 형식적으로 같은 고전 논리 체계도 철학적으로는 논리주의와 형식주의로 이미 갈라질 것이기 때문이다. 그리고 앞 절의 논의에서 지적했듯이 논리 대수적으로 볼 때 고전 논리의 논리적 원리들이 모두

31) 명제 논리학의 대상은 저술자에 따라 문장(sentence), 진술(statement), 명제(proposition) 등으로 명명된다. 필자는 각각을 사용할 때 장, 단점이 있다는 것을 인정한다. 여기서는 그 점을 구분하여 논하기 보다는 편의상 문맥에 따라 명제나 진술, 문장으로 부른다.

32) 하이팅 대수를 가-불(pseudo-Boolean) 속으로 명명하는 것은 그러한 차이점에 기인한 것이다. 그리고 라지오와는 그러한 개념을 퍼지 논리에 도입하고 있다(Rasiowa (1992), 5-23쪽 참조).

같은 구조적 범위에서 타당한 것이 아니다. 즉 고전적인 논리적 원리들은 구조적으로 동등하게 평가될 것들이 아니다.

임의의 논리 체계는, 비록 그것이 대부분 도식 형태로 제시된다고 해도 술어(개념), 명제와 같은 비논리 상항과 논리 상항을 통해 구성된다. 논리 대수적으로 보면, 전자는 체계에 전제된 대상의, 그리고 후자는 그러한 대상들의 결합과 관련된 논리 연산의 역할을 담당한다. 그에 따라 많은 논리 체계는 논리 대수 구조를 갖게 된다. 필자가 주장하는 바는 바로 그러한 방법에 따라 논리 체계들을 분류하고 새로운 논리 체계를 구성하는 것이다.

타르스키가 주장하듯이 '참인 문장들은 어떤 구조적 특성을 소유한 문장'이라고 할 수 있다(Tarski(1956), 163쪽). 그런 점을 잘 보여주는 것이 행렬 방법(matrix method)을 도입한 진리표 같은 것이다. 이러한 논의는 그간 철학적인 담론에서 중요하게 다뤄졌음에도 불구하고 일반 교재에서 소개되는 공리 연역적 체계에서 공리로 사용되지 않는 배중률, 무모순율 같은 논리적 원리들의 공리적 성격을 확인할 수 있도록 해준다.[33] 그런 점에서 속 구조의 기본 원리들은 논리학에서 구조 공리로서의 역할을 담당할 것이다.

속을 바탕으로 한 필자의 논리 구조에 대한 논의는 논리 연산이 따르는 기본적인 원리들이 무엇인지를 확인할 수 있게 하는 장점을 갖는다. 동시에 2절에서의 멱등 법칙에 대한 논의가 보여주듯 이 글의 기본적인 전제가 어디에 있는지를 보여준다. 그러한 면은 이러한 논의가 갖는 한계이기도 하다. 비록 논리적 함의가 행렬 방식에 따라 정의될 수 있다고는 해도, 초기 프레게, 러셀의 공리론적 방법이나 추론 규칙

---

33) 단 이때의 '공리'는 모든 대상에 대하여 보편적으로 적용될 수 있다는 고전적 의미의 공리가 아니다. 여기서 표현한 '공리'는 공준과 유사하게 논리 대수의 범위를 한정하는 구조적 조건에 해당한다.

에 의한 방법처럼 다양한 정리를 끌어내는 논리의 연역적 성격을, 추론 규칙이 구조 공리에 포함되지 않는 한, 충분히 반영할 수는 없을 것이다. 그리고 우카세비츠의 무한 다치 명제 논리와 이 글에서 논의되지 않은 퍼지 집합의 경우, 멱등 법칙을 만족하지 않는 상관 연산이 함의 정의나 집합 연산 정의에 사용된다. 이것들을 논리, 집합의 기본 연산으로 도입할 경우, 멱등 법칙을 근간으로 한 속 구조는 더 이상 논리 대수 구조로서의 기본적인 역할을 담당할 수 없을 것이다.

필자는 그러한 논의는 이 글에서 전제된 언어의 논리적 특성을 넘어선 대상들에 대해서 적용될 수 있다고 생각한다. 그리고 그러한 것들이 문제된다면, 논리학에서 그것을 논리의 대상으로 삼을 것인지에 대한 새로운 철학적 논의가 필요할 것이다.

4. 조망

저술의 제목이 함축하듯이 이 저술은 비고전 논리 특히 대안 논리로 불리는 논리와 그것의 의미론 특히 대수적 의미론을 소개하는 것이 주된 목적이다. 이에 대한 논의를 위한 예비 작업으로 2장에서는 논리의 대수적 이해를 위한 기본 개념들, 가령 연언, 선언, 부정, 함의 연결사에 대응하는 연산자들과 순서, 이론에 대응하는 필터와 같은 개념들을 소개한다. 3장에서는 우선 고전 논리 좀 더 정확히 고전 명제 논리를 표준적인 방식으로 소개한 후 대수적 방식에 의해 이 체계를 다시 소개함으로써 대수적 방식을 표준적 방식과 대비하여 이해하도록 한다.

4장에서는 국내의 일부 독자들에게는 친숙하지 않겠지만 연결사의 일부만을 갖는 부분 논리 체계들을 먼저 소개한다. 구체적으로, 함의만 갖는 논리와 함의를 제외한 연결사들, 즉 연언, 선언, 부정에 기초한 논리를 소개한다. 다음으로 고전 논리의 대표적 확장 논리인 양상 논리를 소개한다. 이와 관련하여 다양한 양상 체계들을 위한 널리 알려진 크립키 의미론 대신 대수적 의미론을 소개한다. 아울러 한편으로 기본적인 논리 훈련을 위해 양상 논리를 위한 연역 정리를 소개하고, 다른 한편으로 양상 체계 S5와 관련된 선표성을 소개한다.

5장 이하에서는 대안 논리들로 간주될 수 있는 주요 논리를 소개한다. 우선 5장에서는 비고전 논리 중 가장 널리 알려져 있는 직관주의 논리를 소개한다. 이와 관련하여 직관주의 논리 체계를 위한 크립키형 의미론뿐만 아니라 직관주의 논리의 기본 구조 및 이에 기초한 대수적 의미론을 다룬다. 특히 증명론의 여러 형태를 고려하기 위해 직관주의 논리에서 많이 사용되는 자연연역을 함께 소개한다. 아울러 직관주의 논리를 확장한 논리로 널리 알려진 더밋 - 괴델 논리 LC[34]의 선표성을 다룬다.

6장에서는 전제와 결론 또는 전건과 후건 사이의 연관성을 강조하는 연관 논리를 대표적인 연관 체계 E, R, T를 중심으로 소개한다. 이때 연관 논리의 의미론으로 많이 사용되는 루트리 - 마이어 의미론을 대수적 의미론, 크립키형 의미론과 함께 소개한다. 아울러 연관 논리가 초일관 논리(paraconsistent logic)로 간주될 수 있다는 점에 착안하여 초일관 논리를 함께 소개한다.

7장에서는 다치 논리와 함께 퍼지 논리를 소개한다. 이와 관련하여 기존에 널리 알려진 다치, 퍼지 논리 체계들을 소개하는 대신 관련 분야의 최근 연구와 직접적으로 연관되어 있는 필자의 최근 연구를 반영한 결과들을 소개한다. 의미론과 관련하여 이러한 논리를 위한 크립키

34) 더밋-괴델 논리는 더밋과 괴델에 의해 소개된 논리이다. 일반적으로 더밋에 의해 소개된 논리는 “LC”로, 괴델에 의해 소개된 논리는 “G”로 표현된다. 두 논리는 동치라서 함께 더밋-괴델 논리로 불린다. 필자는 퍼지논리를 다루는 7장에서 이를 괴델 논리 G로 소개한다.

형 의미론과 대수적 의미론을 다룬다. 특히 표준 완전성이라고 불리는 단위 실수 [0, 1] 위에서의 대수적 완전성을 다룬다.

마지막으로 8장에서는 앞서 소개한 논리들 즉 고전 논리, 직관주의 논리, 연관 논리 등을 모두 아우를 수 있는 준구조 논리를 소개한다. 이와 관련하여 준구조 논리 체계들의 대수적 의미론을 소개한다. 특히 증명론으로 공리 연역적 방법대신 귀결 추론 방식을 소개한다. 아울러 그러한 방식에 의해 도입된 체계에서 어떻게 자름 규칙이 제거될 수 있는지를 보인다.

제 2 장

예비 사항들

1. 들어가는 말

고전 역학이나 상대성 이론과 같은 역학 체계가 특정 기하에 의존하는 것처럼 많은 논리 체계들이 대수적 구조에 의존한다. 그 점을 가장 잘 보여주는 것은 고전 논리에 대한 불 대수 사이의 관계이다. 불 대수 공리에 해당하는 여 법칙은 고전 논리에 전제된 2치(two-valuedness)의 특성을 잘 반영해 준다(Kneale & Kneale(1978), 413쪽 참조).[1] 실제로 고전 명제 논리의 의미 해석에 사용되는 진리표를 통한 논리적 원리들의 타당성 검토나 대수적 방법을 동원하여 아이디얼(ideal)이나 필터(filter)를 사용한 논리적 원리들의 타당성 검토는 여 법칙의 특성을 이용한 것들이다.[2] 그리고 그러한 논리적 원리들의 '타당성'은 대수적으로 불 대수 구조를 넘어선 영역까지 일반적으로 적용될 수 없다.[3] 이와 관련하여 주목할 것이 속 구조이다. 앞서 언급한 대로 그 이유는 고전 명제 논리뿐만 아니라 직관주의 논리, 다치 논리, 연관 논리 등이 모두 속을 기본 구조로 하며, 속 구조는 수 연산과 구별되는 논리 연산에 적합한 멱등 법칙을 기본 공리로 하기 때문이다.

논리의 대수적 구조 역할을 담당하는 속은 귀결(consequence) 내지 함의(implication) 개념에 상응할 수 있는 관계 구조와 선언(disjunction), 연언(conjunction)에 준하는 대수 구조 모두로 특징지어질 수 있다. 이 장에서는 두 구조에 맞춰 속을 정의할 것이다.

---

1) 그런 점에서 아리스토텔레스가 삼단논법의 공리로 언명한 배중률, 무모순율의 공리적 성격을 발견할 수 있다.

2) 후자와 관련하여 스톨(R. R. Stoll) Stoll(1963), 6.6-6.9절과 핼모스(P. R. Halmos) Halmos(1956), 363-87쪽을 참조할 것.

3) 이와 관련하여 필자의 양은석(1997), 121-28쪽을 참조.

2. 순서 집합으로서의 속

이 절에서는 순서 관계에 의해 속을 정의할 것이다. 흔히 산술에서 '≤'로 표현되는 부분 순서 관계가 많은 경우 논리에서의 '귀결(consequence)'이나 '함의(implication)' 혹은 '필함(必含, entailment)'[4] 개념에 상응한다는 것을 먼저 염두에 두기 바란다. 귀결 개념은 일상언어에서 "영희가 철수에게 초콜릿을 준다. 따라서 영희는 철수를 좋아한다."처럼 전제, 결론의 형태로 표현된다. 함의나 필함 개념은 일상언어에서 "철수가 대머리라면 철수는 머리카락이 없다."처럼 조건문의 형태로 표현된다. 그러나 그것은 우리가 흔히 대상언어라고 부르는 실질적 양상(material mode)에서이고 형식적으로는(formal mode) ""철수는 대머리이다."는 "철수는 머리카락이 없다."를 귀결 또는 함의한다."라고 메타적으로 표현하는 것이 바람직하다.

여기서 귀결은 전제, 결론 사이의 관계를, 함의는 복합문장 (혹은 복합명제)를 구성하는 문장들의 전건(antecedent)과 후건(consequent) 사이의 관계를 나타낸다. 이러한 관계에 있어 가장 중요한 것은 ""철수는 대머리이다."는 "철수는 대머리이다."를 귀결 또는 함의한다."와 같은 반사관계(reflexivity)와, ""철수는 남자이다."가 "철수는 사람이다."를 귀결 또는 함의하고, "철수는 사람이다."는 "철수는 동물이다."를 귀결 또는 함의한다면, "철수가 남자이다."는 "철수는 동물이다."를 귀결 또는 함의한다."로 표현될 수 있는 이행관계(transitivity)이다.

이제 "철수는 대머리이다.", "철수는 빛나리이다.", "철수는 머리카락이 없다.", "귀결 내지 함의한다"를 각각 a, b, c, R로 바꾸어서 보다 일반적인 형태로 나타내 보자. ""철수는 대머리이다."는 "철수는 대머리이다."를 함의한다."는 [반사] 'aRa'로, ""철수는 대머리이다."가 "철

4) 필함은 '필연적으로 함의함'의 약어이다.

수는 빛나리이다."를 함의하고, "철수는 빛나라이다."는 "철수는 머리카락이 없다."를 함의한다면, "철수는 대머리이다."는 "철수는 머리카락이 없다."를 함의한다."는 [이행] 'aRb이고 bRc이면, aRc이다'로 표현될 수 있다. 우리는 이러한 두 성질을 만족하는 관계를 선순서(pre-ordering)라고 한다. 선순서는 '∀', '∈'와 같은 기본적인 기호법에 대한 이해를 전제로 하여 보다 정확하게 다음과 같이 정의될 수 있다.

[정의2.2.1] 선순서(pre-ordering)

A, R을 각각 임의의 집합과 이항 관계라고 하자. 다음을 만족하는 관계 R을 A 위에서의 선순서라고 한다.

$\forall x,\ y,\ z \in A,$

R1. 반사 법칙 : xRx
R2. 이행 법칙 : xRy, yRz ⇒ xRz.

그리고 [정의2.2.1]을 만족하는 관계 구조 P = (A, R)을 선순서 집합이라고 한다. 참고로 라지오와(H. Rasiowa)는 [정의2.2.1]을 만족하는 관계를 가 - 순서(quasi-ordering)로 명명한다(Rasiowa(1974)).

부분 순서 관계는 선순서에 반대칭성(anti-symmetry)의 성질이 추가된 경우이다. 이에 대한 정확한 정의에 앞서 대칭성(symmetry)과 비대칭성(asymmetry)의 성질을 알아두는 것이 바람직하다. 대칭성은 ""철수는 머리가 크다."가 "철수는 일반인보다 큰 모자가 맞는다."를 귀결 또는 함의한다면 "철수는 일반인보다 큰 모자가 맞는다."는 "철수는 머리가 크다."를 귀결 또는 함의한다."처럼 [대칭] 'aRb 이면 bRa'로 표현될 수 있는 관계이다. 비대칭성은 이러한 관계가 성립하지 않는 즉 [비대칭] 'aRb 이면 bRa가 아니다'로 표현될 수 있는 관계이다. 가령 영희가 영숙이보다 날씬하지만 영숙이는 영희보다 날씬하지 않은 관계 (정확히 그러한 문장들의 귀결 내지 함의 관계)를 생각해 볼 수 있다. 그리고 그러한 관계는 ""영희가 영숙이보다 날씬하다."면 "영숙이는 영희보다 날씬하지 않다.""로 표현될 수 있다. 다음에서 정의될 반대칭 관계는 "철수는 대머리이다."는 "철수는 머리카락이 없다."를 귀결 내지 함의하고 그 역도 성립한다면, a, b가 같아야한다는 대칭성보다 훨씬 강한 조건이다.

[정의2.2.2] 부분 순서(partial ordering)

A, R을 각각 임의의 집합과 이항 관계라고 하자. 다음을 만족하는 관계 R을 A 위에서의 부분 순서라고 한다.

$\forall x, y, z \in A$,

R1. 반사 법칙 : xRx
R2. 이행 법칙 : $xRy, yRz \Rightarrow xRz$
R3. 반대칭 법칙 : $xRy, yRx \Rightarrow x = y$.

마찬가지로 [정의2.2.2]를 만족하는 관계 구조 P = (A, R)을 부분 순서 집합(partially ordered set(poset))이라고 한다. 앞서 언급한 대로 이러한 관계는 산술의 부등식 기호 '≤'로 흔히 표현된다. (편의상, 특수한 경우를 제외하고 앞으로 우리는 R 대신 ≤을 사용한다.)

참고로 위의 부분 순서 관계는 문장들 보다는 자연수를 고려하면 더 쉽게 이해할 수 있다. 가령 우리는 쉽게 다음이 성립한다는 것을 안다.

$2 \leq 2$ (반사).
$2 \leq 3$이고 $3 \leq 4$이면, $2 \leq 4$ (이행).
$2 \leq 1+1$이고 $1+1 \leq 2$이면, $2=1+1$ (반대칭).

이제 이러한 관계를 만족하는 집합의 원소들 사이의 상한(supremum)과 하한(infimum)을 생각해 보자. 상한 sup(x, y)를 ∨(x, y)로 하한 inf(x, y)를 ∧(x, y)로 표시해 보자. 이때 ∨ 연산을 (결)합(join)이라고 하고 ∧를 교(우) (meet)라고 한다. 그리고 상한을 갖는 부분 순서 집합을 결합-반-속(join- semi-lattices)이라고 하고, 하한을 갖는 부분 순서 집합을 교우-반-속(meet- semi-lattices)이라고 한다. 형식적으로,

[정의2.2.3] (집합에 의한) **결합-반-속**(join-semi-lattices)

P=(A, ≤)를 부분 순서 집합이라고 하자. A의 원소들의 쌍 a, b가 A에서 상한 즉 결합을 가질 경우, 우리는 A를 결합-반-속이라고 한다.

[정의2.2.4] (집합에 의한) **교우-반-속**(meet-semi-lattices)

P=(A, ≤)를 부분 순서 집합이라고 하자. A의 원소들의 쌍 a, b가 A에서 하한 즉 교우를 가질 경우, 우리는 A를 교우-반-속이라고 한다.

부분 순서 집합이 정의 2.2.3과 2.2.4를 모두 만족할 경우 즉 부분 순서 집합이 상한, 하한을 가질 경우, 우리는 그것을 속(lattices)이라고 한다. 즉,

[정의2.2.5] (집합에 의한) **속**(lattices)

P=(A, ≤)를 부분 순서 집합이라고 하자. A의 공집합이 아닌 부분 집합 S가 상한(supremum)과 하한(infimum)을 가질 경우, 우리는 P를 속이라고 한다.

상한, 하한은 여기서 부분 순서 집합 P의 부분 집합 즉 P의 멱집합 $\wp$(P)의 원소 X, Y의 최대 하계(greatest lower bound)와 최소 상계(least upper bound)에 해당한다([정의2.2.5] 참조).

일반적으로 부분 순서 집합의 최대 상계를 '1'로 표시하고, 최소 하계를 '0'으로 표시한다. 그리고 부분 순서 집합이 이러한 상계와 하계를 가질 경우, 닫혔다(bounded)고 한다.

이제 교우에 관한 상한, 하한을 한 번 생각해보자. 가령 x∧y 경우, x∧y≤x나 x∧y≤y의 부등식 관계를 말할 수 있다. 이때, 각각의 x, y가 x∧y의 최소 상계가 된다. 유사하게 z≤x이고 z≤y라고 할 경우, z≤x∧y의 부등식 관계를 말할 수 있고 z는 x∧y의 최대 하계가 된다.

[연습2.2.6] 교우에 관한 최소 상계와 최대 하계에 상응하는 각각의 명제 논리의 논리식은 무엇인가?

[연습2.2.7] 결합에 관한 최소 상계와 최대 하계의 경우를 고려하시오. 그리고 그것에 상응하는 명제 논리의 논리식을 지적하시오.

부분 순서 관계와 더불어 알아두어야 할 관계는 선형 순서(linear ordering)이다. 선형 순서 관계는 부분 순서 관계에 연관성(connectivity)의 성질이 추가된 경우이다. 연관성은 ""철수는 남자이다."가 "철수는 사람이다."를 귀결 내지 함의하거나 "철수는 사람이다."는 "철수는 남자이다."를 귀결 내지 함의한다."처럼 [연관] 'aRb 또는 bRa'로 표현될 수 있는 관계이다.

[정의2.2.8] 선형 순서(linear ordering)

A, R을 각각 임의의 집합과 이항 관계라고 하자. 다음을 만족하는 관계 R을 A 위에서의 선형 순서라고 한다.

∀x, y, z∈A,

R1. 반사 법칙 : xRx

R2. 이행 법칙 : xRy, yRz ⇒ xRz
R3. 반대칭 법칙 : xRy, yRx ⇒ x = y
R4. 연관 법칙 : xRy 또는 yRx.

마찬가지로 [정의2.2.8]을 만족하는 관계 구조 P = (A, R)을 선형 순서 집합(linearly ordered(l.o.) set)이라고 한다. 이러한 관계와 집합은 총 순서(total ordering), 총 순서 집합(totally ordered set), 체인(chain) 등으로 불려진다.

부분 순서 관계와 선형 순서 관계 그리고 각각의 집합은 이하의 논의에서 밝혀지겠지만 대수적 의미론(algebraic semantics) 뿐만 아니라 앞으로 다룰 몇몇 논리의 크립키형 의미론(Kripke-style semantics)과 루트리 - 마이어 의미론(Routley-Meyer semantics)의 기본 구조에 해당한다. 그 점에서 이 관계와 집합들을 각별히 염두에 둘 필요가 있다.

3. 대수로서의 속

이 절에서는 대수 구조에 의해 속을 정의할 것이다. 일반적으로 ∨, ∧로 표현되는 '결합', '교우' 연산이 문장 연결사 '선언(disjunction)', '연언(conjunction)'에 각각 상응한다는 것을 먼저 염두에 두기 바란다. (편의상, ∨, ∧을 문장 연결사와 연산자 모두로 사용한다.) 선언과 연언은 일상 언어에서 "또는"과 "그리고"로 표현된다. 가령 앞 선 논의와 비슷하게 "철수가 대머리이고 만수가 대머리라면, 철수는 대머리이다."의 경우를 생각해 보자. 이 경우 형식을 달리하는 산술의 부등식을 빌려 표현한 '귀결' 또는 '함의'와 달리 형식적으로도 같은 형태를 취할 수 있다. 즉 '선언', '연언'을 사용한 문장들 사이의 동치관계는 속 정의와 관련하여 결합, 교우 연산에서 등식 ‘=’을 빌려 표현된다. 가령 연언을 사용한 “철수가 대머리이고 만수가 대머리라는 것은 만수가 대머리이고 철수가 대머리라는 것과 동치이다.”는 잘 알려진 교환 법칙을 반영한다. 앞선 논의와 비슷하게 “철수가 대머리이다.”, “만수는 대머리이다.”를 a, b로 해서 주어진 문장을 대수적으로 표현하면 [교환] ‘$a \wedge b = b \wedge a$’로 나타낼 수 있다.

먼저 염두에 둘 것은 반-속(semi-lattice)으로 이를 앞 절의 R처럼 보다 일반적인 형태로 정의하면 다음과 같다.

[정의2.3.1] 다음의 법칙을 만족하는 이항 관계연산 *를 갖는 추상 대수 (S, *)를 반-속이라고 한다.

$\forall x, y, z \in S,$

S1. 멱등 법칙 : $x * x = x$
S2. 교환 법칙 : $x * y = y * x$
S3. 결합 법칙 : $(x * y) * z = x * (y * z)$.

임의의 두 원소의 최대 하계와 최소 상계 또는 하한와 상한 역할을 하는 ‘교우’와 ‘결합’은 이러한 정의를 만족하는 전형적인 사례이다. 앞 절의 부등식 ≤처럼 통상적으로 우리는 * 대신 교우를 나타내는 ∧나 결합을 나타내는 ∨을 사용한다. 그리고 전자의 경우를 교우-반-속(meet-semi-lattice)으로, 후자의 경우를 결합-반-속(join-semi-lattice)으로 명명한다. 속은 보통 [정의2.3.1]에 흡수법칙을 더 만족하는 교우와 결합의 쌍으로 정의된다.

[정의2.3.2] (대수에 의한) 속

다음의 법칙을 만족하는 이항 관계연산 ∨, ∧를 갖는 대수 (L, ∨, ∧)를 속이라고 한다.

$\forall x, y, z \in L$,

L1. 멱등 법칙 : $x \vee x = x$, $x \wedge x = x$
L2. 교환 법칙 : $x \vee y = y \vee x$, $x \wedge y = y \wedge x$
L3. 결합 법칙 : $(x \vee y) \vee z = x \vee (y \vee z)$, $(x \wedge y) \wedge z = x \wedge (y \wedge z)$
L4. 흡수 법칙 : $(x \vee y) \wedge x = x$, $(x \wedge y) \vee x = x$.

이제 다음의 두 정의를 고려해 보자.

(df1) $x \leq y$ iff $x \wedge y = x$.

(df2) $x \leq y$ iff $x \vee y = y$.

두 정의를 바탕으로 [정의2.2.5]로부터 [정의2.3.2]를 정리로 끌어낼 수 있고 그 역도 가능하다.

[정리2.3.3] (A, ≤)을 속이라고 하자. $x \vee y = \sup\{x, y\}$이고 $x \wedge y = \inf\{x, y\}$라고 할 경우, 대수 구조 (A, ∨, ∧)은 속이다.

[정리2.3.4] (A, ∨, ∧)을 속이라고 하자. 관계 ≤이 (df1)을 만족한다고 할 경우, 관계 구조 (A, ≤)은 속이다.

[연습2.3.5] (A, ∨)을 반-속이라고 하자. 관계 ≤이 (df2)를 만족한다고 할 경우, 관계 구조 (A, ≤)이 $x \vee y = \sup\{x, y\}$인 결합-반-속이라는 것을 보이시오.

[연습2.3.6] [정리2.3.3], [정리2.3.4]를 증명하시오.

0, 1을 각각 최소, 최대 값이라고 하자. 마지막으로 닫힌 속(bounded

lattices)이 대수적으로 다음 등식에 의해 특징지어질 수 있다는 점에 유의하기 바란다.

(b1) $0 \wedge x = 0$, $0 \vee x = x$.

(b2) $1 \wedge x = x$, $1 \vee x = 1$.

(b1)은 속이 아래로 닫혀있다는 것을, (b2)는 속이 위로 닫혀있다는 것을 보여준다. (b1), (b2) 각각의 전자는 교우 - 반 - 속이 아래, 위로 닫혀있다는 것을, 후자는 결합 - 반 - 속이 아래, 위로 닫혀있다는 것을 보여준다.

4. 분배 속

우리가 2장 이하에서 다룰 논리학의 대부분은 분배 속을 기본 구조로 한다. 그러나 우리에게 알려진 모든 논리학이 분배 속을 기본 구조로 하지는 않는다. 그러한 논리학으로 널리 알려진 것이 양자 이론을 배경으로 한 양자 논리(quantum logic)이다. 이러한 문맥에서 분배 속을 기본 구조로 하는 논리학은 분배 논리(distributive logic)로, 그렇지 않은 논리는 비분배 논리(non-distributive logic)로 불린다.[5] 분배 속은 일반적으로 다음으로 정의된다.

[정의2.4.1] 분배 속(distributive lattice)

다음의 분배 법칙을 만족하는 속 $L = (A, \vee, \wedge)$을 분배 속이라고 한다.

$\forall x, y, z \in L$,

5) 분배 법칙을 만족하는 논리와 그렇지 않은 논리에 관해서는 레스탈(G. Restall) Restall (2000)을 참조.

L5. 분배 법칙 : $x \wedge (y \vee z) = (x \wedge y) \vee (x \wedge z)$
$x \vee (y \wedge z) = (x \vee y) \wedge (x \vee z)$.

각 분배 속의 절반은 모든 속에서 항상 만족된다. 즉,

[정리2.4.2] L을 속이라고 하자. 다음이 항상 성립한다.

$\forall x, y, z \in L$,

(d1) $(x \wedge y) \vee (x \wedge z) \leq x \wedge (y \vee z)$
(d2) $x \vee (y \wedge z) \leq (x \vee y) \wedge (x \vee z)$.

[연습2.4.3] [정리2.4.2]를 증명하시오.

양자 논리나 비분배 속에 관심이 있는 독자는 던과 하디그리의 Dunn & Hardegree(2001) 3장 14, 15절을 참조하기 바란다. 각 절에서 던과 하디그리는 분배를 고전적인 분배(classical distribution)와 비고전적인 분배(non-classical distribution)로 나누어 분배 속과 그렇지 않은 비분배 속을 논한다. 참고로 던과 하디그리는 [정의2.4.1]에 다음의 조건을 추가하여 그러한 조건을 만족하는 속을 고전적인 분배 속으로 정의한다.

(d3) $(x \wedge y) \vee (x \wedge z) \vee (y \wedge z) = (x \vee y) \wedge (x \vee z) \wedge (y \vee z)$.

5. 여 (분배) 속

앞 절에서 우리는 고전적인 분배와 비고전적인 분배를 나누어 논하지 않았다. 앞서 언급한 대로 그것은 우리가 앞으로 다룰 논리 체계들이 대부분 고전적인 분배 속을 기본 구조로 하기 때문이다. 그러나 이 절에

서 우리는 고전적인 여(classical complementation)와 비고전적인 여(non-classical complementation)를 구분한다. 앞으로 분명하게 드러나겠지만 고전 논리와 비고전 논리(non-classical logic)는 상호 구별된 여 구조를 갖는다.[6)]

일항 관계에 해당하는 여 연산에 상응하는 논리 상항은 일상 언어에서 "아니다"로 표현되는 부정이다. 그리고 그것은 형식적으로도 마찬가지 형태로 적용될 수 있다. 가령 "영희는 순이가 아니다."라는 문장은 "영희는 순이이다."에 부정 "아니다"가 덧붙여진 합성문장으로 간주될 수 있다.

앞 문단에서 언급한 이유로 우리는 부정에 상응하는 여러 여를 나타내기 위하여 ¬, ~, - 등의 기호법을 도입할 것이다.

5.1 고전 여 (분배) 속

먼저 고전 여 속(classical complemented lattice)은 다음으로 정의될 수 있다.

[정의2.5.1] 고전 여 속(classical complemented lattice)

다음을 만족하는 0, 1을 갖는 닫힌 속을 고전 여 속이라고 한다. 모든 x(∈ L)에 대하여, 다음을 만족하는 x'(∈ L)가 있다.

L6. 여 법칙 : (c1) $x \vee x' = 1$, (c2) $x \wedge x' = 0$.

이때 여 법칙을 만족하는 L의 원소 x'을 x의 여(complement)라고

6) 다양한 여 또는 부정 연산에 관한 이해를 위해서는 반싱(H. Wansing)이 편집한 Wansing (1996)과 가베이(D. M. Gabbay)와 반싱이 편집한 Gabbay & Wansing (1999)를 참조할 것. 특히 아래서 설명하는 다양한 여(부정)과 그것들의 쌍과 관련해서는 던, 던과 주(C. Zhou), 쉬램코(Y. Shramko) 그리고 필자의 Dunn(1993b), Dunn & Zhou(2005), Shramko(2005), Yang(2007) 등을 참조할 것.

한다. 그리고 그 역도 마찬가지이다. [정의2.5.1]을 만족하는 속이 분배 속일 경우, 우리는 그러한 속을 여 분배 속(complemented distributive lattice)이라고 한다. 즉,

[정의2.5.2] 여 분배 속(complemented distributive lattice)

L1 – L6을 만족하는 닫힌 속을 여 분배 속이라고 한다.

고전 명제 논리의 구조에 해당하는 불 대수(Boolean algebras)는 여 분배 속으로 정의된다. 여 법칙을 만족하는 (닫힌) 분배 속은 (강한) 이중 부정((strong) double negation)과 대우(contraposition)에 해당하는 다음의 속성을 만족한다.

(c3) $x'' = x$.

(c4) $x \leq y \Rightarrow y' \leq x'$.

다음 절에서 다시 언급되겠지만 여 법칙이 아닌 (c3), (c4)만 만족하는 여를 우리는 드 모르간 여(de Morgan complementation) 또는 준-여(quasi-complementation)라고 부른다. (c1)-(c4)를 만족하는 속이 분배 속이 아닐 경우, 우리는 그러한 속을 직여 속(orthocomplemented lattice)이라고 한다.

5.2 비고전 여 (분배) 속

고전적인 여 이외에 비고전적인 여(non-classical complementation) 연산으로 직관주의 명제 논리의 부정에 상응하는 하이팅 여(Heyting complementation) 또는 가-여(pseudo-complementation), 그리고 연관(relevance) 명제 논리 R의 부정에 상응하는 드 모르간 여 또는 준-여를 대표적으로 꼽을 수 있다. 이러한 여의 정의를 마련하기 위해 던

과 하디그리는 Dunn & Hardegree(2001)에서 (쌍(dual) 여를 제외한) 다양한 여의 최소 조건에 해당하는 최소 여(minimal complementation)를 다음으로 정의한다. (이제 우리는 여를 나타내기 위해 ¬, - 의 기호를 도입한다.)

[정의2.5.3] (Dunn & Hardegree(2001)) 최소 여(minimal complementation)

P를 부분 순서 집합이라고 하자. x ↦ ¬x이 P 위에서 다음 조건을 만족할 경우, 우리는 ¬을 최소 여라고 한다.

(m1) $a \leq \neg b \Rightarrow b \leq \neg a$.

(m1)은 대우와 구성적 이중 부정(constructive double negation)에 상응하는 다음 두 조건과 동치이다.

(m2) $a \leq b$이면, $\neg b \leq \neg a$.

(m3) $a \leq \neg\neg a$.

[연습2.5.4] (m1)이 (m2), (m3)와 동치라는 것을 보이시오.

(m2)는 부분 최소 여(subminimal complementation)로 불린다. 그리고 최소 여는 요한슨(I. Johansson) Johansson(1936)의 최소 논리(minimal logic) 체계의 부정에 상응한다. 우리는 위의 연산이 (m2) 즉 부분 최소 여를 만족할 경우, 그것을 여(complementation)로 명명한다. 즉,

[정의2.5.5] 여(complementation)

P를 부분 순서 집합이라고 하자. x ↦ ¬x이 (m2)의 조건을 만족할 경우, 우리는 ¬을 여 연산이라고 한다.[7)]

---

7) 던과 하디그리는 [정의2.5.3]을 Dunn & Hardegree(2001)에서 여의 정의([정의3.13.1])

이제 ¬, -을 함께 사용해 보자. (m1)에 상응하는 다음의 조건을 우리는 갈로아 여(Galois complementation)라고 부른다.

(g1) $a \leq \neg b$ 이면, $b \leq -a$.

(m2), (m3)와 마찬가지로 다음의 조건을 고려할 수 있다.

(g2) $a \leq b$이면, $\neg b \leq \neg a$.
(g3) $a \leq b$이면, $-b \leq -a$.
(g4) $a \leq -\neg a$.
(g5) $a \leq \neg -a$.

우리는 이러한 함수 쌍 (¬, -)을 갈로아 연결(Galois connection)이라고 부른다.

[연습2.5.6] (g1)이 (g2) - (g5)와 동치라는 것을 보이시오.

이제 여 연산 ¬, -이 같다고 하자. 우리는 (c2)를 만족하는 최소 여속을 하이팅 여 (또는 가-여)라고 부른다. 즉,

[정의2.5.7] 하이팅 여(Heyting complementation)

L을 0을 갖는 속이라고 하고, $x \mapsto \neg x$을 L 위에서의 최소 여라고 하자. 이 경우 $x \mapsto \neg x$이 (c2) $a \wedge \neg a = 0$을 만족할 경우, 우리는 ¬을 하이팅 여 또는 가-여라고 한다.

[정의2.5.7]의 여 구조를 갖는 논리가 바로 잘 알려진 하이팅(A. Heyting) Heyting(1930)의 직관주의 명제 논리 H이다. 더밋(M. Dummett)

로 채택한다. 즉 여이기 위한 최소 조건으로 간주한다. 그러나 우리는 (m1) 대신 (m2)를 조건으로 한 정의를 채택한다. 그 이유는 쌍 여(dual complementation)를 논하는 데서 분명해 질 것이다.

Dummett(1959)의 다치 논리 LC 또한 같은 (여에 상응하는) 부정을 갖는다. 앞서 언급한 드 모르간 여 (또는 준-여)는 (m3) 대신 (c3)를 갖는 최소 여 속으로 간주될 수 있다. 즉,

[정의2.5.8] 드 모르간 여(de Morgan complementation)

L을 0을 갖는 속이라고 하고, $x \mapsto \neg x$을 L 위에서의 여라고 하자. 이 경우 $x \mapsto \neg x$이 (c3) $\neg\neg a = a$를 만족할 경우, 우리는 ¬을 드 모르간 여 또는 준-여라고 한다.

비교적 여러 논리학이 [정의2.5.8]을 만족하는 여 구조를 갖는다. 앤더슨(A. R. Anderson)과 벨납(N. D. Belnap) Anderson & Belnap(1975)의 연관 논리(relevance logic) 체계 R과 E, 그리고 우카세비츠(J. Łukasiewicz) Łukasiewicz (1910; 1913)의 무한-다치 논리(infinite-valued logic) 체계 ŁC 등이 드 모르간 여에 상응하는 부정을 갖는다.

라지오와 Rasiowa(1974)의 "준-여"라는 명칭 사용에도 불구하고 우리가 드 모르간 여라는 명칭을 선호하는 것은 그것이 잘 알려진 다음의 드 모르간 법칙을 만족하기 때문이다.

(dM1) $\neg(a \vee b) = \neg a \wedge \neg b$.

(dM2) $\neg(a \wedge b) = \neg a \vee \neg b$.

[연습2.5.9] 드 모르간 여가 (dM1), (dM2)를 만족한다는 것을 보이시오.

이제 하이팅 여의 쌍(dual)에 해당하는 경우를 고려해 보자. 이를 위하여 먼저 최소 여와 갈로아 여의 쌍 조건을 고려해 보자. 각각의 쌍은 다음의 조건으로 표현될 수 있다.

(dm1) $-a \leq b$이면, $-b \leq a$.

(dm2) a≤b이면, -b≤-a.

(dm3) --a≤a.

(dg1) ¬a≤b이면, -b≤a.

[연습2.5.10] (g1)에 대한 (g2)-(g5)처럼 (dg1)에 상응하는 조건들 즉 (dg2)-(dg5)를 지적하고 (dg1)과 (dg2)-(dg5) 사이의 동치를 보이시오.

(dm1)을 만족하는 여를 쌍 최소 여(dual minimal complementation)로, (dg1)을 만족하는 여를 쌍 갈로아 여(dual Galois complementation)로 명명하자. (c2) 대신 (c1)을 만족하는 쌍 갈로아 여는 하이팅 여의 쌍에 해당한다. 그러한 여를 약-여(weak-complementation)로 명명하자. 쌍 하이팅 여(dual Heyting complementation)로 불려도 무방한 약-여는 다음으로 정의될 수 있다.

[정의2.5.11] 약-여(weak-complementation)

L을 1을 갖는 속이라고 하고, x ↦ -x을 L위에서의 여라고 하자. 이 경우 x ↦ -x이 (c1) a∨-a=1을 만족할 경우, 우리는 -을 약-여 또는 쌍 하이팅 여 라고 한다.

이 정의는 초일관 논리(paraconsistent logic)의 부정으로 많이 사용되는 여이다. 필자는 최근 이러한 여 구조를 바탕으로 앞선 논리들의 쌍에 해당하는 몇몇 논리 체계들을 검토해왔다. 쌍 직관주의 논리 체계 wB-IC(Yang(2004)), 약 부정(weak negation)을 갖는 다치 논리 체계 wB-sKD와 wB-LC(Yang(2006)) 등이 이러한 여 구조를 바탕으로 한다.

이제 분배 속 위에서 여 연산을 고려해 보자. 하이팅 여를 갖는 (닫힌) 분배 속은 가-불-대수(pseudo-Boolean algebras)로 명명된다. 그리고 이러한 대수들 즉 이러한 대수들의 집합(class)이 하이팅의 직관주의 명제 논리 체계 H를 특징짓는다(characterize). 드 모르간 여를 갖는 (닫힌) 분배 속은 (닫힌) 드 모르간 속((bounded) de Morgan lattices) 또는 준-불 대수(quasi-Boolean algebras)로 명명된다. 연관 논리 체계 R은 이러한 구조에 바탕을 두고 있다. 약-여를 갖는 (닫힌) 분배 속을 필자는 약한-불-대수(weak-Boolean algebras)로 명명하였다. 이러한 대수들이 쌍 직관주의 명제 논리 체계 wB-IC를 특징짓는다.[8)]

6. 함의

지금까지 논의에서 '선언', '연언', '부정'에 상응하는 '결합', '교우', '여'가 (이항, 일항) 연산으로 다루어진 데 반해 '함의'를 단지 이항 관계로만 다룬 것에 대해 다소 의아해하거나 혼란스러워하는 독자가 있을 것이다. 2절에서 우리는 분명 형식적 양식에 맞추어 함의를 귀결과 함께 이해하였다. 그렇지만 그것을 '만약 … 라면'에 해당하는 조건문 양식에 상응하는 것으로 이해할 수도 있다. 즉 '함의' 또한 '선언', '연언', '부정'처럼 하나의 연산으로 다루어질 수 있다. 실제로 라지오와 Rasiowa(1974) 2장에서는 부분 순서 집합과 한 논리 체계의 연역 정리를 위한 공리들에 맞추어 여러 함의적 대수(implicative algebras)가 다루어져 있고, 던과 하디그리의 Dunn & Hardegree(2001) 3장 16, 17절에서는 앞 절의 논의와 비슷하게 고전 함의와 비고전 함의가 다루어져 있다. 이 책에서는 대체로 후자의 구성을 따라 함의를 다루기로 하겠

8) 쌍 부정들에 관한 자세한 이해를 위해서는 던과 주(C. Zhou)의 Dunn & Zhou(2005), 비슨(M. Beeson), 베로프(R. Beroff), 그리고 워스(L. Wos)의 Beeson, Beroff & Wos(2005) 등을 참조할 것.

다. 전자의 문맥이나 관련 내용의 보다 자세한 이해를 위해서는 언급한 저술들을 참조하기 바란다.[9)]

함의 개념과 연역 정리의 차이 때문에 모든 체계에 다 적용될 수는 없지만 앞 선 이항 관계 부등식 ≤이 논리 체계의 연역적 귀결 관계(consequence relation) ⊢에 대체로 대응한다는 점을 염두에 두면, 이와 관련된 논리적 문맥을 이해하는 데 도움이 될 것이다. 편의상 우리는 논리학에서 사용되는 이름을 따라 그에 상응하는 대수적 연산 또한 "함의"라고 부를 것이다. 그리고 그것을 나타내기 위해 '→'의 기호법을 도입할 것이다.

6.1 고전 함의

여기서 말하는 고전 함의는 아래에 정의된 고전 논리를 위한 실질 함의만을 가리키는 것이 아니라 직관주의 논리와 고전 논리 그리고 고전 논리를 확장한 확장 논리에서 다루는 함의에 해당한다. 직관주의 논리에서 사용되는 함의가 고전 함의에 포함되는 이유는 부정에 관한 특성을 고려하지 않는다면 직관주의 논리와 고전 논리에 차이가 없기 때문이다.

앞서 언급한 대로 우리는 이제 함의를 명제들의 속 위에서의 이항 연산으로 다룬다. 2절의 사례처럼 그것은 일상언어에서 실질 양상에 해당하는 조건문으로 표현된다. 따라서 그러한 (조건문 형태의) 함의를 어떻게 분석하느냐에 따라 '함의' 개념에 차이가 발생한다. 이의 고전적인 형태는 고전적인 진리 함수에 따라 함의 $p \rightarrow q$를 $-p \vee q$로 이

9) 신툴라(P. Cintula)는 함의적 대수를 약화한 함의로 약한 함의(weak implication) 그리고 그러한 함의를 갖는 일반적인 논리, 즉 약한 함의 논리(weakly implicative logics)를 제시하였다. 이 저술에서 다룰 논리들은 모두 약한 함의 논리에 해당한다. 이에 관한 자세한 이해를 위해서는 신툴라 Cintula(2006) 등을 참조할 것.

해하는 것이다. 즉 (연산으로서의) 고전 실질 함의(classical material implication)는 $-a \vee b$의 형태를 빌려 정의될 수 있는 불 여 분배 속에 해당한다.

그러나 널리 알려진 대로, 함의의 그러한 해석에 대해서 많은 비판이 있었다. 루이스(C. I. Lewis) Lewis(1918)는 대안적 함의로 엄밀 함의(strict implication)를 제시했고, 앤더슨과 벨납(Anderson & Belnap (1975))은 연관 함의(relevant implication)와 필함(entailment)을, 루이스(D. Lewis) Lewis(1973)와 스톨네이커(R. C. Stalnaker) Stalnaker(1968)는 상대역 함의(counterfactual implication)를 제시했다.

이러한 문제 상황을 염두에 두고 던과 하디그리(Dunn & Hardegree (2001))는 선순서에 해당하는 형식적 함의의 최소 성질과 함의에 관한 최소 상계와 최대 하계에 해당하는 선언과 연언의 최소 성질에 바탕을 둔 고전 함의 성질을 다음으로 제시한다.

(ci1) $a \leq b$ iff $a \rightarrow b = 1$.
(ci2) $a \wedge (a \rightarrow b) \leq b$.
(ci3) $-b \wedge (a \rightarrow b) \leq -a$.
(ci4) $a \wedge -b \leq -(a \rightarrow b)$.

그리고 이 성질들을 최소 함의 조건(minimal implicative conditions)으로 간주한다. 고전 논리학에 익숙한 독자들은 금방 눈치 챘겠지만 (ci2)는 긍정식(modus ponens)에, (ci3)는 부정식(modus tollens)에, 그리고 (ci4)는 부정 함의 도입(negated implication introduction)에 상응한다.

그러나 모든 함의가 (ci1)-(ci4)를 만족하는 것은 아니다. 가령 우카세비츠 다치 논리의 함의는 (ci2)를 만족하지 않는다. 피치(F. B. Fitch)가 Fitch(1952)에서 소개한 체계의 함의는 (ci3)를 만족하지 않는다. 따라서 적어도 지금까지 알려진 논리 체계들의 함의가 만족할만한 가장 일반적인 조건은 (ci1) 정도가 될 것이다. 그 점에서 (ci1)을 앞 절의 [정의5.2.3]에 준하는 임의의 연산이 함의로 불려 지기 위한 최소 조건으로 간주할 수도 있다.[10] 하지만 이 또한 유니놈 논리(Uninorm logic)라고 불리는 UL과 같은 보다 일반적인 퍼지 논리체계에서는 성립하지 않는다.

여기서의 고전 함의는 고전 논리에 한정된 함의를 가리키지 않는다는 점에 일단 유의하자. (고전 논리에 한정된 함의는 $-a \vee b$로 정의되는 함의이다.) 고전 함의에서 특별히 염두에 두어야 할 성질은 고전 명제 논리뿐만 아니라 직관주의 명제 논리 또한 만족하는 이입(importation)과 이출(exportation)에 상응하는 다음 조건이다.

(ci5) $a \wedge b \leq c$ iff $a \leq b \rightarrow c$.

(ci5)는 교우 $\wedge$를 사용하여 우리가 함의 $\rightarrow$를 도입할 수 있다는 것을 보여준다. 즉 고전 논리에서의 부정과 연언에 의한 함의의 정의처럼 함의 도입을 보장해주는 장치에 해당한다.

(ci5)는 (ci1)과 (ci2)를 필함한다. 나아가 속 위에서 다음의 중요한 성질을 얻는다.

[정리2.6.1] L을 속이라고 하고 $\rightarrow$을 L 위에서 (ci5)를 만족하는 속이라고 하자. 그러면 L은 분배적이다.

10) 우리는 라지오와를 따라 부분 순서이기 위한 조건들을 만족하는 경우를 바탕으로 함의적 대수를 정의할 수 있다. 예리한 독자는 이미 눈치 챘겠지만 (ci1)이 반드시 부분 순서 집합 위에서 성립할 필요는 없다. 그 점에서 함의가 속 위에서 정의된다고 단순히 말할 수 없다. 그 점을 반영하여 부분 순서까지 고려하고 있는 것이 신툴라 Cintula(2006)의 저술이다.

[연습2.6.2] (ci5)가 (ci1), (ci2)를 만족한다는 것을 보이시오.

[연습2.6.3] [정리2.6.1]을 증명하시오.

벌코프(G. Birkoff) Birkhoff(1960)와 라지오와(와 지콜스키) Rasiowa (1974), Rasiowa & Sikorski(1970)는 교환 법칙에 의해 성립할 (ci5)의 다른 형태 즉

(ci5') $a \wedge x \leq c$ iff $x \leq a \rightarrow c$

를 만족하는 속을 상관 가-여 속(relatively pseudo-complemented lattices)으로 명명한다. [정리2.6.1]에 따라 상관 가-여 속은 (ci5')을 만족하는 (분배) 속에 해당한다. 그러나 엄밀 함의와 상대역 함의들은 (ci5) (또는 (ci5'))을 만족하지 않는다.

이제 속의 정의와 관련된 부분 순서 문맥에서 함의를 고려해 보자. 라지오와는 부분 순서 관계에 맞춰 함의적 대수(implicative algebras)를 다음으로 정의한다.

[정의2.6.4] (Rasiowa(1974)) 함의적 대수(implicative algebra)

(A, 1, →)을 추상 대수라고 하자. 이항 연산 → 이 A 위에서 다음 조건을 만족할 경우, 우리는 (A, 1, →)을 함의적 대수라고 한다.

$\forall a, b, c \in A,$

(i1) $a \rightarrow a = 1.$
(i2) $a \rightarrow b = 1$이고 $b \rightarrow a = 1$이면, $a = b.$
(i3) $a \rightarrow b = 1$이고 $b \rightarrow c = 1$이면, $a \rightarrow c = 1.$
(i4) $a \rightarrow 1 = 1.$

이러한 정의는 상대역 함의가 이행성에 해당하는 (i3)을 만족하지 않는 문제점을 갖는다. 그러나 다소 불만족스럽더라도 우리는 상대역 함의를 다루지 않기 때문에 이러한 정의를 우리가 앞으로 다룰 1을 단 하나의 지시 값(designated value)으로 갖는 체계들에서 사용되는 함의의 기준으로 삼을 것이다.[11] 참고로 [정의2.6.4]를 바탕으로 임의의 논리 체계의 연역 정리(deduction theorem)에 필요한 공리들에 맞게 함의 대수를 새로 정의할 수 있다는 사실을 염두에 두기 바란다. 가령 잘 알려진 함의만 연결사로 갖는 (하이팅의) 직관주의 명제 논리 체계 $H_{\rightarrow}$에 상응하는 대수는 다음으로 정의될 수 있는 긍정 함의 대수(positive implication algebra)이다.

[정의2.6.5] 긍정 함의 대수(positive implication algebra)

(A, 1, →)을 추상 대수라고 하자. 이항 연산 →이 A 위에서 다음 조건을 만족할 경우, 우리는 (A, 1, →)을 긍정 함의 대수라고 한다.

$\forall a, b, c \in A$,

(pi1) $a \rightarrow (b \rightarrow a) = 1$.
(pi2) $(a \rightarrow (b \rightarrow c)) \rightarrow ((a \rightarrow b) \rightarrow (a \rightarrow c)) = 1$.
(pi3) $a \rightarrow b = 1$이고 $b \rightarrow a = 1$이면, $a = b$.
(pi4) $a \rightarrow 1 = 1$.

(pi3), (pi4)는 앞선 함의적 대수 정의 (i2), (i4)와 같다. 따라서 특별히 긍정 함의 대수이기 위해 필요한 것은 각각 긍정 역설(positive paradox)과 자기 분배(self-distribution)에 대응하는 (pi1), (pi2)이다. 우리는 긍정 역설과 자기 분배를 사용해서 직관주의 명제 논리 체계 H와 고전 명제 논리 체계(Classical propositional calculus, CPC)를 위한 연

11) 지시 값과 관련해서는 8절의 행렬 부분을 참조할 것.

역 정리를 증명할 수 있다. (긍정 함의 대수와 불 대수 문맥에서 그것의 확장에 관심이 있는 독자는 라지오와의 Rasiowa(1974) 2장과 디에고(A. Diego) Diego(1965; 1966), 아보트(J. C. Abbott) Abbott(1967; 1969; 1976)을 참조하기 바란다.) 앞서 정의한 함의적 대수와 관련해서는 다음의 정리가 성립한다.

[정리2.6.6] 임의 긍정 함의 대수 (A, 1, →)은 함의적 대수이다. 역으로 (pi1), (pi2)를 만족하는 함의적 대수는 긍정 함의 대수이다.

[연습2.6.7] [정리2.6.6]을 증명하시오.

(pi1)의 특수한 경우에 해당하는 다음의 제한 긍정 역설(restricted positive paradox)을 고려해 보자.

(si1) $(a \to b) \to (c \to (a \to b)) = 1.$

앞선 조건들과 함께 우리는 함의만 연결사로 갖는 양상 논리 체계 $S4_{\to}$에 상응하는 대수를 정의할 수 있다. 그러한 대수를 긍정 엄밀 함의 대수(positive strict implication algebras)라고 하자. 긍정 엄밀 함의 대수는 다음으로 정의될 수 있다.

[정의2.6.8] 긍정 엄밀 함의 대수(positive strict implication algebra)

(A, 1, →)을 추상 대수라고 하자. 이항 연산 →이 A 위에서 (i1), (si1), (pi2) - (pi4)를 만족할 경우, 우리는 (A, 1, →)을 긍정 엄밀 함의 대수라고 한다.

직관주의 논리 체계 H와 유사하게 우리는 제한 긍정 역설과 자기 분배를 사용해서 양상 논리를 포함한 엄밀 함의를 갖는 체계들의 연역 정리를 증명할 수 있다. 그리고 함의적 대수와 관련해 다음을 정리로 말할 수 있다.

[정리2.6.9] 임의의 긍정 엄밀 함의 대수 (A, 1, →)은 함의적 대수이다. 역으로 (si1), (pi2)를 만족하는 함의적 대수는 긍정 엄밀 함의 대수이다.

[연습2.6.10] [정리2.6.9]를 증명하시오.

6.2 비고전 함의

비고전적인 함의를 논하기 위해 먼저 내포적(intensional) 연언을 설명하기로 하겠다. 내포적 연언은 앞서 '연언'으로 명명한 외연적(extensional) 연언 ∧과 마찬가지로 일상 언어 "그리고"에 상응한다. 즉 비고전 함의에서는 하나가 아닌 두 개의 연언을 사용한다고 생각하면 된다.[12)] 일반적으로 다음으로 정의되는

(df3) A○B := -(A → -B)

내포적 연언 '○'은 연관 논리 저술에서는 '퓨전(fusion)'으로, 선형 논리(linear logic)에서는 '곱 연언(multiplicative conjunction)'으로, 퍼지 논리에서는 '강한 연언(strong conjunction)'으로 불린다. (우리는 연관 논리를 따라 퓨전으로 부를 것이다. 고전 함의의 (ci5)와 관련해서는 퓨전과 외연적 연언이 같다고 즉 ○ = ∧이라고 생각하면 된다.)

---

12) 기초 논리학을 공부한 독자들에게는 여러 연언이 사용될 수 있다는 사실이 다소 생소할 것이다. 이 점과 관련해서는 "그리고"의 여러 용법을 생각하면 여러 연언을 이해하기가 쉽다. 가령 고전 논리학에서 사용하는 연언은 포섭적(inclusive) 연언이다. 이에 대응하는 "철수는 오늘 서울에 있고 부산에 있다."처럼 서로 양립 불가능한 배타적(exclusive) 연언을 생각해 볼 수 있다. 또 "나는 밥을 먹고 학교에 갔다."처럼 교환 법칙이 성립하지 않는 우리말 '그리고 난 다음(and then)'에 해당하는 연언 등을 생각할 수 있다.

다음의 정의는 퓨전과 밀접히 연관되어 있다.

[정의2.6.11] 군상(groupoid), 반－군(semi-group), 아벨(Abelian) 반－군

군상(群像)은 A 위에서 이항 연산 ○을 갖는 추상 대수 (A, ○)이다. 반-군(半群)은 A 위에서 ○이 결합 법칙(S3)을 만족하는 군상이다. 아벨 반-군은 A 위에서 ○이 교환 법칙(S2)을 만족하는 반-군이다.

부분 순서 군상(partially ordered groupoid) (A, ≤, ○)은 A 위에서 ≤이 부분 순서이고, ○이 동조(同調)인(isotonic) 즉 a ≤ b, c ≤ d이면 a ○ c ≤ b ○ d인 군상이다. 모노이드(monoid) (A, ○, e)는 항등원(identity) 즉 e ○ a = a = a ○ e, ∀a∈A,인 e를 갖는 반-군이다. 아벨 모노이드(Abelian monoid)는 교환 법칙을 만족하는 모노이드이다. 아벨 모노이드를 갖는 드 모르간 속을 우리는 드 모르간 모노이드(de Morgan monoids)라고 한다. 그리고 이러한 모노이드에 바탕을 둔 대수가 연관 논리 R을 특징짓는다.

이제 앞 절의 (ci5), (ci5')과 유사하게 퓨전에 맞는 함의 잔여(residual)를 다음과 같이 정의할 수 있다.

(lr) a ○ b ≤ c iff a ≤ c ← b.
(rr) a ○ b ≤ c iff b ≤ a → c.

우리는 (lr)을 좌 잔여(left residual)라고 하고 (rr)을 우 잔여(right residual)라고 한다. 이처럼 두 잔여를 구분하는 것은 교환 법칙을 연언 ∧과 달리 퓨전 ○에 대해 일반적으로 적용할 수 없기 때문이다([정의 2.6.11] 참조). 우리는 좌, 우 잔여를 갖는 부분 순서 모노이드 (A, ≤, ○, →, ←)를 잔여 모노이드(residuated monoids)라고 한다. 그리고 이러한 모노이드를 갖는 속을 일반적으로 잔여 속(residuated lattices)이라고 부른다. 잔여 속은 그동안 준구조 논리(substructural logic)의 기본 구조로 많이 소개되어 왔다.

좌, 우 잔여를 갖는 부분 순서 군상(A, ≤, ○, →, ←)을 잔여 군상(residuated groupoid)이라고 한다. 잔여 속과 마찬가지로 우리는 잔여 군상을 갖는 속을 고려할 수 있다(잔여 군상을 갖는 속은 결합 법칙을 만족하지 않아도 되는 잔여 속에 해당한다.). 이러한 속은 항등원을 갖는 속 순서의 잔여 군상(residuated lattice-ordered groupoids with unit)이라고 불리며 최근 많이 연구되고 있다.

던과 하디그리가 지적하듯이 논리적으로 각 잔여의 '≤'의 오른 편을 전제로, 왼편을 결론으로, 그리고 '≤'을 연역적 귀결 관계 ⊢로 생각할 수 있다. 이 경우 각 잔여는 연역 정리와 그것의 역에 해당한다.

잔여를 이용해서 우리에게 알려진 많은 논리적 원리와 추론식에 상응하는 성질들을 증명할 수 있다. 가령 긍정식에 해당하는

(1) $a \bigcirc (a \rightarrow b) \leq b$, $(b \leftarrow a) \bigcirc a \leq b$

가 반사규칙과 (lr), (rr)로부터 바로 따라 나온다. 중요한 것은 잔여를 이용해서 [정의2.6.11]에서 진술한 퓨전에 관한 결합 법칙과 교환 법칙, 그리고 제곱 증가(square-increasingness) $a \leq a \bigcirc a$ 등을 증명할 수 있다는 것이다. (또 그 역도 가능하다. 각 증명에 관심 있는 독자는 던과 하디그리의 Dunn & Hardegree(2001) 3장 17절을 참조하기 바란다.) 던과 하디그리의 표 3.20에서 볼 수 있듯이 우리는 결합 법칙만 갖고 램벡 계산(Lambek calculus)을 얻을 수 있고, 거기에 교환 법칙을 더함으로써 선형 논리를 얻을 수 있다. 다시 거기에 제곱 증가를 더함으로써 연관 함의를, 제곱 증가 대신 하계 $a \bigcirc b \leq a$를 더함으로써 BCK 함의를 얻을 수 있다. (참고로 램벡 계산에서 결합 법칙을 만족하지 않아도 되는 논리 체계 GL이 갈라토스(N. Galatos)와 오노(H. Ono)를 중심으로 최근 연구되었다(Galatos & Ono(2004; 2010)).)

7. 필터와 아이디얼

전통적으로 대수학자들은 아이디얼(ideals)을 가지고 연구를 해왔다. 그러나 논리학자들은 주로 필터(filters)를 가지고 연구를 한다. 이 점에 대하여 혹은 필자가 이런 말을 한 데 대하여 궁금해 하는 독자가 있다면 필터와 아이디얼이 논리적으로 무엇에 해당하는지를 알면 그 궁금증이 다소 해소될 것이다. 필터는 한 논리 체계의 참을 이루는 '참들의 집합' 즉 이론(theories)에 해당하고, 아이디얼은 거짓을 이루는 '거짓들의 집합' 반-이론(counter-theories)에 해당한다. 따라서 논리학자들은 주로 필터를 중심으로 연구를 해왔다. 필자 또한 같은 선상에서 필터를 중심으로 논의를 전개할 것이다. (참고로 헨킨 유형(Henkin-style)의 완전성 증명에 익숙한 이들은 필터 특히 프라임 (또는 최대) 필터 분리 원리(prime (or maximal) filter separation principle)의 중요성을 감지할 수 있을 것이다.)

L을 속이라고 하고 F를 공집합이 아닌 L의 부분 집합이라고 하자. L의 임의의 원소 a, b에 대하여 F가 다음의 조건을 만족할 경우

(F) $a \wedge b \in F$ iff $a \in F$이고 $b \in F$,

우리는 F를 필터라고 한다. (F)는 논리의 추론 규칙에 맞게 다음으로 정의될 수 있다.

[정의2.7.1] 필터(filter)

L을 속이라고 하고 F를 공집합이 아닌 L의 부분 집합이라고 하자. F가 다음 조건을 만족할 경우, 우리는 F를 L 위에서 필터라고 한다.

$\forall a, b \in L$,

(F1) $a \in F$이고 $b \in F$이면, $a \wedge b \in F$이다.

(F2) a∈F이고 a≤b이면, b∈F이다.

[연습2.7.2] (F)와 [정의2.7.1]의 (F1), (F2) 사이의 동치를 증명하시오.

논리적으로 (F1)은 추론 규칙 연접(adjunction)에, (F2)는 긍정식에 해당한다. 따라서 필터는 연접과 긍정식 아래 닫힌 문장들의 집합에 상응한다. 또 앞서 지적한 대로 논리적으로 닫힌 주장들의 집합으로 간주될 수 있는 이론에 상응한다. (F2)는 다음 조건들 중 아무 것으로 대치될 수 있다.

(F2') a∈F이면, a∨b∈F이다.
(F2") a∈F이거나 b∈F이면, a∨b∈F이다.

(F2")의 역방향 또한 만족할 경우, 우리는 그러한 필터를 프라임 필터(prime filter)라고 한다. 프라임 필터는 다음으로 정의될 수 있다.

[정의2.7.3] 프라임 필터(prime filter)

L을 속이라고 하고 P가 공집합이 아닌 L의 부분 집합이라고 하자. P가 다음 조건을 만족할 경우, 우리는 P를 L위에서 프라임 필터라고 한다.

∀a, b ∈ L,

(P1) a∧b∈P iff a∈P이고 b∈P.
(P2) a∨b∈P iff a∈P이거나 b∈P.

임의의 속 L과 그 부분 집합 S에 대하여 L 위에서 S를 포함하는 가장 작은 필터가 있다(Dunn & Hardegree(2001), [정리3.18.5], [3.18.6] 참조). 그러한 필터를 S에 의해 발생한 필터라고 하고 [S)로 표시하자. 주 필터(principal filter)는 다음과 같이 정의될 수 있다.

[정의2.7.4] 주 필터(principal filter)

L을 속이라고 하고 a를 L의 원소라고 하자. a에 의해 발생한 주 필터 [a)는 a를 포함하는 L위에서 가장 작은 필터이다.

L을 속이라고 하자. 집합에서 진부분 집합(proper subset)과 마찬가지로 L과 같지 않은 필터를 우리는 진부분 필터(proper filter)라고 한다. 극 필터(ultrafilter)로도 명명되는 최대 필터(maximal filter)는 다음으로 정의된다.

[정의2.7.5] 최대 필터(maximal filter)

L을 속이라고 하고 M을 L의 부분 집합이라고 하자. M이 다음 조건을 만족할 경우, 우리는 M을 L위에서 최대 필터라고 한다.

$\forall a, b \in L$,

(M1) M은 L위에서 진부분 필터이다.

(M2) M을 포함하는 진부분 필터 즉 $M \subset M'$인 M'은 없다. 즉, $M \subseteq M'$이라면, $M = M'$.

이제 필터의 쌍(dual) 아이디얼(ideals)을 정의해 보자. 아이디얼은 필터의 $\wedge$, $\vee$, $\leq$을 각각 $\vee$, $\wedge$, $\geq$로 대치함으로써 얻어진다. 가령 아이디얼을 (F)의 쌍인

(I) $a \vee b \in I$ iff $a \in I$이고 $b \in I$

를 만족하는 공집합이 아닌 속 L의 부분 집합 I로 정의할 수 있다. 마찬가지로 (F1), (F2) 각각의 쌍을 만족하는 것으로 아이디얼을 정의할 수 있다.

[연습2.7.6] [정의2.7.1] (F1), (F2)의 쌍은 무엇인가? 각각의 쌍을 조건으로 해서 아이디얼을 정의하시오.

필터의 쌍으로 아이디얼은 논리적으로 닫힌 부인들(disclaimers)의 집합으로 간주될 수 있는 반-이론에 상응한다. 프라임 필터의 쌍으로 우리는 프라임 아이디얼(prime ideals)을 정의할 수 있다. 그리고 마찬가지로 주 아이디얼(principal ideals)과 최대 아이디얼(maximal ideals)을 정의할 수 있다.

필터, 아이디얼에 준하는 (그보다 약한) 쌍으로 긍정 콘(positive cone)과 부정 콘(negative cone)이 있다. 콘은 부분 순서 집합 위에서 정의된다. 따라서 결합, 교우, 여 연산을 갖는 조건들을 배제한 나머지 조건들을 바탕으로 콘을 정의할 수 있다. 가령 긍정 콘은 다음으로 정의될 수 있다.

[정의2.7.7] 긍정 콘(positive cone)

P를 부분 순서 집합이라고 하고 C를 P의 부분 집합이라고 하자. C가 다음 조건을 만족할 경우, 우리는 C를 P 위에서 긍정 콘이라고 한다.

$\forall a, b \in P$,

(PC) $a \in C$이고 $a \leq b$이면, $b \in C$이다.

주 필터와 마찬가지 방식으로 주 긍정 콘(principal positive cone)을 정의할 수 있고, 그 쌍들로 부정 콘과 주 부정 콘을 정의할 수 있다.

이제 필터와 관련된 몇 가지 중요한 정리들을 지적하는 것으로 이 절을 마무리하기로 하겠다. (각 증명은 Dunn & Hardegree(2001)를 참조하거나 각자 해보기 바란다.)

[정리2.7.8] 분배 속에서 모든 최대 필터는 프라임 필터이다. 그러나 그 역은 성립하지 않는다.

[정리2.7.9] 불 속 즉 불 대수에서 임의의 필터가 극대라는 것은 그것이 프라임

(이고 진부분 필터)라는 것과 동치이다.

[정리2.7.10] 프라임 필터 분리 원리(prime filter separation principle)

L을 $a \not\leq b$인 a, b($\in$L)를 갖는 분배 속이라고 하자. $a \in P$이고 $b \notin P$인 L의 프라임 필터 P가 있다.

[연습2.7.11] [정리2.7.8], [정리2.7.9], [정리2.7.10]을 증명하시오.

8. 행렬++

8.1 행렬과 아틀라스

많은 독자는 수학에서 사용되는 행렬(matrix)이란 말에 익숙할 것이다. 하지만 논리학에서 말하는 행렬은 수학에서의 행렬과 약간 차이가 있다. 더불어 많은 독자는 논리적 행렬이란 말이 다소 생소할 것이다. 그러나 이러한 용어에 대해 크게 걱정할 필요는 없다. 대부분 아마도 거의 모든 기호 논리학 강의에서 다루는 진리표(truth tables)는 논리에 행렬 방법(matrix methods)을 도입한 것이다. 이 절에서는 특별히 행렬과 그것의 확장 아틀라스(atlases)를 다룰 것이다. (이 부분에 많은 관심이 있는 독자는 던과 하디그리의 Dunn & Hardegree(2001) 7장을 참조하기 바란다.)

우카세비츠와 타르스키 Łukasiewicz & Tarski(1930)에 의해 도입된 행렬 개념은 (소위) 폴란드 논리학자들(Polish School)을 중심으로 연구되었다. 논리적으로 지시 원소(designated elements)를 갖는 대수를 의미하는 행렬은 다치 논리(many-valued (or multi-valued) logic)의 해석이나 대수 논리(algebraic logic) 또는 논리의 대수적 완전성

(algebraic completeness)을 다루는 데 있어서 매우 중요하다. 먼저 (논리적) 행렬은 다음과 같이 형식적으로 정의될 수 있다.

[정의2.8.1] (논리적) 행렬((logical) matrices)

(논리적) 행렬(matrix)은 거기서 P가 공집합이 아닌 대수이고 D가 P의 전달 집합(carrier set) A의 공집합이 아닌 진부분 집합인 체계 (P, D)이다.

이러한 정의는 기본적으로 명제들을 대상으로 해서 구상된 것이다. 즉 아이디어에 있어서 P는 명제들과 문장 연결사에 의해 성립하는 명제들의 대수에, 그리고 D는 그러한 대수에서 1이나 T로 표현하는 항진에 해당하는 참인 문장들의 집합에 해당한다. 그러나 (대수적 관점에서 볼 때) 진부분 집합을 그러한 "참"의 집합으로 반드시 제한할 필요는 없다. (대수학자들은 "참"의 집합들 대신 0이나 F로 표현되는 "거짓"의 집합을 D로 삼는다(7절 참조).) 대신 여럿의 집합을 진부분 집합으로 할 경우, 우리는 그것을 아틀라스(atlases)라고 한다. 즉,

[정의2.8.2] (Dunn & Hargegree(2001)) (논리적) 아틀라스(atlases)

(논리적) 아틀라스(atlas)는 거기서 P가 공집합이 아닌 (명제들의) 대수이고 $\langle D_i \rangle$가 P의 전달 집합(carrier set) A의 공집합이 아닌 진부분 집합들의 (공집합이 아닌) 모임인 체계 (P, $\langle D_i \rangle$)이다.

논리적 행렬은 논리적 아틀라스의 특수한 경우로 간주될 수 있다. 그리고 논리적 아틀라스는 하나의 진리 집합 대신 여럿의 진리 집합을 갖는다고 즉 논리적 행렬들의 모임이라고 생각하면 된다.

8.2 고전 명제 논리를 위한 행렬

고전 명제 논리의 진리표를 만족하는 대수는 일반적으로 프레게 대수(Frege algebra)[13]로 불린다. 이와 관련된 행렬 즉 1 또는 T만을 원소로 하는 집합을 D(= {1})로 하는 프레게 대수를 프레게 행렬(Frege matrix)이라고 하자. 프레게 대수는 다음과 같이 형식적으로 정의될 수 있다.

[정의2.8.3] (Dunn & Hargegree(2001)) 프레게 대수(Frege algebra)

프레게 대수는 거기서 V가 단지 두 원소 1("참"), 0("거짓")으로 구성되고, F가 친숙한 진리 함수로 이루어진 것으로 형식적으로 다음과 같이 정의될 대수 (V, F)이다.

(F1) $x \wedge y = xy$

(F2) $x \vee y = x + y + xy$

(F3) $-x = 1 + x$

(F4) $x \Rightarrow y = 1 + x + xy$

(F5) $x \Leftrightarrow y = 1 + x + y$

여기서 변항 x, y가 진리 값(0과 1)에 이르고, 연결사와 같은 기호는 진리 함수를 지시한다. 변항의 병렬은 일반적인 수의 곱을, +는 2진법 덧셈을 나타낸다.

3장에서 다룰 고전 명제 논리는 (공리에 상응하는 대수뿐만 아니라) 프레게 행렬에 의해 특징지어지는 논리로 간주될 수 있다. 그리고 그것은 불 대수 (또는 불 행렬)을 근간으로 하는 불 논리와 동치이다. 이러한 맥락에서 우리는 고전 명제 논리를 자연스럽게 불 논리(Boolean logic)로 간주할 수 있다.

---

13) 이 경우 연산은 진리 함수에 해당한다.

8.3 다치 명제 논리를 위한 행렬

앞서 언급한 대로 행렬은 다치 논리에서 매우 유용하게 쓰인다. 여기서 우리는 앞으로 다룰 다치 논리와 관련된 행렬들을 다룰 것이다. 우선 꼽을 수 있는 것이 (더밋) 무한 다치 논리 LC 또는 괴델 논리 G를 특징지을 괴델 행렬(Gödel matrices)이다(Gödel(1933)). 직관주의 명제 계산의 정리들을 만족하는 괴델 행렬은 프레게 행렬과 마찬가지로 {1}을 D로 한다. 대신 임의의 양수 n에 대하여 n+1의 값 즉 $\{0, \frac{1}{n}, \cdots, n-\frac{1}{n}, 1\}$이라고 할 때, 연산이 다음으로 정의 된다: $x \wedge y = \min\{x, y\}$, $x \vee y = \max\{x, y\}$, $x \neq 0$이면 $\neg x = 0$이고 그 외 즉 $x = 0$이면 $\neg x = 1$ 그리고 $x \leq y$이면 $x \rightarrow y = 1$이고 그렇지 않으면 즉 $x \not\leq y$이면 $x \rightarrow y = y$이다. (무한일 경우 즉 LC의 경우 [0, 1]의 단위 실수 위에서 같은 정의를 적용하면 된다.) 이제 G_m이 m-치를 갖는 유한 괴델 행렬이라고 하자. 3치 괴델 행렬 G_3은 다음의 진리표로 나타낼 수 있다. (*는 지시 값(designated value)을 나타낸다.)

¬	
1*	0
½	0
0	1

→	1	½	0
1*	1	½	0
½	1	1	0
0	1	1	1

∧	1	½	0
1*	1	½	0
½	½	½	0
0	0	0	0

∨	1	½	0
1*	1	1	1
½	1	½	½
0	1	½	0

2치 괴델 행렬 G_2는 고전 2치 행렬 즉 프레게 행렬과 같은 값을 갖는다는 사실에 주목하기 바란다. 즉,

∧	1	0
1*	1	0
0	0	0

∨	1	0
1*	1	1
0	1	0

¬	
1*	0
0	1

→	1	0
1*	1	0
0	1	1

다음으로 부분 행렬(submatrix)에 대해 살펴보자. 가령 3치 괴델 함의와 관련해 다음의 경우를 고려해 보자.

→	1	½	0
1*	1	½	0
½	1	1	0
0	1	1	1

독자들은 진리표의 각 구석에 있는 네 개의 값이 G_2의 함의와 같다는 것을 알 수 있을 것이다. 이러한 문맥에서 함의에 관한 한 우리는 'G_2가 G_3의 부분 행렬이다'라고 말할 수 있다. 물론 다른 진리표에도 마찬가지로 적용될 수 있기 때문에, 우리는 그냥 'G_2가 G_3의 부분 행렬이다'라고 결론지을 수 있다. 또는 일반화해서 'G_2는 G_3의 부분 행렬에 동형(isomorphic)이다'[14]라고 말할 수 있다. 이 경우 반드시 같은 값을 가질 필요는 없다([연습2.8.5] 참조).

14) 여기서 "동형(isomorphism)"은 기본적인 골격을 모두 유지하는 경우에 해당한다. 그 점에서 동형은 "준동형(homomorphism)"과 구별된다. 준동형은 실제 모습과 사진의 관계처럼 드러난 각 요소가 대응할 수 있지만, 전자가 3차원 대상인 반면 후자는 2차원 대상이라는 점에서 기본적인 골격을 유지하지 않는 경우에 해당한다. 이 저술은 이와 관련된 일반적인 정의들에 대한 독자들의 이해를 전제한다. 이러한 개념에 익숙하지 않은 독자들은 교재로 사용되는 집합론 책들을 참조하기 바란다.

[연습2.8.4] G_2가 G_3의 부분 행렬(에 동형)이라는 것을 보이시오.

[연습2.8.5] 각 괴델 행렬 $G_m(m \geq 2)$이 G_{m-1}의 부분 행렬에 동형이라는 것을 보이시오.

행렬 방식에 의해 우리가 다룰 논리는 아니지만 (우카세비츠) 무한 다치 논리 ŁC를 특징지을 우카세비츠 행렬(Łukasiewicz matrices)을 언급하는 것이 좋을 것이다. 우카세비츠 행렬은 부정과 함의 연산을 제외하고 괴델 행렬과 마찬가지로 정의될 수 있다. 두 연산은 다음으로 정의될 수 있다. 즉 $\sim x = 1 - x$, $x \rightarrow y = \min\{1 - x + y,\ 1\}$. (참고로 $\leftrightarrow$에 관한 일반적 정의 즉 $x \leftrightarrow y = (x \rightarrow y) \wedge (y \rightarrow x)$를 추가한 대수를 일반적으로 MV-대수라고 한다. 이러한 대수가 우카세비츠 무한 다치 논리를 특징 짓는다(창(C. C. Chang)의 Chang(1958; 1959) 참조).)

[연습2.8.6] [정의2.8.3]의 (F1)-(F5)에 상응하는 각각의 우카세비츠 연산을 (MV1)-(MV5)라고 하자. 이제 프레게 대수가 $V = \{0,\ 1\}$인 MV-대수의 특수 경우라는 것을 보이시오.

이제 $Ł_m$이 m-치를 갖는 유한 우카세비츠 행렬이라고 하자. 3치 우카세비츠 행렬은 다음의 진리표로 나타낼 수 있다. (∧, ∨ 경우 괴델 행렬과 상동.)

~	
1*	0
½	½
0	1

→	1	½	0
1*	1	½	0
½	1	1	½
0	1	1	1

2치 우카세비츠 행렬 $Ł_2$ 또한 고전 2치 행렬 즉 프레게 행렬과 같은

값을 갖는다. 주목할 것은 우카세비츠 행렬의 경우, [연습2.8.4]처럼 $Ł_m$이 반드시 $Ł_{m+1}$의 부분 행렬에 동형인 것은 아니라는 점이다. 위의 3치 진리표에서 부정의 경우 ½는 고정점(~½=½)을 갖지만 4치의 경우에는 그렇지 않다. 즉,

~	
1*	0
⅔	⅓
⅓	⅔
0	1

대신 $Ł_3$은 $Ł_4$의 준동형 상(homomorphic image)에 동형일 수 있다.[15] 가령 부정을 다음과 같은 방식으로 고려해 보자.

~	
1*	0
⅔ ⅓	⅓ ⅔
0	1

⇒

~	
1*	0
{⅔,⅓}	{⅔,⅓}
0	1

⇒

~	
1*	0
½	½
0	1

중간 값들을 모아서({⅔,⅓}) 다시 이름 붙인 것(½)이 3치의 그것과 같다는 것을 쉽게 확인할 수 있을 것이다. 바로 이러한 문맥에서 $Ł_3$은 $Ł_4$의 준동형 상(homomorphic image)에 동형인 것이다.

[연습2.8.7] $Ł_2$가 $Ł_3$, $Ł_4$의 부분 행렬(에 동형)이라는 것을 보이시오.

[연습2.8.8] (Dunn & Hardegree(2001))

m이 n을 나눈다면, 행렬 $Ł_{m+1}(m \geq 2)$이 $Ł_{n+1}$의 부분 행렬에 동형이라는

15) 던과 하디그리는 Dunn & Hardegree(2001)에서 지시 값의 보존 여하에 따라 약 준동형(weak homomorphism)과 강 준동형(strong homomorphism)을 구분한다.

것을 보이시오.

[연습2.8.9] (Dunn & Hardegree(2001))

n이 홀수일 때, $Ł_n$이 $Ł_{n+1}$의 준동형 상이고, n이 짝수일 때, $Ł_n$이 $Ł_{n+1}$의 부분 행렬에 동형이라는 것을 보이시오.

다음으로 엄밀 함의를 갖는 다치 논리를 특징지을 행렬을 고려해 보자. 우선 그러한 행렬을 엄밀 행렬(strict matrices)이라고 하자. 엄밀 행렬은 함의 연산을 제외하고 우카세비츠 행렬과 마찬가지로 정의될 수 있다. 함의 연산은 다음으로 정의된다. $x \leq y$일 경우 $x \rightarrow y = 1$이고 그렇지 않을 경우 즉 $x \not\leq y$일 때 $x \rightarrow y = 0$이다. S_m이 m-치를 갖는 유한 엄밀 행렬이라고 할 때, 3치 엄밀 행렬 S_3은 다음의 진리표로 나타낼 수 있다. (~, ∧, ∨ 경우 우카세비츠 행렬과 상동.)

→	1	½	0
1*	1	0	0
½	1	1	0
0	1	1	1

우카세비츠 행렬과 같은 이유로 S_m이 반드시 S_{m+1}의 부분 행렬에 동형인 것은 아니다. 대신 가령 S_3은 S_4의 준동형 상(homomorphic image)에 동형일 수 있다.

[연습2.8.10] S_3가 왜 S_4의 준동형 상에 동형인지를 설명하시오.

[연습2.8.11] (Dunn & Hardegree(2001))

n이 홀수일 때, S_n이 S_{n+1}의 준동형 상이고, n이 짝수일 때, S_n이 S_{n+1}의 부분 행렬에 동형이라는 것을 보이시오.

8.4 연관 명제 논리를 위한 행렬

마지막으로 다룰 행렬은 연관 논리(relevance logic) R-mingle (RM)을 특징지을 수기하라 행렬(Sugihara matrices)이다. RM은 무한 다치 논리로도 간주될 수 있다. 수기하라 행렬은 (엄밀 행렬처럼) 함의 연산을 제외하고 우카세비츠 행렬과 마찬가지로 정의될 수 있다. 함의 연산은 다음으로 정의된다. $x \leq y$일 경우 $x \rightarrow y = \sim x \vee y$이고 그렇지 않을 경우 즉 $x \not\leq y$일 때 $x \rightarrow y = \sim x \wedge y$이다. SG_m이 m - 치를 갖는 수기하라 행렬이라고 하자. 2치에 관한 한, 수기하라 행렬은 다른 행렬처럼 하나의 지시 값을 갖는다. 그러나 2치를 넘어설 경우, 그 이상의 지시값들을 갖는다. 가령 3치 수기하라 행렬 SG_3은 두 지시 값(1, ½)을 갖는 다음의 진리표로 나타낼 수 있다. (~, ∧, ∨ 경우 우카세비츠 행렬과 상동.)

→	1	½	0
1*	1	0	0
½*	1	½	0
0	1	1	1

마찬가지로 수기하라 행렬 SG_m이 반드시 SG_{m+1}의 부분 행렬에 동형은 아니다. 대신 가령 SG_3는 S_{G4}의 준동형 상에 동형일 수 있다.

[연습2.8.12] 함의를 사례로 해서 SG_3가 왜 SG_4의 (동형이 아닌) 준동형 상에 동형인지를 설명하시오. (SG_4의 지시 값은 1과 ⅔이다.)

[연습2.8.13] (Dunn(1970))

n이 홀수일 때, SG_n이 SG_{n+1}의 준동형 상이고, n이 짝수일 때, SG_n이 SG_{n+1}의 부분 행렬에 동형이라는 것을 보이시오.

8.5 항진 보존과 무한 행렬

앞서 우리는 부분 행렬과 준동형 상을 말했다. 아마 보편 대수(universal algebras)를 알고 있는 독자들은 행렬과 관련하여 직적(direct products) 한 가지를 더 궁금해 할 것이다.16) (참고로 우리는 (S) 부분 대수(subalgebras), (H) 준동형 상(homomorphic image), (D) 직적(direct products)의 구성 하에서 닫힌 (유사(similar)17)) 대수들의 모임을 버라이어티(variety)라고 한다. 벌코프 Birkhoff(1935)의 버라이어티 정리는 "모든 등식 모임이 버라이어티이고, 역으로 모든 버라이어티는 등식으로 정의될 수 있다."는 사실을 보여준다. 정리의 증명에 관심 있는 독자는 던과 하디그리의 Dunn & Hardegree(2001) [정리2.10.3]을 참조하기 바란다. 버라이어티는 특정 성질을 만족하는 대수들의 집합(class)에 해당하며 임의의 대수 논리 체계는 그러한 버라이어티에 관하여 완전하다. 즉 한 버라이어티는 해당 논리에 의미론을 제공한다. 그 점에서 버라이어티는 매우 중요하다.)

행렬과 관련해 직적은 다음과 같은 방식으로 고려할 수 있다. 가령 G_3와 SG_3를 취해보자. 그리고 그것을 순서쌍 형식으로 합쳐보자. 우리는 (1, 1), (1, ½), (1, 0) 등의 진리 값과 해당 연산에 따라 (x_1, x_2) 형태의 진리 값을 행렬 형태로 표현할 수 있다. 순서쌍을 이루는 두 원소 모두가 각각의 지시 값일 경우 우리는 그것의 전체 순서쌍을 지시 값으로 취할 수 있다. 이렇게 취한 행렬을 $\Pi(G_3, SG_3)$의 기호로 나타낼 경우, 각각의 행렬은 첫 번째와 두 번째 행렬에 사영(project)시킨 것과

---

16) 우리 논의의 정확한 이해를 위해서는 보편 대수를 이해하는 것이 필요하다. 던과 하디그리의 Dunn & Hardegree(2001) 2장은 보편 대수를 기본적으로 이해하는 데 도움이 된다. 보다 관심있는 독자들은 뷰리스(S. Burris)와 생커패네이버(H. P. Sankappanaver)의 Burris & Sankappanaver(1981)을 참조하기 바란다.

17) 우리는 관계나 연산의 유형(type)이 같을 경우, '유사'하다고 한다.

같다. 따라서 우리는 G_3 또는 SG_3가 $\Pi(G_3, SG_3)$의 준동형 상이라고 할 수 있다.

[연습2.8.14] 함의를 사례로 해서 SG_3가 $\Pi(G_3, SG_3)$의 준동형 상이라는 것을 간단히 보이시오.

보편 대수를 하려고 하는 것도 아닌 데 버라이어티와 관련된 부분 행렬과 준동형 상, 그리고 직적을 왜 설명하려고 했는지에 대하여 궁금해 하는 독자도 있을 것이다. 그 이유는 한 행렬에서 항진임(tautologyhood)이 부분 행렬과 준동형 상 그리고 직적 하에서 보존되기 때문이다.

가령 한 행렬 M이 주어졌다고 할 때, M의 항진들의 집합 T(M)을 관련된 기본 대수의 모든 해석에 대해서 지시 값을 갖는 문장들의 집합으로 정의할 수 있다. (문장 A가 행렬 M에서 타당하다(valid)는 것은 M의 모든 해석 ι에 대하여 $\iota(A)$가 D에 속한다 즉 $\iota(A) \in D$와 동치이다.) 정리들만을 귀결의 식으로 하는 일항 주장 논리(unary assertional logic) L에서, "모든 문장 A에 대하여 그것이 L의 정리라는 것과 그것이 T(M)의 원소라는 것이 동치"일 때 우리는 행렬 M이 L을 특징짓는다고 한다. 따옴표 부분은 다름 아닌 L의 (대수적) 완전성에 해당한다.[18] 이 완전성을 보이는 데 '한 행렬에서 항진임(tautologyhood)이 부분 행렬과 준동형 상 그리고 직적 하에서 보존된다'는 사실을 활용할 수 있다.

가령 G_2가 G_3의 부분 행렬이기 때문에, 우리는 별다른 증명 없이 3치 더밋 다치 체계의 항진이 2치 더밋 다치 체계에서 또한 항진이라고 할 수 있다. 대우에 의해 해석이 2치 체계에서 문장에 지시되지 않은 값을 할당할 때, 3치 체계에서도 마찬가지로 지시되지 않은 값을 할당

18) 일항 주장 논리에 대한 이해를 위해서는 3장 4절을 참조.

한다고 할 수 있다. (이러한 사실의 중요성은 앞으로 우리가 던(J. M. Dunn)과 마이어(R. K. Meyer) Dunn & Meyer(1971)에 의해 증명된 LC의 대수적 완전성을 다루는 데서 보다 분명해 질 것이다.)

지금까지 우리는 유한인 행렬들을 논하였다. 그러나 앞서 언급한 행렬들이 각각에 상응하는 (일항 주장) 논리를 특징짓는다고 할 때, 우리가 염두에 두고 있는 것은 무한 다치의 경우이다. 따라서 무한 행렬(infinite matrix)을 포함하는 무한수의 행렬들(infinite matrices)이 필요하다. 이 경우 주어진 논리를 특징지을 유한 행렬이 있는지가 문제이다. ("유한"은 일항 주장 논리의 완전성을 의미하는 유한 모델 성질(finite model property)과 관련되어 있다.) 유한 모델 성질은 다음으로 정의될 수 있다.

[정의2.8.15] 유한 모델 성질(finite model property)

일항 주장 논리 L이 유한 모델 성질을 갖는다는 것은 다음과 동치이다. 각각의 L의 비 - 정리(non-theorem) A에 대하여, L의 모든 정리는 타당(valid)하지만 A는 타당하지 않은 유한 행렬 M이 있다.

앞선 논리들은 그러한 유한 행렬을 갖지 않는다. 대신 그러한 체계의 확장에 관한 한 그 항진을 특징지을 유한 행렬을 말할 수 있다. 임의의 체계가 이러한 성질을 가질 경우, 우리는 그 체계를 "선표(先表)적(pretabular)"이라고 한다. 우리는 양상 논리와 직관주의 논리(를 다루는 장)의 마지막 절에서 선표성(pretabularity)을 이용한 대수적 증명을 논할 것이다. 그리고 이 증명의 과정에서 앞서 논한 (버라이어티이기 위한) 성질들이 사용된다는 사실을 알아두기 바란다.

제 3 장

고전 명제 논리

1. 들어가는 말

이 장에서 우리는 두 차원에서 고전 명제 논리(classical propositional logic)를 다룬다. 첫째는 기호 논리학 교재에서 쉽게 접할 수 있는 방식으로 즉 진리표(truth table)를 사용한 의미론을 통해 고전 명제 계산(classical propositional calculus(CPC))의 건전성(soundness)과 완전성(completeness)을 다룬다. 둘째로, CPC와 불 논리(Boolean logic) 사이의 동치(equivalence)를 증명함으로써 전자의 논리 체계가 앞서 논한 불 대수 구조에 의해 특징지어진다는 점을 보인다. 편의상 우리는 CPC를 연역적 귀결에 있어서 공리 연역 체계로 다룬다. 2-5절의 정형화는 기본적으로 로빈(J. W. Robbin)의 Robbin(1969)를, 6절의 논의는 던과 하디그리의 Dunn & Hardegree(2001)을 따른다.[1)]

2. CPC를 위한 형성 규칙

우리는 한글을 배우기 위해 먼저 자음과 모음 ㄱ, ㄴ, ㅏ, ㅑ 등을 알아야하고 영어를 배우기 위해 알파벳 a, b, c 등을 알아야 한다. 마찬가지로 CPC로 불리는 고전 논리의 형식 언어를 말하기 위해 우리는 먼저 CPC를 위한 기본 기호(primitive symbols)를 정의할 필요가 있다.

[정리3.2.1] 기본 기호들(primitive symbols)

CPC의 기본 기호들은 다음과 같다.

---

1) 고전 논리의 표준적인 이해를 위해서는 엔더톤(H. B. Enderton)의 Enderton(2002) 등을 참조할 것.

1. 명제 기호 : p_1, p_2, ⋯, p_i, ⋯ ($i \in \omega$).
2. 상항
   2-1. 논리상항 : ⊃.
   2-2. 비논리상항 : F.
3. 보조 기호 (,).

우리는 ⊃을 함의 부호(implication sign)라고 하고, F를 (항위(恒僞) 문장을 나타내는) 거짓 부호(falsity sign)라고 한다. 종종 우리는 p_1, p_2, p_3, ⋯ 대신에 p, q, r, ⋯로 명제를 나타낼 것이다.

우리는 한글의 자음과 모음 또는 영어의 알파벳을 갖고 낱말과 문장을 만들 수 있다. 가령 "철수", "대머리", "철수는 대머리이다."는 자음과 모음으로 이루어진 낱말과 문장이다. 명제 논리는 문장을 기본 단위로 한다. 따라서 문장을 구성하는 낱말에 관해서는 잠시 잊기로 하자.

다음으로 중요한 것은 우리가 종종 요소 문장(atomic sentence)이라고 부르는 "철수는 빛나리이다.", "철수는 대머리이다." 같은 문장을 갖고 새로운 문장을 만드는 일이다. 가령 일상 언어에서 "만약 철수가 대머리이면, 철수는 대머리이다."는 문장은 조건문 "만약 ... 이면"에 상응하는 함의를 갖고 합성된 복합 문장이다. 그러나 "이면철수는 대머리이다 대머리이다 영수 그리고."는 문장 연결사 "이면", "그리고"를 갖고 합성되었음에도 불구하고 우리가 그 의미를 파악할 수 없는, 즉 문장으로 보기 어려운 이상한 표현이다. 문법에 맞게 문장을 합성하는 것이 필요하듯이 기본 기호들을 제대로 합성하도록 하는 규칙이 필요하다.

이를 위하여 먼저 유한 열의 기본 기호를 식(formula)이라고 부르자. CPC의 적형식(well-formed formulas, wff)은 다음 규칙에 의해 귀납적으로 정의된다. (적형식은 문법에 맞게 구성된 문장에 해당한다.)

(wff1) 임의의 명제 기호 p_i는 CPC의 정합식이다.
(wff2) F는 CPC의 정합식이다.
(wff3) A, B가 L의 정합식이면 A⊃B도 CPC의 정합식이다.
(wff4) wff1 - wff3를 따르는 식만이 정합식이다.[2)]

우리는 앞장에서 논의된 문장 연결사 ~, ∧, ∨을 기본 기호에 포함시키지 않았다. 그것은 이러한 연결사들이 ⊃, F만을 가지고도 정의될 수 있기 때문이다. 즉,

(df1) ~A := A⊃F.
(df2) A∨B := ~A⊃B.
(df3) A∧B := ~(~A∨~B).
(df4) A≡B := (A⊃B)∧(B⊃A).

우리는 ~을 부정 부호(negation sign), ∧을 연언 부호(conjunction sign), ∨을 선언 부호(disjunction sign), ≡을 동치 부호(equivalence sign)나 이중함의 부호(biimplication sign)라고 한다.

[연습3.2.2] (df2) - (df4)의 ∧, ∨, ≡을 ⊃와 F만 사용해서 정의하시오.

우리는 ⊃ 대신에 ~, ∨을 기본 기호로 채택할 수 있다. 그 이유는 잘 알다시피 ⊃은 ~과 ∨을 통해 정의될 수 있기 때문이다.

[연습3.2.3] 연결사 ⊃, ∧, ≡을 ~과 ∨을 사용해서 정의하시오.

---

2) 영어 대문자 A, B …는 임의의 식(formulas)을 나타내고, p_1, p_2, p_3 … 는 특수한 명제 기호(particular propositional symbols)를 나타낸다. 후자는 종종 명제 변항(propositional variables)이라고도 불린다.

3. CPC를 위한 형식 의미론

앞서 우리는 명제 논리가 문장들을 기본 단위로 한다고 했다. 그러나 일상 언어의 모든 문장들이 논리학에서 다루는 문장이 될 수 있는 것은 아니다. 논리학은 기본적으로 참, 거짓을 구분할 수 있는 문장들을 대상으로 한다. 따라서 일상 언어에서 "꿇어!", "와! (저 여자/남자) 죽인다."와 같은 명령문이나 감탄문은 논리학의 대상이 되지 않는다. 고전 명제 논리는 참, 거짓이 분명히 구분될 수 있는 문장들 가령 "영희는 18세이다."와 같은 문장들만을 대상으로 한다. (이러한 문맥에서 우리는 고전 명제 논리를 2치 논리(two-valued logic)라고도 한다. 나아가 그러한 문장들은 문장 연결사들의 역할에 의해 다시 제한된다. 즉 앞장에서 논의한 불 대수 구조를 만족할 수 있는 문장들로 국한된다.)

이제 형식적으로 CPC의 의미론을 다뤄보자. CPC는 두 진리 값(truth values), 즉 참(truth)과 거짓(falsity)을 갖는다. 우리는 참의 진리 값을 1이란 기호로, 거짓의 진리 값을 0이란 기호로 표시한다.

임의의 명제 기호에 진리 값을 할당하는 값 매김((e)valuation)은 통상 명제 기호들의 집합 $\{p_1, p_2, p_3, \cdots\}$로부터 진리 값들의 집합 $\{0, 1\}$로의 함수 v로 정의된다. 따라서 값 매김 v는 각각의 명제 기호에 진리 값 0, 1을 할당한다. 즉 $v(p_i) = 0$ 또는 $v(p_i) = 1$이다.

임의의 값 매김 v가 주어졌을 때, 우리는 다음의 귀납 정의에 의해 모든 정합식들의 집합으로 값 매김을 확장할 수 있다.

(v1) $v(p_i)$, $i = 1, 2, \cdots$,가 정의되었다.

(v2) $v(F) = 0$.

(v3) $v(A \supset B) = 0$, $v(A) = 1$이고 $v(B) = 0$일 경우,
$\quad\quad\quad\quad\quad\quad\quad$ 1, 그 외.

따라서 명제 기호 $p_1, p_2, p_3, \cdots$에 대해서 진리 값 $v(p_i)$가 결정되었을

때, 각 정합식 A에 대한 진리 값 v(A)가 결정된다. 모든 값 매김 v에 대하여 v(A) = 1인 경우, 우리는 정합식 A가 항진(tautology)이라고 한다.

아직 이러한 정식화와 설명에 익숙하지 않은 독자들에게는 다음의 진리표(truth tables)에 의해 값 매김 할당을 설명하는 것이 도움이 될 것이다. 먼저, (v3)을 만족하는 함의의 문장 연결은 다음의 표에 의해 정의될 수 있다.

(T1)

A	B	A⊃B
1	1	1
1	0	0
0	1	1
0	0	1

다음으로 부정의 문장 연결은 다음으로 정의될 수 있다.

(T2)

A	~A
1	0
0	1

이러한 정의는 (df1)에 의해 마련될 수 있다. 즉 (df1)의 피정의항 ~A는 표 (T1)을 사용해서 다음의 표를 만족하는 정의항에 의해 정의될 수 있다.

(T2')

A	⊃	F
1	0	0
0	1	0

마찬가지 방식으로 선언과 연언 그리고 동치의 문장 연결은 다음으로 정의될 수 있다.

(T3)

A	B	A∨B
1	1	1
1	0	1
0	1	1
0	0	0

(T4)

A	B	A∧B
1	1	1
1	0	0
0	1	0
0	0	0

(T5)

A	B	A≡B
1	1	1
1	0	0
0	1	0
0	0	1

[연습3.3.1] (T2')처럼 (df2) - (df4)의 정의항에 해당하는 부분의 진리표를 각각 구성하시오.

앞서 우리는 항진을 언급했다. 항진은 진리표의 각 경우가 모두 1의 진리 값을 갖는 경우이다. 가령 앞장에서 우리가 고전 명제 논리의 원리로 강조한 다음의 무모순율 ~(A∧~A)과 배중률 A∨~A는 CPC에서 항진인 논리식이다. (모순율 A∧~A의 경우 항위 문장에 해당한다.)

[명제3.3.2] 만약 A가 임의의 정합식이라면, ~(A∧~A), A∨~A는 항진이다.

증명; 우리는 진리표를 통해 무모순율의 경우를 사례로 보인다.

~(A ∧~A)
1 1 0 0
1 0 0 1

유사하게 A∨~A의 진리 값이 항상 1이라는 것을 보일 수 있다. □

[연습3.3.3] 다음의 식들이 항진이라는 것을 보이시오.

(1) $A \supset (B \supset A)$
(2) $(A \supset (B \supset C)) \supset ((A \supset B) \supset (A \supset C))$
(3) $(A \supset B) \supset ((C \supset A) \supset (C \supset B))$
(4) $(A \supset B) \supset ((B \supset C) \supset (A \supset C))$
(5) $(A \supset B) \supset (C \supset (A \supset B))$
(6) $A \vee A \equiv A$
(7) $A \wedge A \equiv A$
(8) $A \vee B \equiv B \vee A$
(9) $A \wedge B \equiv B \wedge A$
(10) $(A \vee B) \vee C \equiv A \vee (B \vee C)$
(11) $(A \wedge B) \wedge C \equiv A \wedge (B \wedge C)$
(12) $A \wedge (B \vee C) \equiv (A \wedge B) \vee (A \wedge C)$
(13) $A \vee (B \wedge C) \equiv (A \vee B) \wedge (A \vee C)$
(14) $\sim\sim A \equiv A$
(15) $\sim A \supset \sim B \equiv B \supset A$
(16) $((A \supset B) \supset A) \supset A$.

참고로 [연습3.3.3]의 항진들은 일반적으로 다음으로 불린다.

(1) 긍정 역설(positive paradox) 또는 약화(weakening).
(2) 자기 분배(self-distribution).
(3), (4) 이행성(transitivity).
(5) 제한 긍정 역설(restricted positive paradox).
(6), (7) 멱등(idempotence).
(8), (9) 교환(commutativity).
(10), (11) 결합(associativity).
(12), (13) 분배(distributivity).
(14) 이중 부정(double negation).

(15) 대우(contraposition).

(16) 퍼스 법칙(Peirce's law).

진리표 (T1) – (T5)에 대해서 좀 더 부연한 후 이 절을 마무리하기로 하자. (T1)을 만족하는 함의를 우리는 고전 실질 함의(classical material implication)로, (따라서) (T5)를 만족하는 동치를 고전 실질 동치(classical material equivalence)로 부른다. (일반 논리학 교재에서는 "고전"이란 명칭 없이 실질 함의나 실질 동치 혹은 그냥 동치 정도로 불린다.)

앞장에서 언급한 대로 함의의 이러한 해석에 대하여 많은 비판이 있었다. 가령 "철수가 대머리라면, 2+2=4이다."와 같은 문장을 생각해 보자. 고전 실질 함의 문맥에서 이 문장은 후건(consequent)이 참이기 때문에 전체 문장이 참이다. 그러나 많은 독자들은 이러한 함의 관계가 참이라고 말하는 데 주저할 것이다. 그 이유는 기본적으로 전체 문장의 전건과 후건이 무관하게 즉 의미상의 연관성 없이 구성되었기 때문이다.[3] 바로 이러한 문맥에서 제기된 논리학이 연관 논리이다. 즉

---

3) 우리에게는 익숙한 전통이 아니지만 다음과 같은 상황을 고려해 볼 수도 있다. "철수가 대머리이다."는 경험에 의해 참, 거짓을 가를 수 있는 경험 명제인 반면 "2+2=4."는 그것에 정확히 대응하는 사실이 없는 비경험 명제이다. 이러한 문맥에서 각각의 문장을 어떻게 참이라고 말할 수 있는가 하는 의문이 제기될 수 있다. 이에 대해 '참', '거짓'이란 것이 따로 있어서 우리가 어떤 문장을 말할 때, 그것이 참이 되거나 거짓이 되게 할 수 있다고 생각할 수 있다. 즉 그것들이 "3+5=8 이면, 2+2=4이다."와 같이 전건과 후건이 상호 연관된 문장을 참이 되게 하고 또 앞선 문장처럼 전건과 후건이 서로 무관한 문장도 참이 되게 한다고 할 수 있다.

이러한 문맥에서 전건과 후건이 의미상 연관된 것인가 하는 것은 부차적인 문제일 수 있다. 즉 두 문장의 전건을 모두 참이 되도록 하는 '참'이 보다 중요하고 그러한 문맥에서 각각의 문장이 참이기 때문에 전체 문장이 충분히 참일 수 있다고 할 수 있다.

논리 철학에 익숙한 독자들은 이러한 이해 방식을 가장 잘 보여주는 것이 ('참'과 '거짓'을 대상으로 간주하는) 플라톤주의(실재론)라는 것을 금방 알 수 있을 것이

연관 논리에서는 함의와 논증에 관한 한 전건과 후건, 혹은 전제와 결론 사이에 무관한 진술이 오지 않도록 한다. 따라서 앞선 긍정 역설과 같은 경우를 더 이상 참으로 인정하지 않는다.

함의뿐만 아니라 선언과 연언의 경우에 대해서도 다음과 같은 문제 상황을 생각해 볼 수 있다. 가령 "2010 월드컵 한국팀 수문장은 등번호 1번을 단 이운재이다."와 "2010 월드컵 한국팀 수문장은 등번호 1번을 단 김병지이다."는 동시에 참일 수 없다. 또 이러한 경우는 "이 수박은 빨간색이다."와 "이 수박은 노란색이다."처럼 다양한 사례에 적용될 수 있다. (이러한 경우는 두 문장이 동시에 참인 그런 경우가 있을 수 없는 배타적(exclusive) 연언이나 선언에 해당한다.) CPC에서는 이러한 경우를 배제한다. 그러나 비트겐슈타인의 경우, 이러한 사례가 고전 논리학의 보편성을 더 이상 받아들이지 않는 계기가 된다. 즉 보다 다양한 논리를 인정하는 계기로 작용한다.

이러한 문맥에서 볼 때 앞선 진리표는 고전 명제 논리학을 불 대수 구조를 만족하는 조건들로 한정하는 특수한 진리 조건이라고 할 수 있다. CPC는 실제로 그러한 조건들에 한정된 논리학이다. 따라서 보다 다양한 함의와 연언, 선언, 논증 등의 개념을 담아낼 수 없다. (참고로 많은 논리학 저술이 필자처럼 이러한 문맥에서 앞선 사례들을 이해하기보다는 그것들을 논리에 맞지 않는 경우로 간주했다. 늘 그렇듯이 새로운 논리학은 그러한 점들에 대한 문제의식에서 비롯된다는 사실을 잊지 않기 바란다. 앞선 사례처럼 연관 논리는 문장들 사이의 의미 연관을 문제 삼는 데서 구상된 논리학이다.)

다. 그리고 자신이 플라톤주의라는 생각은 해보지 않았어도 CPC의 의미론을 위에서 제기한 문제의식 없이 받아들이는 독자들은 실제로 자신이 플라톤주의적인 생각을 가지고 있을 수 있다는 점을 염두에 두기 바란다.

4. CPC의 공리화

CPC는 다음의 공리 도식(axiom schemes)[4]과 추론 규칙(rule of inference)을 통해 형식화될 수 있다.

[공리 도식3.4.1] CPC의 공리 도식은 다음의 형식으로 주어진다.

A1. A⊃(B⊃A)
A2. (A⊃(B⊃C))⊃((A⊃B)⊃(A⊃C))
A3. ~~A⊃A[5]

[추론 규칙3.4.2] CPC의 추론 규칙은 다음과 같다.

긍정식(MP): A와 A⊃B로부터 B를 추론할 수 있다.

우리는 B가 긍정식(modus ponens)에 의해 A와 A⊃B로부터 결과한다(result)고 한다.

CPC의 정합식들의 유한열 B_1, B_2, …, B_m이 가정 A_1, A_2, …, A_n으로부터 (B_m의) 연역(deduction)이라는 것은 다음과 동치이다. 각각의 k = 1, 2, …, m에 대하여,

4) 공리 도식은 특정한 하나의 식이 아니라 한 형식을 만족하는 다양한 식을 나타낸다. 가령 p⊃(q⊃p)는 특정한 하나의 식이지만 p⊃(q⊃p), (p⊃q)⊃(r⊃(p⊃q)), p⊃((q∧r)⊃p) 등은 모두 같은 형식을 갖는다. 즉 A1의 도식을 만족하는 사례들이다. 따라서 한 도식을 만족하는 식들은 무한히 많을 수 있다. 앞서의 특정한 명제 기호와 임의의 적형식 구분처럼 통상 공리는 p, q, r 등의 영어 소문자를 사용해서, 공리 도식은 A, B, C 등의 영어 대문자를 사용해서 표시한다. 공리 도식 대신 공리를 사용할 경우 우리는 추론 규칙에 대치 규칙(substitution)을 덧붙이면 된다. 대치 규칙은 가령 p⊃(q⊃p)를 같은 형식의 다른 식 (p⊃q)⊃(r⊃(p⊃p)) 같은 것으로 바꾸는 것을 허용하는 규칙이다.

5) 공리 A3 대신에 (~B⊃~A)⊃(A⊃B)를 공리 도식으로 사용할 수 있다.

(D1) B_k는 $A_j(j = 1, 2, \cdots, n)$의 식 중의 하나이거나,

(D2) B_k는 공리이거나,

(D3) $i, j<k$에 대하여 B_k가 긍정식에 의한 $B_j = B_i \supset B_k$인 B_i와 B_j로부터의 결과이다.

$A_1, A_2, \cdots, A_n \vdash B$는 B_m이 B인 가정 $A_1, A_2, \cdots, A_n$으로부터의 연역 $B_1, B_2, \cdots, B_m$이 있다는 것을 의미하고 $A_1, A_2, \cdots, A_n \nvdash B$는 그렇지 않다는 것을 의미한다.[6] 달리 표현하면 $A_1, A_2, \cdots, A_n \vdash B$는 B_m이 B인 가정 $A_1, A_2, \cdots, A_n$으로부터의 증명(proof)이 있다는 것을 의미하고 $A_1, A_2, \cdots, A_n \nvdash B$는 그렇지 않다는 것을 의미한다.

공집합의 가정으로부터 A_n을 결론으로 도출하는 PC의 정합식의 열 $A_1, A_2, \cdots, A_n$을 가정을 필요로 하지 않기에 단순히 증명이라고 한다. 즉, $1 \leq i \leq n$인 각각의 i에 대하여 A_i는 CPC의 공리이거나 추론 규칙에 의해 그 열의 앞의 원소로부터 얻어진다. 이는 정리(theorem)와 밀접히 연관된 것으로 B가 CPC의 정리라는 것은 다음과 동치이다. B_m이 B인 연역 $B_1, B_2, \cdots, B_m$이 있다 ($= \vdash B$). 즉 B는 증명의 열의 마지막 항목이다.

논리학에 익숙하지 않은 독자는 갑작스러운 '$\vdash$' 기호의 사용에 당혹스러워할 지도 모르겠다. "증명가능성(provability)" 내지 "연역가능성(deducibility)"을 나타내는 $\vdash$은 앞서 우리가 언급한 기본 기호에 속하지도 않고 문장 연결사 ~, ∧, ∨처럼 정의에 의해 마련될 수 있는 것도 아니다. 참고로 이러한 언어를 우리는 흔히 메타 언어(metalanguage)라고 한다. 왜냐하면 그러한 언어를 갖고 CPC에 대해 말할 수 있기 때문이다. 또한 논리적으로 $\vdash$은 (전제와 결론 사이의) 귀결 관계(consequence relation)를 나타낸다. 전제가 없는 귀결 관계로 구성된 체계 즉 $\vdash A$의

6) "연역"이라는 표현 대신에 도출(derivation)이나 증명(proof)이라는 표현도 많이 사용된다.

꼴로 된 논리 체계를 우리는 일항 주장 체계(unary assertional systems)라고 하고, 전제와 결론으로 이루어진 귀결 관계로 구성된 체계를 즉 A⊢B의 꼴로 된 논리 체계를 이항 함의 체계(binary implication systems)라고 한다. 전제가 여럿인 경우 즉 전제들의 집합 Γ를 가지는 $\Gamma \vdash$ A의 꼴로 된 체계를 비대칭 귀결 체계(asymmetric consequence systems)라고 하고, 결론 또한 집합 Δ인 경우, 즉 $\Gamma \vdash \Delta$의 꼴로 된 체계를 대칭 귀결 체계(symmetric consequence systems)라고 한다.

앞서 우리는 공리 도식을 말했다. 유사하게 우리는 정리 도식(theorem schemes)이란 말을 사용할 수 있다. 가령 전제 없이 공리 도식과 추론 규칙만으로 증명될 수 있는 다음의 명제는 동일률이 CPC의 정리 도식에 해당한다는 것을 보여준다. (참고로 공리 도식에 비해 정리 도식이라는 말을 잘 사용하지 않는다. 정리 도식에 관한 한 편의상 우리는 정리와 정리 도식을 따로 구분하지 않고 함께 정리로 명명할 것이다. 종종 공리와 공리 도식도 마찬가지로 공리로 명명할 것이다.)

[명제3.4.3] ⊢A⊃A.

증명;

1. ⊢A⊃((A⊃A)⊃A) (A1)
2. ⊢(A⊃((A⊃A)⊃A))⊃((A⊃(A⊃A))⊃(A⊃A)) (A2)
3. ⊢(A⊃(A⊃A))⊃(A⊃A) (1, 2, 긍정식)
4. ⊢A⊃(A⊃A) (A1)
5. ⊢A⊃A (3, 4, 긍정식) □

[명제3.4.3]에서 우리는 공리 도식과 추론 규칙만 사용해서 동일률이 정리에 해당한다는 것을 보였다. 이제 동일률을 놓고 다음과 같이 생각해 보자. A를 전제한다면 (D1)에 의해서 A를 결론으로 얻을 수 있

다. 즉 $A \vdash A$이다. 이 경우 전제가 결론의 위치에 오고 두 관계를 함의로 나타낼 수 있다면 즉 전제와 결론 사이의 관계를 전건과 후건의 함의 관계로 나타내는 것이 허용된다면 같은 동일률 $\vdash A \supset A$를 정리로 얻을 수 있다.

가령 ((D1)에 의해) "철수는 대머리이다."란 전제로부터 "철수는 대머리이다."를 결론으로 이끌어낼 수 있고 그것은 "만약 철수가 대머리라면, 철수는 대머리이다."라고 말하는 것과 큰 차이가 없어 보인다. 이러한 대응이 가능하도록 해 주는 것이 바로 고전 논리의 연역 정리(deduction theorem)이다.[7] 연역 정리에 앞서 먼저 다음의 보조정리를 증명해 보자. 편의상 우리는 전제 $A_i(1 \leq i \leq n)$들의 집합을 Γ로 나타낼 것이다.

[보조정리3.4.4] $\Gamma \vdash A$이고 $\Gamma \vdash A \supset B$라면, $\Gamma \vdash B$이다.

증명; $\Gamma \vdash A$이고 $\Gamma \vdash A \supset B$라고 하자. 그렇다면 Γ로부터 A_m이 A인 A의 연역 $A_1, A_2, \cdots, A_m$과 Γ로부터 B_k가 $A \supset B$인 $A \supset B$의 연역 $B_1, B_2, \cdots, B_k$가 있다. 그렇다면 B가 긍정식에 의해 A_m과 B_k로부터 결과하기 때문에, 열

$$A_1,\ A_2,\ \cdots,\ A_m,\ B_1,\ B_2,\ \cdots,\ B_k,\ B$$

는 Γ로부터 B의 연역이다. □

이제 우리는 CPC를 위한 연역 정리를 증명한다.

---

7) 정확히는 $A \vdash B$ iff $\vdash A \supset B$라고 할 때, 좌에서 우를 보이는 것이 연역 정리이다. 우에서 좌는 긍정식에 의해 쉽게 증명될 수 있기 때문에 동치를 고려하는 데 있어서 별로 문제 삼지 않는다.

[정리3.4.5] CPC를 위한 연역 정리(deduction theorem)

$$\Gamma,\ A \vdash B\text{라면, } \Gamma \vdash A \supset B\text{이다.}$$

증명; Γ, A⊢B라고 하자. Γ, A로부터 B_m이 B인 연역 B_1, B_2, …, B_m이 있다. i=1, 2, …, m에 대하여 우리는 다음을 증명한다.

(*) $\Gamma \vdash A \supset B_i$.

(*)에서 i=k를 취함으로써 우리는 [정리3.4.5]를 얻는다.

이제 우리는 i 위에서 귀납에 의해 (*)를 증명한다. 따라서 귀납 가정에 의해 어떤 고정된 값 i보다 작은 모든 값들에 대해 (*)가 성립한다고 가정한다. 그리고 고정된 값 i에 대하여 (*)를 증명한다.

(경우1) B_i가 (D1)을 만족한다. 그렇다면 B_i는 Γ의 원소이거나 A이다. Γ가 유한 열 A_1, A_2, …, A_{n-1}이고 A가 A_n이라고 하자. 그렇다면 어떤 j=1, 2, …, n에 대하여 B_i는 A_j이다.

(부분경우1.1) j=1, 2, …, n−1 즉 $A_j \in \Gamma$라고 하자. 그렇다면 (D1)에 의해 $\Gamma \vdash A_j$이고 따라서 $\Gamma \vdash B_i$이다. 공리 A1에 의하여 $\Gamma \vdash B_i \supset (A \supset B_i)$이다. 그러므로 [보조정리3.4.4]에 의하여 $\Gamma \vdash A \supset B_i$이다.

(부분경우1.2) j=n 즉 $A_j = A$라고 하자. 그렇다면 $A \supset B_i$는 $A \supset A$이다. 따라서 [명제3.4.3]에 의하여 $\Gamma \vdash A \supset B_i$이다.

(경우2) B_i가 (D2)를 만족한다. 그렇다면 B_i는 CPC의 공리 도식이다. 따라서 $\Gamma \vdash B_i$이다. 공리 A1에 의하여 $\Gamma \vdash B_i \supset (A \supset B_i)$이다. 그러므로 [보조정리3.4.4]에 의하여 $\Gamma \vdash A \supset B_i$이다.

(경우3) B_i가 (D3)를 만족한다. 그렇다면 $B_k = B_j \supset B_i$인 j, k(<i)가 있

다. 귀납 가정에 의해

(**) $$\Gamma \vdash A \supset B_j$$

이고

$$\Gamma \vdash A \supset B_k$$

이다. 그렇다면

(***) $$\Gamma \vdash A \supset (B_j \supset B_i)$$

이다. A2에 의해

(****) $$\Gamma \vdash (A \supset (B_j \supset B_i)) \supset ((A \supset B_j) \supset (A \supset B_i))$$

이다. (***), (****), [보조정리3.4.4]에 의해 $\Gamma \vdash (A \supset B_j) \supset (A \supset B_i)$이다. 따라서 (**)와 [보조정리3.4.4]에 의해 $\Gamma \vdash A \supset B_i$이다.

□

눈치 빠른 독자는 알아차렸겠지만 도식 A1, A2는 기본적으로 연역 정리를 위한 공리 도식이다. A1과 A2를 이용해서 우리는 고전 명제 논리 CPC뿐만 아니라 하이팅의 직관주의 명제 논리 H의 연역 정리를 증명할 수 있다. 그러나 모든 논리 체계가 이러한 연역 정리를 갖지는 않는다. 엄밀 함의나 연관 함의를 사용하는 체계들에 대해서는 다른 연역 정리가 필요하다(Dunn(1986) 참조). (이에 대해서는 앞으로 우리가 다룰 것이다.) 고전 논리와 직관주의 논리 CPC와 H를 위한 연역 정리는 그것을 증명한 이들의 이름을 따서 (다른 연역 정리와 구분하기 위하여) 헐브란트-타르스키(Herbrand-Tarski) 연역 정리라고도 부른다.

연역 정리의 역은 긍정식(MP)을 사용해서 간단히 증명할 수 있다. 가령 $\vdash A \supset B$ 즉 $A \supset B$가 CPC의 정리라고 하자. 우리는 A를 가정할 경우, 긍정식에 의해 B를 연역할 수 있다. 즉 $A \vdash B$이다. 이제 CPC의 몇몇 정리를 진술한 후 이 절을 마무리하기로 하자. 우선 학부 수준에서 일반적으로 소개되는 증명은 다음과 같다.

[명제3.4.6]

(1) $\vdash (A \supset B) \supset ((C \supset A) \supset (C \supset B))$

(2) $\vdash A \supset (B \supset (A \supset B))$.

증명;

(1)

1. $A \supset B$ (가정)
2. $C \supset A$ (가정)
3. C (가정)
4. A (2, 3, 긍정식)
5. B (1, 4, 긍정식)
6. $C \supset B$ (3, 5, 연역 정리)
7. $(C \supset A) \supset (C \supset B)$ (2, 6, 연역 정리)
8. $(A \supset B) \supset ((C \supset A) \supset (C \supset B))$ (1, 7, 연역 정리)

(2)

1. A (가정)
2. B (가정)
3. $B \supset (A \supset B)$ (A1)
4. $A \supset B$ (2, 3, 긍정식)
5. $B \supset (A \supset B)$ (2, 4, 연역 정리)
6. $A \supset (B \supset (A \supset B)$ (1, 5, 연역 정리) □

하지만 이러한 증명은 귀결 관계와 (가정으로부터의) 증명을 정확히 구분해서 소개하는 방식이 아니다. 귀결 관계와 결론의 연역 내지 증명 과정은 가령 (1)의 경우는 다음의 방식으로 좀더 정확히 소개될 수 있다.

1. $A \supset B, C \supset A, C \vdash C \supset A$ (D1)
2. $A \supset B, C \supset A, C \vdash C$ (D1)
3. $A \supset B, C \supset A, C \vdash A$ (1, 2, 보조정리 3.4.4.)
4. $A \supset B, C \supset A, C \vdash A \supset B$ (D1)

5. A⊃B, C⊃A, C ⊢B (3, 4, 보조정리 3.4.4.)
6. A⊃B, C⊃A⊢C⊃B (5, 연역 정리)
7. A⊃B ⊢(C⊃A)⊃(C⊃B) (6, 연역 정리)
8. ⊢(A⊃B)⊃((C⊃A)⊃(C⊃B)) (7, 연역 정리) □

그리고 다음의 정리들을 증명해 보기 바란다.

[연습3.4.7] 다음의 식들이 CPC의 정리라는 것을 보이시오.

(3) ⊢F⊃A
(4) ⊢A⊃(~B⊃~(A⊃B))
(5) ⊢~A⊃(B⊃(A⊃B))
(6) ⊢~A⊃(~B⊃(A⊃B))
(7) ⊢(A⊃B)⊃(~B⊃~A)
(8) ⊢(A⊃B)⊃((~A⊃B)⊃B)
(9) ⊢(A⊃B)⊃((B⊃C)⊃(A⊃C))
(10) ⊢(~A⊃~B)⊃(B⊃A)
(11) ⊢A≡~~A
(12) ⊢A⊃(B⊃(A∧B))
(13) ⊢((A⊃B)⊃A)⊃A
(14) ⊢A∨B≡B∨A
(15) ⊢A∧B≡B∧A
(16) ⊢(A∧B)⊃C≡A⊃(B⊃C)
(17) ⊢A⊃(B⊃C)≡B⊃(A⊃C).

참고로 A3 대신에 우리는 [연습3.4.7]의 (10)이나 (10') ⊢(~A⊃B)⊃(~A⊃B)를 취할 수 있다. 즉 A3 대신 (10)이나 (10')을 공리 도식으로 갖는 체계도 CPC와 같은 정리를 갖는다. 이러한 대치 관계와 관련해서 앞장의 여에 관한 논의를 참조하기 바란다. 마찬가지로 A3 대신 (3)과 (13)을 함께 취할 수도 있다. (3)과 (13)을 함께 취할 수 있다는 것은 다른 한편 부정을 뺀 CPC의 긍정 부분(positive part)을 위해서 우리가 어떤 것들을 공리 도식으로 취해야하는 지를 잘 보여준다. (우리는 이를 긍정 CPC로 명명하고 그것을 CPC^+로 표시한다.) 다시 말해 우리는 긍정 CPC, 즉 CPC^+를 위한 공리 도식으로 A1, A2, (13)을 취할 수 있다.

5. CPC의 건전성과 완전성

3절에서 우리는 CPC에서 항진(恒眞)인 식들을 다루었고 4절에서는 CPC에서 정리인 식들을 다루었다. 이제 의미 이론과 증명 이론이라고 불러도 좋을 형식 의미 체계로서의 CPC와 공리 연역 체계로서의 CPC 사이의 관계를 살펴 볼 차례이다. 기호 논리학 특히 수리 논리학을 다루어 본 독자들에게는 이미 친숙한 개념이겠지만, 이 절에서 다룰 것은 건전성(soundness)과 완전성(completeness)이다. 건전성 정리는 한 체계에서 증명(연역)될 수 있는 문장들이 항진으로서 참이라는 것을 보여준다. 역으로 완전성 정리는 한 체계에서 항진으로서 참인 문장들이 증명(연역)될 수 있다는 것을 보여준다. 일반적으로 우리는 전제없이 항진인 문장들의 집합과 정리인 문장들의 집합이 같다는 것을 보일 경우 약한(weak) 건전성과 완전성이라고 하고, 전제를 포함할 경우 강한(strong) 건전성과 완전성이라고 한다. 후자의 건전성과 완전성은 앞으로 다루기로 하고 이 절에서는 약한 의미의 건전성과 완전성만을 다룰 것이다. (참고로 이 절에서 소개하는 약한 건전성과 완전성은 로빈의 Robbin(1969)와 같다.)

완전성에 비해 건전성을 다루는 것은 그리 복잡하지 않다. (그래서 많은 경우 건전성 논의를 생략하고 완전성만을 다룬다.) 즉, 한 체계의 공리들 (또는 공리 도식의 사례들)이 참이라는 것과, 추론 규칙의 전제들의 참을 가정하고 결론이 참이라는 것을 보임으로써 우리는 그 체계의 건전성을 말할 수 있다.

[정리3.5.1] 약한 건전성(weak soundness)

$\vdash$A이면, A는 항진이다.

증명; $\vdash$A라고 하자. 그렇다면 A_m이 A인 연역 A_1, A_2, …, A_m이 있다. 우리는 i 위에서 귀납에 의해 각각의 A_i ($1 \leq i \leq m$)가 항진이라는 것을 보인다.

(경우1) A_i가 공리이다. 그렇다면 A_i는 A1 - A3의 경우이다. [연습 3.3.3]의 (1), (2), (14)에 의해 각각의 공리가 항진이기 때문에 A_i는 항진이다.

(경우2) A_i가 긍정식에 의해 A_j, A_k ($= A_j \supset A_i$), j, k<i,로부터 얻어진다. 귀납 가정에 의해 A_j, A_k는 항진이다. 즉 모든 v에 대하여 $v(A_j) = 1$이고 $v(A_k) = v(A_j \supset A_i) = 1$이다. 그렇다면 (T1)에 의해 $v(A_i) = 1$이다. 따라서 모든 v에 대하여 $v(A_i) = 1$이다. 즉 A_i는 항진이다.

□

완전성을 증명하기 위해 다음의 보조정리가 필요하다.

[보조정리3.5.2] v를 값 매김이라고 하자. 각각의 정합식 A에 대하여 $v(A) = 1$일 때 A'은 정합식 A이고, $v(A) = 0$일 때 A'이 정합식 ~A라고 하자. 그리고 B가 다음과 같은 정합식이라고 하자. B에 나타나는 모든 명제 기호가 명제 기호 목록 p_1, p_2, …, p_n에 나타난다. 그렇다면 p_1', p_2', …, $p_n' \vdash B'$이다.

증명; B에서 나타나는 ⊃의 횟수 위에서의 귀납에 의하여 [보조정리 3.5.2]를 증명한다.

(경우1) B가 명제 기호라고 하자. 그렇다면 B는 어떤 p_i($i = 1, 2, \cdots, n$)이다. 따라서 B'은 p_i'이고,

$$p_1', p_2', \cdots, p_n' \vdash p_i'$$

이기 때문에 정리가 따라 나온다.

(경우2) B가 F라고 하자. 그렇다면 B'은 ~F 즉 F⊃F이다. 따라서 [명제3.4.3]에 의하여 ⊢F⊃F이다.

(경우3) B가 $A_i \supset A_j$라고 하자. 귀납 가정에 의해 A_i, A_j는 B보다 적어도 하나 적은 ⊃의 발생을 갖기 때문에 우리는 다음을 갖는다.

$$p_1', p_2', \cdots, p_n' \vdash A_i' \text{이고} \quad p_1', p_2', \cdots, p_n' \vdash A_j' \text{이다.}$$

[명제3.4.6]의 (2)와 [연습3.4.7]의 (4)-(6)에 의하여 $\vdash A_i' \supset (A_j' \supset B')$이다. 따라서 긍정식을 두 번 사용하여 $p_1', p_2', \cdots, p_n' \vdash B'$을 얻는다.

□

[정리3.5.3] 약한 완전성(weak completeness)

A가 항진이면, ⊢A이다.

증명; $p_1, p_2, \cdots, p_n$이 A에 나타나는 모든 변항들의 목록이라고 하자. 그렇다면 각각의 p_i'가 p_i이거나 $\sim p_i$인 유한 열 $p_1', p_2', \cdots, p_n'$에 대하여 [보조정리3.5.2]에 의해

$$p_1', p_2', \cdots, p_n' \vdash A$$

를 갖는다. 따라서

$$p_1', p_2', \cdots, p_{n-1}', p_n \vdash A \text{이고} \; p_1', p_2', \cdots, p_{n-1}', \sim p_n \vdash A$$

이다. 그렇다면 연역 정리에 의해

$$p_1', p_2', \cdots, p_{n-1}' \vdash p_n \supset A \text{이고 } p_1', p_2', \cdots, p_{n-1}' \vdash \sim p_n \supset A$$

이다. [연습3.4.7]의 (8)에 의해

$$p_1', p_2', \cdots, p_{n-1}' \vdash (p_n \supset A) \supset ((\sim p_n \supset A) \supset A)$$

이다. 따라서 긍정식을 두 번 사용하여

$$p_1', p_2', \cdots, p_{n-1}' \vdash A$$

를 얻는다.

같은 논증을 반복함으로써 우리는 각 전제를 제거할 수 있고 따라서 모든 전제를 제거할 수 있다. 즉 $\vdash A$이다. □

6. 불 논리로서의 CPC++

2절에서 5절까지는 수리 논리학을 표방하는 일반적인 논리학 교재에서 흔히 볼 수 있는 내용인 반면 이 절은 사실 그렇지 않다. 일반적인 접근 방식에 의해 고전 명제 논리학의 기술을 습득하는 것이 급선무인 독자들은 2-5절의 논의를 숙지하고 대신 이 절을 나중에 읽어도 무방하다. 그러나 의미 이론과 의미 이론의 근간이라고 할 수 있는 구조적 차원에 관심이 있는 독자들은 이 절의 내용을 숙지하는 것이 여러모로 도움이 될 것이다.

이 절에서는 앞선 형식 의미론에 따라 특징지어질 CPC 즉 프레게 논리가 불 대수에 의해 특징지어질 (단위(unital)) 불 논리(Boolean logic)와 동치라는 것을 먼저 보인다. 소위 린덴바움 대수(Lindenbaum algebras)를 이용한 고전 명제 계산과 불 논리 사이의 동치는 1950년대 대수 논리학자 핼모스(P. R. Halmos) Halmos(1956; 1962)에 의해 이미 다루어졌다. 다음으로 우리는 린덴바움 대수를 이용해 대수적 의미론을 제공하고 이를 통한 대수적 완전성을 다룬다. 6.2절에 제시될 완전성은 던과 하디그리의 Dunn & Hardegree (2001)에 제시된 것이며, 6.3절에서 필자가 제시할 완전성은 이를 더 단순화하여 고려할 수 있는 완전성이다.

고전 명제 계산 CPC의 보다 다양한 접근에 관심이 있는 독자들은 던과 하디그리의 Dunn & Hardegree(2001) 9장 등을 참조하기 바란다.

6.1 프레게 논리와 (일항) 불 논리

먼저 언급한 대로 프레게 행렬에 의해 특징지어지는 논리를 프레게 논리라고 하자. 프레게 논리는 고전 진리 함수 논리의 대수적 표현으로 간주될 수 있다. 불 논리는 불 행렬들의 모임에 의해 특징지어지는 논리이다. 불 행렬은 다음으로 정의될 수 있다.

[정의3.6.1] 불 행렬(Boolean matrix)

불 행렬은 거기서 B가 불 대수이고 B 위에서 F가 진부분 필터인 행렬 (B, F)이다.

특별히 F={1}일 경우, 우리는 그러한 불 행렬을 단위적(unital)이라고 한다. 단위 불 논리는 단위 불 행렬들의 모임에 의해 특징지어지는 논리이다. 우리는 이제 비대칭 귀결 체계로서 두 논리가 동치라는 것을 보인다. 이를 위하여 우리는 다소의 보조정리를 필요로 한다. (앞으로의 (보조)정리와 증명은 던과 하디그리의 Dunn & Hardegree(2001) 9장 1절의 그것들과 일치한다.)

[보조정리3.6.2] (Dunn & Hardegree(2001))

J, K를 주어진 문장 대수에 적합한 두 (유사) 행렬들의 모임이라고 하자. 그렇다면 다음은 K - 타당한 논변(argument)이 J - 타당한 논변이기 위한 충분조건이다.

$$(M = (A,\ D),\ M' = (A',\ D'))$$

각각의 M(∈J), a(∈A - D)에 대하여, h(D)⊆h(D')이고 h(a)∈A' - D'인 M'(∈K)와 A로부터 A'으로의 준동형 함수(homomorphism) h가 있다.

증명; $\Gamma \vdash \alpha$가 J - 타당하지 않다고 하자. 그렇다면 모든 $\gamma \in \Gamma$에 대하여 $v(\gamma) = 1$이고 $v(\alpha) \neq 1$인 값 매김 v(∈V(J))가 있다. 이로부터 모든 $\gamma \in \Gamma$와 $\iota(\alpha) \in A - D$에 대하여 $\iota(\gamma) \in D$인 해석 ι와 J - 행렬 M이 있다. 가정의 조건에 의해 h(D)⊆h(D')이고 $h(\iota(\alpha)) \in A' - D'$인 준동형 함수 h와 K - 행렬 M'이 있다. h가 준동형 함수이기 때문에, h와 ι의 합성 $h \bigcirc \iota$는 $v_{h \bigcirc \iota}$인 값 매김을 낳는 M - 해석을 산출한다. 특히, $v_{h \bigcirc \iota}(\gamma) = 1$이 $h(\iota(\gamma)) \in D'$와 동치이지만 $\iota(\gamma) \in D$이다. 그리고 h는 각각의 참인 문장을 참인 문장으로 보내서 $h(\iota(\gamma)) \in D'$이고, 그로 인해 모든 $\gamma \in \Gamma$에 대하여 $v_{h \bigcirc \iota}(\gamma) = 1$이다. 반면 $h(\iota(\alpha\gamma)) \in A' - D'$이고, 그로 인해 $v_{h \bigcirc \iota}(\alpha) \neq 1$이다. 이로부터 $\Gamma \vdash \alpha$가 K - 타당하지 않다는 것이 따라 나온다. □

불 대수 또는 불 속의 성질에 의해 다음의 보조정리와 귀결은 즉각적이다.

[보조정리3.6.3] B를 불 속이라고 하고 F를 B 위에서 임의의 필터라고 하자.

B 위에서 관계 θ를 다음으로 정의할 경우,

$$a\theta b \quad \text{iff} \quad a \leftrightarrow b$$

θ는 B 위에서 합동(congruence) 관계이다.

[귀결3.6.4] 불 속 B 위에서 각각의 필터는 그 자체로 불 속인 몫 대수(quotient algebra) B/F를 야기한다.

[보조정리3.6.5] (Dunn & Hardegree(2001))

B를 불 속이라고 하고 F를 B 위에서 임의의 필터라고 하자. 그렇다면 불 속 B^*와 다음을 만족하는 B로부터 B^*로의 준동형 함수 h가 있다.

$$F = h^{-1}(\{1\}) = \{x \in B \ : \ h(x) = 1\}.$$

증명; F가 불 속 B 위에서의 필터라고 하자. [귀결3.6.4]에 의해 B/F는 B의 몫인 불 대수이다. 이제 다음과 같은 B로부터 B/F로의 표준(canonical) 준동형 함수 h를 고려하자. $[a]_F = \{x \in B: a \leftrightarrow x \in F\}$인 $h(a) = [a]_F$이다. 따라서 $a \in h^{-1}(\{1\})$ iff $h(a) = 1$ 즉 iff $[a]_F = 1$이다. $[a]_F$는 (F를 법(法)으로 하는(modulo)) a에 합동인 모든 원소들로 이루어지고, 1은 (F를 법으로 하는) 1에 합동인 모든 원소들로 이루어진다. 이제 이 두 합동 집합이 같다고 하자. 그렇다면 a는 (F를 법으로 하는) 1에 합동이고 그것으로부터 $a \in F$라는 것이 따라 나온다. 역으로 $a \in F$라면, $a\theta 1$이다. 따라서 $h(a) = [a]_F = [1]_F = 1$이고 그러므로 $a \in h^{-1}(\{1\})$이다. □

[보조정리3.6.6] (Dunn & Hardegree(2001))

B를 불 속이라고 하고 a를 1과 다른 임의의 원소라고 하자. 그렇다면 B로부터 $h(a) = 0$인 이원(two-elements) 불 속으로의 준동형 함수가 있다.

증명; a가 불 속 B의 단위 원소가 아니라고 하자. $a \neq 1$이기 때문에 {1}은 진부분 필터이다. 따라서 스톤의 최대 필터 분리 정리[8]에 의해, 1은 a를 포함하지 않는 즉 $a \notin F^*$인 최대 필터 F^*에 포함된다. [보조정리3.6.5]에 의해 $h^{-1}(\{1\}) = F^*$인 이원 불 속으로의 준동형 함수 h가 있다. 따라서 $a \notin F^*$이기 때문에, h(a) = 0이다. □

이제 [보조정리3.6.2]와 [보조정리3.6.6]에 의해 단위 불 논리와 프레게 논리의 동치를 보일 수 있다.

[정리3.6.7] (Dunn & Hardegree(2001))

단위 불 논리와 프레게 논리는 동치이다.[9)]

증명; 프레게 행렬은 단위 불 행렬이기 때문에, 각각의 단위 불 논리에서 타당한 논변은 프레게-타당하다. 역을 증명하기 위해 D = {1}인 단위 불 행렬 M = (B, D)와 1과 다른 임의의 원소 a를 고려해보자. [보조정리3.6.6]에 의해 h(a) = 0인 B로부터 프레게 대수로의 준동형 함수 h가 있다. 따라서 그것으로부터 각각의 프레게-타당한 논변은 단위 불-타당하다는 것이 따라 나오는 [보조정리3.6.2]의 조건을 얻는다. □

6.2 불 계산 BC

이 절에서는 CPC를 대수적 문맥에서 다룰 것이다. 우리는 CPC에 준

---

8) 최대 필터 분리 정리는 다음의 원리에 해당한다. 임의의 퇴보하지 않은(non-degenerate) 불 대수 B와 임의의 원소 a, b∈B에 대하여, a≰b라면, a∈M이면서 b∉M인 B의 최대 필터 M이 있다. (Dunn & Hardegree(2001), [연습8.11.11] 참조.)

9) 던과 하디그리는 Dunn & Hardegree(2001)에서 일항 주장 논리와 관련된 두 언어 사이의 동치 즉 어떤 문장들이 타당한가 즉 항진인가와 관련된 동치를 약한(weak) 동치로, 이항 비대칭 논리와 관련된 동치 즉 어떤 하나의 결론을 갖는 논변이 타당한가와 관련된 동치를 강한(strong) 동치로 정의한다. 따라서 [정리3.6.7]의 정리를 강한 동치로 표현한다.

하는 공리 계산으로서의 BC를 다음의 대수적 방식으로 기술할 수 있다. W를 (CPC에 상응하는) 모든 식들의 집합 또는 대수라고 하자. 먼저 BC의 주장들의 집합 T(BC)는 다음을 만족하는 식들의 최소 부분 집합으로 정의 된다.

(A1) $\forall A,\ B \in W,\ A \rightarrow (B \rightarrow A) \in T(BC)$
(A2) $\forall A,\ B,\ C \in W,\ (A \rightarrow (B \rightarrow C)) \rightarrow ((A \rightarrow B) \rightarrow (A \rightarrow C)) \in T(BC)$
(A3) $\forall A \in W,\ - - A \rightarrow A \in T(BC)$
(R1) $\forall A,\ B \in W$, $A \in T(BC)$이고 $A \rightarrow B \in T(BC)$이면, $B \in T(BC)$이다.

독자들은 (A1) - (A3)와 (R1)이 앞선 CPC의 공리 도식과 추론 규칙에 정확히 대응한다는 것을 쉽게 확인할 수 있을 것이다. 이제 BC의 건정성과 완전성은 다음으로 진술될 수 있다. BC가 불 논리에서 건전하다는 것은 BC의 각각의 주장이 불 - 타당하다(Boolean valid)는 (즉 불 행렬의 모든 해석에서 지시 값을 나타낸다는) 것이다. BC가 불 논리에서 완전하다는 것은 각각의 불 타당한 식들이 BC의 주장이거나 BC의 주장에 정의상 동치라는 것이다. (후자와 관련해서 대입 규칙(substitution)을 고려하라.) 다음의 정리는 CPC의 건전성에 상응한다.

[정리3.6.8] $\forall A \in W$, $A \in T(BC)$이면, A는 불 - 타당하다.

[연습3.6.9] [정리3.6.8]을 증명하시오. (힌트 [정리3.5.1] 참조.)

BC의 완전성을 보이는 데 (소위) 린덴바움 대수를 사용한다. 즉 BC의 린덴바움 대수 L(BC)를 구성해서, 그것이 그것의 단위 원소가 BC 주장들의 동치 집합인 불 대수라는 것을 보인다. L(BC)는 합동 관계 θ가 다음

(C) $A\theta B$ iff $\vdash A \supset B$이고 $\vdash B \supset A$이다.

으로 정의되는 식들의 대수 W의 몫 대수(quotient algebra)이다. 우리는 대우에 의해 BC의 완전성을 보인다. 먼저 θ가 W위에서 합동 관계이기 때문에 준동형 함수 c와 모든 A(∈W)에 대해 c(A)=[a]인 W로부터 W/θ로의 표준 준동형 함수를 세울 수 있다. W/θ가 불 대수이기 때문에, c는 불 해석이고 W/θ 위에서 단위 불 행렬을 세울 수 있다. W/θ의 단위 원소가 BC의 주장들의 동치 집합 [T]이기 때문에, c(A)=1은 A∈T(BC)이다. 따라서 임의의 식 A가 BC의 주장이 아니라면 c(A)≠1이다. 따라서 불-타당하지 않다(Dunn & Hardegree(2001)).

보다 구체적인 증명을 위해 우리는 앞서 논한 CPC의 정리들이 BC의 정리들일 수 있다는 사실에 주목한다. 그러한 정리들을 사용해서 다음의 보조정리를 증명할 수 있다.

[보조정리3.6.10] (Dunn & Hardegree(2001))

θ는 모든 A, B, C, D(∈W)에 대하여, 다음을 만족하는 W위에서의 합동 관계이다.

(1) AθA.
(2) AθB이면, BθA이다.
(3) AθB이고 BθC이면, AθC이다.
(4) AθB이고 CθD이면, A→CθB→D이다.

증명; 우리는 한 예로 (1)을 증명한다.

[명제3.4.3]에 의해 ⊢A⊃A이고, ⊢A⊃A이기 때문에 (C)에 의해 AθA이다. □

[연습3.6.11] [보조정리3.6.10]의 (2)-(4)를 증명하시오.

[보조정리3.6.12] (Dunn & Hardegree(2001))

만약 $\vdash$A라면, AθB와 $\vdash$B는 동치이다.

증명; ($\Rightarrow$) $\vdash$A이고 AθB라고 하자. 그렇다면 $\vdash$A$\supset$B이다. 따라서 (R1)에 의해 $\vdash$B이다.
($\Leftarrow$) $\vdash$A이고 $\vdash$B라고 하자. 공리 A1과 긍정식에 의해 $\vdash$B$\supset$A이고 $\vdash$A$\supset$B이다. 따라서 AθB이다. □

[보조정리3.6.13] (Dunn & Hardegree(2001))

$\forall$A, B, C($\in$W),

(1) $(A \rightarrow B) \rightarrow A \theta A$.
(2) $A \rightarrow (B \rightarrow C) \theta B \rightarrow (A \rightarrow C)$.
(3) $(A \rightarrow B) \rightarrow B \theta (B \rightarrow A) \rightarrow A$.
(4) $F \rightarrow A \theta A \rightarrow A$.

[연습3.6.14] [보조정리3.6.13]을 증명하시오.

[보조정리3.6.15] (Dunn & Hardegree(2001))

$\forall$a, b, c$\in$W/θ,

(I1) $(a \rightarrow b) \rightarrow a = a$.
(I2) $a \rightarrow (b \rightarrow c) = b \rightarrow (a \rightarrow c)$.
(I3) $(a \rightarrow b) \rightarrow b = (b \rightarrow a) \rightarrow a$.
(I4) $0 \rightarrow a = a \rightarrow a$.

증명; 각각에 대응하는 [보조정리3.6.13]과 다음에 의해 (I1) - (I4)가 따라 나온다. 모든 a$\in$W/θ에 대해, a = [A], [A] $\rightarrow$ [B] = [A $\rightarrow$ B], 0 = [F], [A] = [B] iff AθB인 A$\in$W가 있다. □

(I1) - (I3)은 CPC의 긍정부분을 특징짓는 대수이다. 아보트 Abbott (1967; 1969; 1976)는 (→ 을 연산으로 하는) 그러한 대수를 함의 대수 (implication algebra)로 정의하였다. 그는 다음의 정의를 바탕으로

(d1) $1 := a \rightarrow a$.
(d2) $a \leq b$ iff $a \rightarrow b = 1$.
(d3) $a \vee b := (a \rightarrow b) \rightarrow b$.
(d4) $a \wedge b := (a \rightarrow (b \rightarrow 0)) \rightarrow 0$.
(d5) $-a := a \rightarrow 0$.

모든 닫힌 함의 대수가 불 직여 속을 야기한다는 것을 보였다. [보조정리3.6.15]와 함께 이로부터 다음의 보조정리를 얻는다.

[보조정리3.6.16] (Dunn & Hardegree(2001))

BC의 린덴바움 대수 L(BC)는 불 직여 속을 형성한다.

[보조정리3.6.17] ((Dunn & Hardegree(2001))

T(BC)는 L(BC)의 단위 원소 1이다.

증명; [보조정리3.6.12]에 의해, T(BC)는 [T]로 지시하는 동치 집합이다. 정의 (d1), (d2)에 의해 [T]가 L(BC)의 단위 원소라는 것을 보이기 위해 $[A] \rightarrow [T] = [A] \rightarrow [A]$라는 것을, 그로 인해 모든 $[A]$ ($\in W/\theta$)에 대하여 $[A] \leq [T]$라는 것을 보인다. T는 임의의 주장이기 때문에 공리 A1과 긍정식을 두 번 사용해서 $\vdash (A \supset A) \supset (A \supset T)$이다. [명제3.4.3]에 의해 $\vdash A \supset A$이고 공리 A1과 긍정식을 사용해서 $\vdash (A \supset T) \supset (A \supset A)$를 얻는다. 따라서 $A \rightarrow T \theta A \rightarrow A$이다. 그러므로 $[A] \rightarrow [T] = [A] \rightarrow [A]$이다. □

이로부터 우리는 CPC의 완전성에 상응하는 다음을 정리로 얻는다.

[정리3.6.18] (Dunn & Hardegree(2001))

각각의 불 타당 식은 BC의 주장이다.

증명; 우리는 A가 BC의 주장이 아니라고 전제하고, A가 불 타당하지 않다는 것을 보인다. 이를 위해서는 불 행렬 M=(A, D)와 h(A)∈A-D인 M-해석 h를 구성하는 것으로 충분하다. 이제 M을 A가 L(BC)이고 D={[T]}로 정의하자. 그리고 h를 W로부터 L(BC)인 W/θ로의 표준 준동형 함수로 정의하자. [보조정리3.6.16]에 의해 L(BC)는 불 직여 속이다. [보조정리3.6.17]에 의해 [T]=T(BC)이다. 따라서 M은 불 행렬이고 h는 불 해석이다. 이제 A가 BC의 주장이 아니라고 하자. [보조정리3.6.12]에 의해 A는 T와 합동이 아니다. 따라서 [A]≠[T]이다. 그러나 h(A)=[A]이고 따라서 h(A)≠[T]이다. 그러므로 h(A) ∈A-D이다. 이로부터 A가 불-타당하지 않다는 것이 따라 나온다. □

6.3 CPC와 대수적 의미론

6.1절의 대수적 고려는 사실 보편 대수(universal algebra)에 대한 상당한 지식을 요구하고 있다. 이 절에서는 CPC를 보다 단순한 형태의 대수적 문맥에서 다룰 것이다. 이 절에서는 필터의 사용 없이, 보다 정확히 이론을 필터로 사용하는 체계 CPC를 위한 대수적 의미론(algebraic semantics)의 제공을 고려한다.

체계 CPC의 문맥에 맞게 불 대수를 정의하기 전에 먼저 대수 일반을 고려해 보자. 우리가 고려할 대수는 A가 공집합이 아닌 원소들의 집합이고, ~이 부정 기호 ~을 해석하는 A 위에서의 일항 연산, 그리고

∧, ∨, ⇒이 연언 (∧), 선언 (∨), 그리고 함의 (→) 기호를 각각 해석하는 A 위에서의 이항 연산인 다섯 부분으로 된 구조 M, = (A, ~, ∧, ∨, ⇒),이다. 우리는 상호 함의(coimplication) (↔) 기호를 해석하는 $a \Leftrightarrow b := (a \Rightarrow b) \wedge (b \Rightarrow a)$인 이항 연산 ⇔도 사용할 것이다.

~, ∧, ∨이 명제 연결사와 대수 연산자로 모호하게 사용된다는 데 주의하기 바란다. 그러나 문맥상 그 의미를 충분히 파악할 수 있을 것이다.

[정의3.6.19] 불 대수는 아래와 같은 구조 M, = (A, 1, 0, ~, ∧, ∨),이다.

(I) (A, 1, 0, ∧, ∨)은 닫힌 분배 속이다.
(II) 연산 ~은 여 법칙을 만족한다. 즉 다음을 만족한다.

$\forall x \in A,$

(a) $x \wedge {\sim}x = 0$ (모순율)
(b) $x \vee {\sim}x = 1$ (배중률).

불 대수에서 함의에 상응하는 이항 연산 ⇒은 다음처럼 정의된다는 데 유의하기 바란다.

$$x \Rightarrow y := {\sim}x \vee y.$$

값 매김, 항진, 모델, 귀결 등에 대한 정의는 다음과 같다.

[정의3.6.20] (값 매김) A가 불 대수라고 하자. *A - 값 매김은* $\# \in \{\rightarrow, \wedge, \vee, \sim\}$, $\#_A \in \{\Rightarrow, \wedge, \vee, \sim\}$이고 m이 #과 $\#_A$의 인자(arity)인 $v(\#(\varphi_1, \cdots, \varphi_m)) = \#_A(v(\varphi_1), \cdots, v(\varphi_m))$을 만족하는 함수 $v : FOR \rightarrow A$이다.

[정의3.6.21] A는 불 대수, T는 이론, φ는 식, K는 A - 대수들의 집합(class)이라

고 하자.

(i) (항진(Tautology)) 각각의 A-값 매김 v에 대하여, $v(\varphi)=1$일 때, φ는 A에서 *A-항진이다* (또는 *A-타당하다*).

(ii) (모델(Model)) 임의의 $\varphi \in T$에 대하여, $v(\varphi)=1$일 때, φ는 T의 *A-모델*이다. *Mod(T, A)*에 의해 우리는 T의 A-모델들의 집합(class)을 지시한다.

(iii) (의미론적 귀결(Semantic consequence)) 각각의 $A \in \mathsf{K}$에 대하여, $Mod(T, A) = Mod(T \cup \{\varphi\}, A)$일 때, φ는 K에 관한 한 T의 *의미론적 귀결*이다.

$T \vDash_{K} \varphi$에 의해 우리는 이러한 귀결을 지시한다.

[정의3.6.22] (**불** 대수) CPC는 고전 명제 논리 체계, T는 이론, φ는 식, A는 대수라고 하자. φ가 T에서 CPC-증명가능 할 때마다 즉 $T \vdash_{CPC} \varphi$일 때, A의 집합에 관한 한 φ가 의미론적 귀결일 때 우리는 A를 **불** 대수라고 부른다. MOD(B)에 의해 우리는 **불** 대수들의 집합을 지시하고, $T \vDash_{MOD(B)} \varphi$ 대신 $T \vDash_{B} \varphi$라고 쓴다.[10)]

불 대수의 각 조건은 등식으로 정의될 수 있기 때문에 이러한 대수들의 집합은 버라이어티(variety)를 형성한다.

우리는 다음으로 증명론적으로 동치(equivalent)인 식들의 집합들(classes)이 **불** 대수를 형성한다는 것을 보인다. T가 CPC 위에서 고정된 집합이라고 하자. 각 식 φ에 대하여, $[\varphi]_T$가 $T \vdash_{CPC} \varphi \leftrightarrow \psi$ (즉 φ에 T-증명론적으로 동치인 식들)인 모든 식들 ψ의 집합이라고 하자. A_T는 모든 집합들(classes) $[\varphi]_T$의 집합이다. 우리는 $[\varphi]_T \Rightarrow [\psi]_T = [\varphi \rightarrow \psi]_T$, $[\varphi]_T \wedge [\psi]_T = [\varphi \wedge \psi]_T$, $[\varphi]_T \vee [\psi]_T = [\varphi \vee \psi]_T$라고 정의한다. 그리고 A_T에 의해 이런 대수를 지시한다.

10) "불"이 굵은 글씨로 표현된 "**불** 대수"는 건전성을 만족하는 불 대수에 해당한다. 이하의 다른 대수적 완전성 증명에서도 같은 원리가 적용된다는 점에 유의하기 바란다.

[명제3.6.23] CPC 위에서 이론 T에 대하여, A_T는 **불** 대수이다.

[연습3.6.24] [명제3.6.23]을 증명하시오.

이제 CPC가 대수적으로 강한 완전성을 만족한다는 것을 보인다. 즉 CPC는 불 대수의 집합에 관한 한 완전하다.

[정리3.6.25] 강한 완전성(strong completeness)

T가 이론이고 φ가 식이라고 하자. $T \vdash_{CPC} \varphi$ iff $T \vDash_B \varphi$.

증명; 왼쪽에서 오른쪽으로는 정의에 의해 즉각 따라 나온다. 오른쪽으로부터 왼쪽으로의 증명은 다음과 같다. [명제3.6.23]으로부터 우리는 $A_T \in MOD(B)$를 얻게 된다. 그리고 $v(\varphi) = [\varphi]_T$로 정의된 A_T-값 매김 v에 대하여 $v \in Mod(T, A_T)$가 성립한다. 따라서 $T \vDash_B \varphi$로부터 $[\varphi]_T = v(\varphi) = 1$을 얻을 수 있기 때문에 $T \vdash_{CPC} \mathbf{T} \leftrightarrow \varphi$이다. 그렇다면 $T \vdash_{CPC} \mathbf{T}$이기 때문에 긍정식에 의해 $T \vdash_{CPC} \varphi$이다. □

제 4 장

부분 논리와 양상 논리

1. 들어가는 말

이 장에서 우리는 고전 명제 논리와 관련하여 다음의 두 가지를 다룬다. 첫째는 고전 명제 논리의 일부를 이루는 체계들의 완전성을 다룬다. 둘째는 대표적인 고전 명제 논리의 확장인 양상 논리의 완전성을 다룬다.

한 명제 논리 체계를 고려할 때 통상 우리는 선언, 연언, 함의, 부정을 연결사로 갖는 체계를 생각한다. 때로 우리는 그러한 연결사들의 일부만 갖는 부분적인 체계를 생각할 수 있다. 가령 선언과 연언, 부정을 배제한 함의만 연결사로 갖는 체계를 고려할 수 있다. 보통 우리는 그러한 논리를 함의(적) 논리(implicative(implication) logic)라고 부른다. 함의만을 연결사로 한 고전 명제 논리(고전 함의 논리classical implication logic) 체계가 우카세비츠와 타르스키 Łukasiewicz & Tarski (1930)에 의해 연구되었고, 그것을 특징짓는 함의 대수를 통해 아보트 Abbott(1967)에 의한 대수적 연구가 진행되었다.

함의 대수에서 퍼스 법칙([연습3.3.3] (16) 참조)이 빠진 긍정 함의 대수에 의해 특징지어지는 긍정 함의 논리(positive implication logic) 즉 직관주의 함의 논리 체계는 힐버트(D. Hilbert)와 베르네이(P. Bernays) Hilbert & Bernays (1934)에 의해 연구되었다. 그리고 그것은 헨킨(L. Henkin) Henkin(1950), 디에고 Diego(1965; 1966) 등에 의해 대수적으로 다루어졌다. 이와 관련하여 보다 일반적인 함의에 해당하는 함의적 대수(implicative algebras)에 의해 특징지어질 함의적 (외연) 논리(implicative (extensional) logic)가 라지오와(와 지콜스키) Rasiowa (1974), Rasiowa & Sikorski(1970)에 의해 연구되었고, 부정을 제외한 다른 연결사들을 포함하는 상관 가-여 속에 의해 특징지어질 긍정 논리(positive logic)가 힐버트와 베르네이, 라지오와(와 지콜스키)에 의해 연구되었다. (그 외 다양한 연관 함의 논리가 앤더슨, 벨납, 던, 마이어 등에 의해 연구되었다(Anderson & Belnap(1975), Anderson, Belnap & Dunn(1992) 참조).

반대로 함의를 배제한 선언, 연언, 부정을 연결사로 갖는 체계를 고려할 수 있다. 함의를 진리함수적으로 고려할 필요가 없는 1단계 필함(first degree entailment) 부분 R_{fde} (또는 E_{fde}) 논리가 연관 논리의 부분으로 연구되었다. 즉 함의를 제외한 연산들을 포함하는 드 모르간 대수에 의해 특징지어질 연관 논리 R (또는 E)의 1단계 필함 부분 R_{fde} (또는 E_{fde})가 앤더슨과 벨납 Anderson & Belnap(1961), 루트리 부부(R. Routley & V. Routley) Routley & Routley(1972), 던 Dunn(1976a; 2000) 등에 의해 다루어졌다. R_{fde} (또는 E_{fde})는 연관 논리가 어떤 문맥에서 고전 논리와 다른 지를 형식적으로 (비교적) 이해하기 쉽게 보여준다는 점에서 흥미롭다. 이 장에서는 가장 간단한 (함의만을 연결사로 갖는) 고전 함의 논리와 반대로 함의를 제외한 다른 연결사들을 기본 대상으로 삼는 1단계 필함 논리 R_{fde}를 다룬다.

앞선 연결사의 일부를 다루는 부분 논리(fragment logics)에 비해 양상 논리는 비교적 많은 연구가들에 의해 다루어졌다. 우리의 논의 문맥과 관련하여 양상 논리는 다음의 두 가지 차원에서 중요하다. 첫째, 불 대수에 새로운 연산을 추가하여 그것을 통해 특징지어질 논리를 이해하는 데 도움이 된다. 둘째, 앞서 언급한 엄밀 함의를 대수적으로 다루는 데 도움이 된다. 역사적으로 양상 논리의 대수적 접근이 레몬(E. J. Lemmon)(과 스코트(D. Scott)) Lemmon(1966; 1977), 라지오와(와 지콜스키) Rasiowa(1974), Rasiowa & Sikorski(1970), 던과 하디그리 Dunn & Hardegree(2001)에 의해 마련되었다. 우리는 엄밀 함의의 특성을 잘 보여주는 S5를 중심으로 양상 논리의 대수적 접근을 다룬다. 편의상 우리는 던과 하디그리의 Dunn & Hardegree(2001)을 따라 이를 논한다.

2. 고전 함의 논리

앞장에서 고전 명제 논리로서 CPC 또는 BC를 다루었기 때문에 여기서는 이를 위한 최소한의 논의만 수행한다. 고전 함의 논리 즉 고전 명제 논리의 함의 부분은 아보트 Abbott(1967; 1969)에 의해 연구된 반-불 대수(Semi- Boolean algebras)에 의해 특징지어진다. 우선 반-불 대수는 거기서 모든 주 필터가 불 속인 상한 값을 갖는 결합-반-속으로 정의될 수 있다. (또는 그것의 쌍 즉 하한을 갖는 교우-반-속으로 정의될 수 있다.) 그리고 그것을 특징짓는 등식이 다음으로 정의될 수 있다.

(e1) (ab)a = a.
(e2) a(bc) = b(ac).
(e3) (ab)b = (ba)a.

따라서 3장에서 언급한 [보조정리3.6.15]의 (I1)-(I3)을 만족하는 함의 대수는 다름 아닌 (e1)-(e3)을 만족하는 대수이다. 그리고 그것이 고전 함의를 특징짓는다.

3장 6절의 불 계산 BC를 위한 공리 (A3) 대신 다음의 퍼스 규칙을 공리로 할 경우, 우리는 BC의 함의 부분 즉 고전 함의 계산 $BC_{\rightarrow}$을 얻는다.

(A3') $\forall A, B \in W$, $(A \rightarrow (B \rightarrow A)) \rightarrow A \in T(BC)$.

이제 중요한 것은 체계 $BC_{\rightarrow}$가 건전하고 완전하다는 것을 보이는 것이다. 우선 건전성은 [정리3.6.8]로부터 즉각 따라 나온다. 왜냐하면 $BC_{\rightarrow}$의 모든 주장들은 BC의 주장들이고 BC는 건전하기 때문이다. BC의 완전성과 마찬가지로 린덴바움 대수를 이용해 우리는 $BC_{\rightarrow}$가 완전하다는 것을 보일 수 있다. 즉 우리는 3장 6절의 보조정리 즉 [보조정리3.6.10 - 3.6.17]을 이용해서 $BC_{\rightarrow}$의 완전성을 보일 수 있다. 우선 앞서의 보조정리들에 의해 $BC_{\rightarrow}$의 린덴바움 대수 $L(BC_{\rightarrow})$는 그것의 단위원소가 $BC_{\rightarrow}$의 주장들의 동치 집합인 함의 대수이다. (e1) - (e3) (또는 (I1) - (I3))에 의해 함의 대수들은 등식으로 정의될 수 있고, 그로 인해 버라이어티(variety)이기 때문에, 다음의 함의 대수들을 위한 삽입 정리(embedding theorem)에 의해

[정리4.2.1] (함의 대수를 위한) 삽입 정리(embedding theorem)

모든 함의 대수는 함의 연산을 보존하는 불 속에 삽입될 수 있다.

$L(BC_{\rightarrow})$는 함의를 보존하는 불 직여 속에 삽입될(embedded) 수 있다. 이제 A가 $BC_{\rightarrow}$의 주장이 아니라고 하자. 그렇다면 $[A] \neq [T] = 1$이다. 식들의 대수로부터 $L(BC_{\rightarrow})$로의 표준 준동형 함수와 삽입 함수(embedding function)의 합성 함수를 h라고 하자. h가 두 준동형 함수의 합성이기 때문에, h는 준동형 함수이다. $[A] \neq [T]$이고 e가 일대일이기 때문에, $h(A) = e[A] \neq e[T] = 1$이다. 따라서 $h(A) \neq 1$이고 이로부터 A가 불 - 타당하지 않다는 것이 따라 나온다. 즉 A가 함의에 관한 한 불 - 타당하다면, A는 고전 함의 논리 체계 $BC_{\rightarrow}$의 정리이다.

3. 1단계 필함 논리

여기서는 앞서 언급한 R의 1단계 필함 논리 R_{fde} (또는 E_{fde})를 다룬다. 던은 대수적 의미론 Anderson & Belnap(1975), 진리 나무(truth trees) Dunn(1976a), 4치 의미론을 이용한 항진적 필함(tautological entailments) Dunn(1976b) (Dunn(2000) 참조) 등을 통해 R_{fde} (또는 E_{fde})가 완전하다는 것을 보였다. 우리는 이 절에서 4치 의미론을 이용한 항진적 필함에 의한 던의 완전성 증명을 다룬다. 4치 의미론은 크립키 의미론의 일반화라는 점에서뿐만 아니라 4치임에도 불구하고 앞으로 다룰 일반적인 다치 의미론과 구별된다는 점에서 흥미롭다.

이러한 의미론을 이해하는 데는 역사적 문맥을 함께 설명하는 것이 도움이 될 것이다. 크립키(S. Kripke)가 널리 알려진 양상 논리체계뿐만 아니라 직관주의 명제 논리체계 H를 위한 소위 크립키 의미론(Kripke semantics)을 제시(Kripke(1959; 1963; 1965))한 이래, 그것을 일반화한 의미론이 그 동안 제시되었다. 이러한 의미론을 크립키형 의미론(Kripke-style Semanitics)이라고 부르자. 토마슨(R. H. Thomason)은 Thomason(1969)에서 부분 값 매김(partial evaluations) ("틈새(gaps)" N)을 허용함으로써, 구성적 거짓의 넬슨(D. Nelson) 체계 N(Nelson(1949) 참조)을 위한 크립키형 의미론을 제공하였다. 던은 Dunn (1976b; 2000)에서 비 - 함수적 값 매김(non-functional evaluations) ("과잉(gluts)" B)를 허용함으로써, 연관 논리 체계 R-mingle(RM)을 위한 크립키형 의미론을 제공하였다.[1)] 특히 그는 2000년 논문에서 다양한 연관 논리 체계들을 위한 N, B를 모두 포함한 크립키형 의미론을 제공하였다.

"1단계 필함 (또는 함의)"라고 할 때, 먼저 "단계"는 다른 연결사가 아닌 (함의를 나타내는) 화살표 →의 단계를 의미한다. 즉 임의의 식 A가 (R의) 0단계 식(zero degree formula)이라는 것은 A가 함의 연결

---

1) 값 매김은 일종의 함수이다. 따라서 부분 값 매김은 정의역의 일부만 주어진 함수를 만족하는 부분 함수에 해당한다. 함수적 값 매김(functional evaluation)은, 값 매김 v를 문장들로부터 {0, 1}의 멱집합으로의 함수(map)라고 할 때, 임의의 문장 A의 값 매김 v(A)에 0, 1 모두가 속하지 않는 경우이다. 따라서 함수적 값 매김을 만족하지 않을 경우 즉 0, 1 모두가 v(A)에 속할 경우, 우리는 그것을 비 - 함수적 값 매김이라고 한다.

사 →를 포함하지 않는다는 것을 말한다. 따라서 0단계 식은 연결사 ¬, ∧, ∨만 포함한다. 1단계 필함(first degree entailment) (또는 함의(implication))는 A, B가 0단계 식인 A → B 형태의 식을 의미한다. 관련하여 기본 필함(primitive entailments)은 각 A_i와 B_j가 문장 변항이거나 그것의 부정인 $A(=A_1 \wedge \cdots \wedge A_m) \rightarrow B(=B_1 \vee \cdots \vee B_n)$ 형식의 필함을 말한다. 기본 필함 A → B가 명시적으로 항진(explicitly tautological)이라는 것은 A의 어떤 (연언) 원자식이 B의 어떤 (선언) 원자식과 같다는 것을 의미한다. 1단계 필함 A → B가 항진적 필함(tautological entailment)이라는 것은 A가 선언 표준 형식(disjunctive normal form) $A_1 \vee \cdots \vee A_m$이고 B가 연언 표준 형식(conjunctive normal form) $B_1 \wedge \cdots \wedge B_n$일 때, 각각의 $A_i \rightarrow B_j$가 명시적인 항진 필함이라는 것을 말한다.

(참고로 고전 명제 논리와 양상 논리 S4의 함의 즉 실질 함의(material implication)와 엄밀 함의(strict implication)를 1단계 함의로 제한 할 경우, 두 함의는 같다. 그리고 그것은 연관 논리 체계 R과 E에도 마찬가지로 적용된다. 따라서 1단계 부분에 관한 한, 체계 R, E는 같다.)

우리는 R의 1단계 부분 R_{fde}를 다음의 원리 즉 공리 도식과 추론 규칙을 만족하는 반사, 이행 닫힘인 귀결 관계 $\vdash R_{fde}$로 간주한다. (편의상 우리는 $\vdash R_{fde}$의 첨자 $\vdash R_{fde}$를 생략한다.)

(A1)	$A \wedge B \rightarrow A, \quad A \wedge B \rightarrow B$	(∧ - 제거)
(A2)	$A \rightarrow A \vee B, \quad B \rightarrow A \vee B$	(∨ - 도입)
(A3)	$A \wedge (B \vee C) \rightarrow (A \wedge B) \vee C$	(분배)
(A4)	$A \rightarrow {\sim}{\sim}A, \quad {\sim}{\sim}A \rightarrow A$	(이중부정)
(A5)	${\sim}(A \wedge B) \rightarrow ({\sim}A \vee {\sim}B), \ ({\sim}A \vee {\sim}B) \rightarrow {\sim}(A \wedge B)$	(부정연언)
(A6)	${\sim}(A \vee B) \rightarrow ({\sim}A \wedge {\sim}B), \ ({\sim}A \wedge {\sim}B) \rightarrow {\sim}(A \vee B)$	(부정선언)
(R1)	$A \rightarrow B, \ A \rightarrow C \vdash A \rightarrow (B \wedge C)$	(∧ - 도입)

(R2) A → C, B → C ⊢ (A∨B) → C (∨ - 제거)

[연습4.3.1] 임의의 A, B를 각각이 지시하는 원소라고 하고, →를 부분 순서 ≤라고 하자. 이 경우, R_{fde}에 상응하는 대수는 무엇인가?

4치의 의미론을 논하기에 앞서 "연관 진리 나무(relevantly truth trees)" 방법을 통해 연관의 문제를 다루는 것이 연관 논리가 어떤 점에서 고전 논리와 다른지를 형식적으로 이해하는 데 도움이 될 것이다.[2] 앞선 규칙에서 연언과 선언을 다음으로 표현해 보자.

$$(\wedge)\ \frac{A\wedge B}{\begin{matrix}A\\ B\end{matrix}} \qquad (\vee)\ \frac{A\vee B}{A\quad B}$$

그리고 앞선 규칙을 만족하는 나무들로 논증의 타당성 범위를 한정하자. 우선 p∧q⊢q∨r 이란 논증 사례는 다음의 진리 나무로 구성될 수 있다. (화살표는 나무가 덮는 부분을 지시한다.)

p∧q
p
q
↙
q r
q∨r

[사례1]

그러나 다음 두 논증 사례 p∧~p⊢q, p⊢q∨~q는 나무에서 덮이지 않는 부분이 발생한다.

2) "쌍 진리 나무(coupled trees)"는 제프리(R. C. Jeffrey) Jeffrey(1967)와 스멀리안(R. C. Smullyan) Smullyan(1968)에 의해 도입된 방법이다. 우리의 목적은 진리 나무 방법을 설명하는 데 있지 않다. 이 방법에 관심이 있는 독자는 위의 책이나 일반 논리학 교재를 참조하기 바란다.

$p \wedge \sim p$	p
p	$q \quad \sim q$
$\sim p$	$q \vee \sim q$
q	
[사례2]	[사례3]

즉, [사례1]에서 화살표 아랫부분의 q는 위의 q에 의해 덮일 수 있지만 [사례2], [사례3]의 q부분은 그렇지 않다. (p, q는 연관 논리에서 상호 무관한 진술에 해당한다. 따라서 전제와 무관한 결론이 위의 규칙으로부터 따라 나올 수 없다.) 논증 A⊢B가 연관 진리 나무에서 타당하려면, A를 위한 나무의 모든 길이 B를 위한 나무의 일부를 덮을 수 있어야 한다. 그러나 위의 사례는 그렇지 않기 때문에 타당한 논증이 못된다.

이러한 사실은 4치 의미론을 통해서 이해될 수 있다. 먼저 "값 매김(evaluation)"을 과소 결정(underdetermination)과 과잉 결정(overdetermination)을 설명할 공집합과 두 진리 값을 갖는 집합을 포함하는 2치 진리 값 0, 1의 집합으로의 함수라고 하자. 우리는 4 - 치(four-valued) 행렬을 속으로 간주하고 그것을 속 4라고 부른다. 그리고 각 진리 값 집합 { }, {0}, {1}, {0, 1}을 각각 N, F, T, B로 표현한다. ~, ∧, ∨를 위한 각 행렬은 다음의 표([표 4-1])에 의해 정의될 수 있다. (+는 지시 값(designated value)을 나타낸다.)

[표 4-1] 값 매김을 위한 4치 행렬

~	
T+	F
B	B
N	N
F	F

∧	T	B	N	F
T+	T	B	N	F
B	B	B	F	F
N	N	F	N	F
F	F	F	F	F

∨	T	B	N	F
T+	T	T	T	T
B	T	B	T	B
N	T	T	N	N
F	T	B	N	F

이제 던 Dunn(2000)을 따라 값 매김을 정의해보자. 속 4로의 값 매김은 다음과 같은 문장들로부터 속 4로의 함수 v이다. $v(\sim A) = \sim v(A)$, $v(A \wedge B) = v(A) \wedge v(B)$, $v(A \vee B) = v(A) \vee v(B)$. 앞서 언급한 대로 속 4는 2치 진리 값의 부분 집합들로 이루어진다. 마찬가지로 값 매김은 문장들로부터 다음을 만족하는 {0, 1}의 멱집합으로의 함수 v로 간주될 수 있다.

($\sim_1$) $1 \in v(\sim A) \Leftrightarrow 0 \in v(A)$.

($\sim_0$) $0 \in v(\sim A) \Leftrightarrow 1 \in v(A)$.

($\wedge_1$) $1 \in v(A \wedge B) \Leftrightarrow 1 \in v(A)$ 그리고 $1 \in v(B)$.

($\wedge_0$) $0 \in v(A \wedge B) \Leftrightarrow 0 \in v(A)$ 또는 $0 \in v(B)$.

($\vee_1$) $1 \in v(A \vee B) \Leftrightarrow 1 \in v(A)$ 또는 $1 \in v(B)$.

($\vee_0$) $0 \in v(A \vee B) \Leftrightarrow 0 \in v(A)$ 그리고 $0 \in v(B)$.

함수적 값 매김(functional evaluation)에 대해서 우리는 $0, 1 \in v(A)$ 모두를 갖지는 않는다. 총 값 매김(total evaluation)에 대해서 우리는 항상 $0, 1 \in v(A)$ 중 적어도 하나는 갖는다. 그리고 $1 \in v(A)$를 $\Vdash_1 A$로 $0 \in v(A)$를 $\Vdash_0 A$로 나타낸다. (우리는 $v(A, \alpha)$, $\alpha \Vdash_1 A$, $\alpha \Vdash_0 A$를 사용하여 양상 논리에 친숙한 방식으로 값 매김을 매개(parameterize)할 수 있다. 그러나 1단계 필함에 관한 한 $v(A, \alpha)$의 α 부분에 해당하는 "정보 상태 (또는 가능 세계)"를 생략해도 무방하다(Dunn(1976a) 참조). 그리고 그렇게 하는 것이 논의의 단순화를 위해 자연스럽다. "정보 상태"를 포함하는 프레임을 이용한 크립키형 의미론은 다른 곳에서 보다 자세히 검토될 것이다.) 4치 귀결 관계는 다음으로 정의될 수 있다.

(1) $A \vDash_1 B$ iff $\forall v$, $\Vdash_1 A$이면 $\Vdash_1 B$.

(2) $A \vDash_0 B$ iff $\forall v$, $\Vdash_0 A$이면 $\Vdash_0 B$.

(3) $A \vDash_{1,0} B$ iff $A \vDash_1 B$이고 $A \vDash_0 B$.

(1)은 진리 - 보존 귀결을, (2)는 거짓 - 보존 귀결을, (3)은 그 둘 모두의 귀결을 말한다. 던 Dunn(1976a)을 따라, 위와 같은 값 매김 v에 대하여, $v^*(A)$를 v 아래서의 A의 상 즉 v에 의해 A가 연관을 맺는 진리값들의 집합이라고 하자. 그렇다면 우리는 0 (또는 1) $\in v^*(A)$에 의해 v가 A를 0 (또는 1)에 연관 짓는다는 것을 지시할 수 있다.

[명제4.3.2] (Dunn(2000))

(1) - (3)의 귀결은 모두 동치이다.

증명; 던 Dunn(1976a)의 방법은 각 값 매김 v에 대하여 $1 \in v^*(A)$ iff $0 \notin v(A)$이고, $0 \in v^*(A)$ iff $1 \notin v(A)$인 쌍 값 매김 v^*가 있다는 것을 깨닫는 것이다. 손쉬운 귀납은 그렇게 정의된 v^*가 값 매김이라는 것을 보여준다. 우리는 또 $v^{**} = v$라는 데 주목한다. 이로부터 우리는 $A \vDash_1 B$가 $A \vDash_0 B$를 필함한다는 것을 보인다. $A \vDash_1 B$라고 하자. 그리고 $0 \in v(B)$인 임의의 값 매김 v를 고려하자. 그렇다면 $1 \notin v^*(B)$이다. 이 경우 $1 \notin v^*(A)$이고 따라서 $0 \in v(A)$이다. 그러므로 $A \vDash_0 B$이다. 그 역은 유사한 방법에 의해 증명될 수 있다. □

건전성과 완전성을 논하기에 앞서 위에서 논한 [사례2], [사례3]의 경우 위의 연결사들에 관한 진리 조건을 사용해 각각이 타당하지 않다는 것을 보일 수 있다. 가령 [사례2]와 관련하여, p가 1, 0을 모두 진리 값으로 갖는 경우를 고려해 보자. 이 경우 $p \wedge {\sim}p$가 참이더라도 즉 $\Vdash_1 p \wedge {\sim}p$이더라도 q가 반드시 참인 것은 아니다. 따라서 $p \wedge {\sim}p$는 q를 필함한다고 할 수 없다.

[연습4.3.3] 진리표나 진리 조건을 통해 [사례3] 즉 p가 $q \vee \sim q$를 필함하지 않는다는 것을 보이시오.

[명제4.3.2]에 의해 한 논증의 타당성은 그것이 (속 4에서) 진리를 보존한다는 것을 보이는 것으로 충분하다. 이제 논증 $A \vdash B$가 연관적으로 타당하다(relevantly valid)는 것, $A \models B$,이 임의의 값 매김 v에 대하여, $1 \notin v^*(A)$이거나 $1 \in v^*(B)$라는 즉 (메타 이론적으로) $1 \in v^*(A)$이면, $1 \in v^*(B)$라는 것과 동치라고 하자. 앤더슨과 벨납 Anderson & Belnap(1961)이 일단계 필함 $A \rightarrow B$가 E의 정리라는 것과 그것이 항진적 필함이라는 것이 동치라는 것을 보였기 때문에, 다음 정리에 의해 R_{fde}는 건전하고 완전하다.

[정리4.3.4] (Dunn(1976a))

문장 $A \rightarrow B$는 항진적 필함이다 iff $A \vdash B$는 연관적으로 타당하다. 즉, $A \vdash B$ iff $A \models B$.

증명; $A \rightarrow B$가 항진적 필함이라는 것은 각각의 $A_i \rightarrow B_j$가 명시적인 항진인 선언 표준 형식 $A(=A_1 \vee \cdots \vee A_m)$와 연언 표준 형식 $B(=B_1 \wedge \cdots \wedge B_n)$가 있다는 것과 동치이다. 앞선 규칙들이 진리 보존이기 때문에 ([명제4.3.2]에 의해) $A \vdash B$가 연관적으로 타당한가 하는 것은 $A_1 \vee \cdots \vee A_m \vdash B_1 \wedge \cdots \wedge B_n$이 연관적으로 타당한가 하는 것과 같다. 후자가 연관적으로 타당하다는 것이 임의의 A_i, B_j에 대하여 $A_i \vdash B_j$가 연관적으로 타당하다는 것과 동치이기 때문에, 우리는 기본 필함 $A_i \rightarrow B_j$에 대해 $A_i \rightarrow B_j$가 명시적으로 항진이라는 것이 $A_i \vdash B_j$가 연관적으로 타당하다는 것과 동치라는 것을 보인다.

왼쪽으로부터 오른쪽으로의 증명(건전성)을 위하여, A_i가 원자 문장들의 연언 $a_1 \wedge \cdots \wedge a_k$이고 B_j가 원자 문장들의 선언 $b_1 \vee \cdots \vee$

b_l이라고 하자. $A_i \rightarrow B_j$가 명시적으로 항진이라면, 어떤 b_t와 같은 a_s가 있다. 임의의 주어진 값 매김에 대하여, 연언(conjunction)이 참이라면 각 연언지(conjunct)가 참이고, 한 선언지(disjunct)가 참이면 그 선언(disjunction)이 참이라는 것은 분명하다. 따라서 주어진 값 매김이 A_i를 참이게 하면 a_s가 참이고 그래서 b_t가 참이기 때문에 B_j가 참이다. 그러므로 $A_i \vdash B_j$가 연관적으로 타당하다.

오른쪽으로부터 왼쪽으로의 증명(완전성)을 위하여, 우리는 $A_i \rightarrow B_j$가 명시적으로 항진이 아니라면, $A_i \rightarrow B_j$를 부당하게 하는(invalidates) 값 매김이 있다는 것을 보인다. 한 주어진 문장 문자 p에 대하여, '$1 \in v^*(p)$'는 'p가 A_i의 연언지이다'와 동치이고, '$0 \in v^*(p)$'는 '~p가 A_i의 연언지이다'와 동치라고 하자. 이는 각 원자 문장이 참이라는 것과 그것이 A_i의 연언지라는 것을 동치이게 한다. 따라서 A_i의 각 연언지는 v에서 참이기 때문에, A_i는 v에서 참이다. 따라서 가정에 의해 B_j는 참이 아니다. 왜냐하면 그것이 참이라면 어떤 b_t가 참이고 따라서 그것은 A_i의 연언지 이어야 하나, 이는 A_i와 B_j가 원자 문장을 공유하지 않는다는 가정과 모순되기 때문이다. □

4. 양상 논리

앞서 언급한 대로 우리는 양상 체계 S5를 중심으로 양상 논리를 다룬다. 우선, 양상 논리라고 하면 함께 연상되는 것이 크립키 의미론이다. 그러나 많은 양상 논리학 저술에서 크립키 의미론이 다루어져 있고 우리의 기본 관심이 논리에 대한 대수적인 접근이기 때문에, 우리는 이 절에서 크립키 의미론보다는 대수적 의미론을 소개할 것이다. (크립키 의미론과 그것의 일반화는 직관주의 논리 등에서 다루어질 것이다.)

4.1 양상 체계들

먼저 가장 약한 양상 체계 K는 고전 명제 계산 체계 CPC에 일항 연결사 □가 추가된 체계이다. 우리는 K의 공리 도식과 추론 규칙으로 다음을 취할 수 있다.

(A1) PC의 항진 도식들
(A2) □(A⊃B)⊃(□A⊃□B)
(R1) 긍정식
(R2) ⊢A이면, ⊢□A (필연)

여기서 ⊃이 실질 함의이기 때문에 A⊃B는 ~A∨B로 정의된다. 다음의 정의에 의하여 새로운 연결사 ◇를 도입할 수 있고

(df1) ◇A := ~□~A.

그 역 또한 마찬가지이다. 즉 □A := ~◇~A이다. 일반적으로 우리는 □A를 "필연적으로 A (또는 A는 필연적이다)."라고 읽고, ◇A를 "가능하게 A (또는 A는 가능하다)."라고 읽는다. 즉 □와 ◇는 각각 "필연성"과 "가능성"에 상응하는 연산자이다. 다른 표준적인 양상 체계들은 다음과 같다.

T: K+□A⊃A (또는 A⊃◇A)
S4: T+□A⊃□□A (또는 ◇◇A⊃◇A)
B: T+A⊃□◇A (또는 ◇□A⊃A)
S5: S4+◇A⊃□◇A (또는 ◇□A⊃□A)

양상 체계에서 연역(deduction) 개념을 정의하는데 있어서 R2에 주의할 필요가 있다. 필연 규칙은 전제로부터의 귀결이라기보다는 정리로부터 정리를 얻는 규칙이다. 따라서 추론 A⊢□A는 타당하지 않다.

그 외의 것들에 대해서는 일반적인 방법에 의해 증명, 정리, 연역 등을 정의할 수 있다. 즉 M을 앞서 언급한 양상 체계 중의 하나라고 하자. 우리는 M에서의 증명(proof)을 그것의 각각이 M의 공리이거나 R1이나 R2에 의해 선행 열로부터 따라 나오는 M의 유한 문장 열로 정의한다. A가 M의 정리(theorem)라는 것은 A가 M의 증명의 열의 마지막 항목이라는 것이다. 문장 집합 Γ로부터 문장 A의 M에서의 연역(deduction)은 그것의 각각이 Γ의 원소이거나, M의 정리이거나 R1(긍정식)에 의해 선행 열로부터 따라 나오는 M의 유한 문장 열이다. A가 M에서 Γ로부터의 연역의 마지막 항목일 때, A가 M에서 Γ로부터 연역될 수 있다(deducible) (또는 연역적 귀결(deductive consequence)이라)고 한다.

4.2 표준 일항 연산자를 갖는 불 대수

앞선 양상 체계들을 특징지을 양상 대수는 불 대수에 가능성 ◇에 상응하는 연산 c가 더해진 경우이다. (편의상 우리는 ∧, ∨, ~, ⊃을 연결사뿐만 아니라 연산자로 사용할 것이다. 그러나 그 사용은 문맥에 의해 구별될 수 있다.) 먼저 K 체계를 특징지을 K - 대수(K-algebra)는 (B, ∧, ∨, ~)이 불 대수이고 c가 다음을 만족하는 구조 (B, ∧, ∨, ~, c)이다.

(c1) $c0 \leq 0$ (또는 $c0 = 0$).
(c2) $c(x \vee y) = c(x) \vee c(y)$.

K - 대수가 다음을 추가로 만족할 경우,

(c3) $x \leq cx$

우리는 그것을 T-대수라고 부른다. S4-대수 (또는 닫힘-대수(closure algebra))는 다음을 만족하는 K-대수이다.

(c4) $ccx \leq cx$.

앞절의 (df1)과 유사하게 필연성 □에 상응하는 "내부(interior)" 연산자 i를 $ix = {\sim}c{\sim}x$로 정의할 수 있다. B-대수는 다음을 만족하는 S4-대수로

(c5) $x \leq icx$

S5-대수는 다음을 만족하는 S4-대수로 정의될 수 있다.

(c6) $cx \leq icx$.

[연습4.4.1] 양상 대수에서 $cx = {\sim}i{\sim}x$라는 것을 보이시오.

[연습4.4.2] c 대신 c의 쌍 i를 사용해서 각 대수를 정의할 수 있다. 가령 (c1) 대신 우리는 (i1) $1 \leq i1$ (또는 $1 = i1$)을 취할 수 있다. c의 쌍 i를 사용해서 (c2)-(c6)에 대응하는 (i2)-(i6)를 정의하시오.

[명제4.4.3] c와 i 모두 단조적(isotonic)이다. 즉 $x \leq y$이면, $cx \leq cy$이고 $ix \leq iy$이다.

증명; $x \leq y$이면, $x \vee y = y$이다. 그렇다면 (c2)에 의해 $c(x \vee y) = cy = cx \vee cy$이다. 따라서 $cx \leq cy$가 성립한다. $ix \leq iy$는 그 쌍에 의해 유사하게 증명될 수 있다. □

[명제4.4.4] 임의의 양상 대수에서 $i(a \supset b) \leq (ia \supset ib)$이다.

[명제4.4.5] 임의의 양상 대수에서 $a = 1$은 $ia = 1$을 함의한다.

[연습4.4.6] [명제4.4.4], [명제4.4.5]를 증명하시오.

엄밀 함의(strict implication)에 해당하는 연산 '$\prec$'은 "실질 함의"를 사용해서 다음으로 정의될 수 있다.

$$a \prec b = i(a \supset b)$$

그리고 엄밀 동치(strict equivalence)에 해당하는 연산은 다음으로 정의될 수 있다.

$$a \asymp b = (a \prec b) \wedge (b \prec a).$$

다음 정리는 필연성과 불가능성만 허용하는 즉 우연성의 여지가 없는 S5의 특성을 잘 보여준다.

[명제4.4.7] $(ia \asymp 1) \vee (ia \asymp 0) = 1$은 모든 S5-대수에서 타당하다.

[연습4.4.8] [명제4.4.7]의 증명의 요지는 (*) $iia \vee \sim cia = 1$을 보이는 것이다. 불 대수를 이용해서 (*)가 성립한다는 것을 보이시오.

4.3 엄밀 함의와 양상 연역 정리

4.3.1 함의 역설과 엄밀 함의

고전 논리 CPC에서 사용된 실질 함의가 논리적 의미의 함의일 수 없다는 비판이 그 동안 제기되었다.[3] 앤더슨과 벨납이 Anderson &

3) "긍정 역설"과 관련된 문제는 고전 논리의 실질 함의뿐만 아니라 직관주의 함의에도 마찬가지로 적용되는 문제이다. 두 체계가 같은 연역 정리를 갖는다는 점을 염

Belnap(1975)에서 지적하듯이 (직관주의 함의를 포함한) 실질 함의는 필함(entailment)과 관련된 필연성(necessity)과 연관성(relevance)을 제대로 고려하지 않는 문제점이 있다. 예를 들어 함의 역설(paradox(es) of implication)의 전형적 사례에 해당하는 "철수가 대머리라면, 2+2=4이면 철수는 대머리이다."를 고려해보자. 이는 CPC의 공리 도식 A1 "긍정 역설"을 만족한다. 따라서 CPC에서 항상 참인 사례이다.[4] 즉 "철수는 대머리이다."를 p라고 하고 "2+2=4."를 q라고 하면, 전체는 $p \supset (q \supset p)$이기 때문에 A1의 사례가 된다. 그러나 (외연 논리와 내포 논리의 구분에 아직 익숙하지 않은) 독자들은 이러한 진술이 항상 참이라는 것을 받아들이는 데 주저할 것이다. 그 이유는 일차적으로 후자의 조건문 형태의 진술이 상호 무관한 진술들로 구성되었기 때문이다. 즉 (적어도) 의미상으로 "2+2=4."가 "철수는 대머리이다."를 함의한다고 볼 하등의 이유가 없다. (이 점에서 연관성 문제가 야기된다.)

이에 대하여 (아마도 고전 논리에 다소 훈련을 받은 독자는) 그럼에도 불구하고 p, q를 참이라고 전제한다면 (p가 전제의 일부이기 때문에) p를 참이라고 결론지을 수 있고 이러한 문맥에서 앞선 사례가 참이라고 할 수 있다. (우리는 CPC의 연역 정리에 의해 이로부터 제공된 사례를 정리로 얻는다. 즉 $p, q \vdash p$로부터 연역 정리에 의해 $\vdash p \supset (q \supset p)$를 얻는다.) 그러나 참된 필함은 필연적으로 그래야 한다는 것과 필연적 진리에 의해 필함된 진리는 필연적이어야 한다는 조건을 감안하면, 그렇게 단순히 대답하기 어렵다. 왜냐하면 진술 p가 우연성을 나타내고 q가 필연성을 나타낸다고 할 경우, 앞선 사례는 두 번째 조건을

두에 두기 바란다. 이와 관련하여 제기되는 역설 소위 "함의 역설"에서의 "역설"은 "이 문장은 거짓이다.", "나는 거짓말쟁이이다."와 같이 문장 자체가 참이면서 동시에 거짓인 그러한 의미의 역설은 아니다. 다음 장에서 다룰 "엄밀 함의 역설"의 "역설" 또한 마찬가지이다.

4) "긍정 역설"이란 명칭이 이 점을 잘 반영한다.

만족하지 않기 때문이다. 즉 앞선 사례와 p로부터 긍정식에 의해 $q \supset p$ 즉 "2+2=4이면 철수는 대머리이다."를 얻고 이는 조건과 모순을 일으키는 필연성이 우연성을 함의하는 결과를 낳는다. (이 점에서 필연성 문제가 야기된다.)

타당성(validity)은 일반적으로 '전제가 참일 경우 결론이 거짓인 것은 가능하지 않다'를 의미한다. 엄밀 함의는 이러한 필함 개념을 잘 반영한다. 가령 A가 B를 (엄밀히) 함의한다고 할 때, "만약 A이라면, 그러면 반드시 B이다." 즉 "반드시, A이면 B이다."는 'A이면서 B가 아닌 것은 가능하지 않다'를 의미한다. 후자는 앞선 엄밀 함의 정의에 따라 정확히 표현될 수 있다. 다시말해, 우선 앞서의 대수적 엄밀 함의 정의는 $\Box(A \supset B)$에 해당한다. 실질 함의 정의에 따라 $\Box(A \supset B)$는 $\Box(\sim A \vee B)$로 간주될 수 있고, 정의 (df1)에 의해 우리가 원하는 함의 $\sim\Diamond(A \wedge \sim B)$로 표현될 수 있다. 이러한 문맥에서 엄밀 함의는 실질 함의가 갖고 있는 필연성의 문제를 극복할 수 있는 함의에 해당한다. (그러나 엄밀 함의는 전자의 문제를 여전히 안고 있다. 이 점은 연관 함의를 다루는 데서 다시 논의될 것이다.)

4.3.2 양상 연역 정리

이해가 빠른 독자는 CPC의 공리 A1을 만족하는 사례를 빌어 실질 함의의 필연성을 문제 삼는 과정에서 CPC의 연역 정리가 엄밀 함의에 맞는 연역 정리가 되지 못한다는 사실을 알아차렸을 것이다. 필연성과 관련해 전제, 결론 사이의 귀결 관계가 어떻게 전건과 후건의 (엄밀) 함의 관계로 이해될 수 있는지를 알기 위해서도 양상 논리를 위한 연역 정리를 증명하는 것이 좋다. 이에 맞는 연역 정리는 바르깡 마르쿠스(M. R. C. Barcan) Barcan(1946)에 의해 연구되었다.

이 절에서는 S4의 함의 부분에 해당하는 $S4_{\rightarrow}$를 중심으로 양상 연역 정리를 증명한다. 증명의 편의를 위해 우리는 양상 기호 없이 $S4_{\rightarrow}$를 고려한다. $S4_{\rightarrow}$의 공리들은 다음의 도식에 의해 형식화될 수 있다 (Anderson & Belnap(1975), 15쪽 참조).

($S4_{\rightarrow}1$) $A \rightarrow A$

($S4_{\rightarrow}2$) $(A \rightarrow (B \rightarrow C)) \rightarrow ((A \rightarrow B) \rightarrow (A \rightarrow C))$

($S4_{\rightarrow}3$) $(A \rightarrow B) \rightarrow (C \rightarrow (A \rightarrow B))$

이제 A, B가 임의의 정합식이라고 할 때, P가 함의적(implicative)이라는 것을 P가 $A \rightarrow B$의 형식인 것과 동치로 정의하자. 각각의 식이 함의적인 P_1, P_2, …, P_{n-1}, P_n과 같은 식들의 열을 고려하자. 앞선 3장 4절처럼 양상 논리를 위한 연역(deduction)과 연역성(deducibility)을 취하자. 그리고 마지막으로 Γ가 다음과 같은 체계 $S4_{\rightarrow}$의 유한한 문장열 P_1, P_2, …, P_{n-1}의 집합이라고 하자. 각각의 P_i, $1 \leq i \leq n-1$,에 대하여 $P_i = A_i \rightarrow B_i$인 A_i, B_i가 있다. 먼저 [보조정리3.4.4]처럼 다음을 말할 수 있다.

[보조정리4.4.9] $\Gamma \vdash P$이고 $\Gamma \vdash P \rightarrow Q$라면, $\Gamma \vdash Q$이다.

[연습4.4.10] [보조정리4.4.9]를 증명하시오.

이제 우리는 $S4_{\rightarrow}$를 위한 연역 정리를 증명한다.

[정리4.4.11] $S4_{\rightarrow}$를 위한 연역 정리(deduction theorem)

함의적 문장들로 이루어진 Γ에 대하여, Γ, $P \vdash Q$라면, $\Gamma \vdash P \rightarrow Q$이다.

증명; Γ, $P \vdash Q$라고 하자. Γ, P로부터 Q_m이 Q인 연역 Q_1, Q_2, …, Q_m

이 있다. $i=1, 2, \cdots, m$에 대하여 우리는 다음을 증명한다.

$$(*) \qquad \Gamma \vdash P \rightarrow Q_i.$$

(*)에서 $i=k$를 취함으로써 우리는 [정리4.4.11]을 얻는다.

이제 우리는 i 위에서 귀납에 의해 (*)를 증명한다. 따라서 귀납 가정에 의해 어떤 고정된 값 i보다 작은 모든 값들에 대해 (*)가 성립한다고 가정한다. 그리고 고정된 값 i에 대하여 (*)를 증명한다. ((D1), (D2), (D3)가 3장 4절에서의 경우에 해당한다고 하자.)

(경우1) Q_i가 (D1)을 만족한다. 그렇다면 Q_i는 Γ의 원소이거나 P이다. Γ가 유한 열 $P_1, P_2, \cdots, P_{n-1}$이고 P가 P_n이라고 하자. 그렇다면 어떤 $j=1, 2, \cdots, n$에 대하여 Q_i는 P_j이다.

(부분경우1.1) $j=1, 2, ..., n-1$ 즉 $P_j(=A_j \rightarrow B_j) \in \Gamma$라고 하자. 그렇다면 (D1)에 의해 $\Gamma \vdash P_j$이고 따라서 $\Gamma \vdash Q_i$이다. 그리고 ($S4_{\rightarrow}3$)에 의하여 $\Gamma \vdash P \rightarrow Q_i$이다. 즉 $P_j = A_j \rightarrow B_j$일 때마다, (D1)에 의해 $\Gamma \vdash A_j \rightarrow B_j$이고 ($S4_{\rightarrow}3$)에 의해 $\Gamma \vdash (A_j \rightarrow B_j) \rightarrow (P \rightarrow (A_j \rightarrow B_j))$이다. 그러므로 [보조정리4.4.9]에 의해 $\Gamma \vdash P \rightarrow (A_j \rightarrow B_j)$이고 따라서 $\Gamma \vdash P \rightarrow Q_i$이다.

(부분경우1.2) $j=n$ 즉 $P_j = P$라고 하자. 그렇다면 $P \rightarrow Q_i$는 $P \rightarrow P$이다. 따라서 ($S4_{\rightarrow}1$)에 의하여 $\Gamma \vdash P \rightarrow Q_i$이다.

(경우2) Q_i가 (D2)를 만족한다. 그렇다면 Q_i는 $S4_{\rightarrow}$의 공리 도식이다. 따라서 $\Gamma \vdash Q_i$이다. 그렇다면 (부분경우1.1)과 유사하게 ($S4_{\rightarrow}3$)에 의하여 $\Gamma \vdash P \rightarrow Q_i$이다.

(경우3) Q_i가 (D3)를 만족한다. 그렇다면 $Q_k = Q_j \rightarrow Q_i$인 j, k(< i)가

있다. 귀납 가정에 의해

$$(**) \qquad \Gamma \vdash P \rightarrow Q_j$$

이고

$$\Gamma \vdash P \rightarrow Q_k$$

이다. 그렇다면,

$$(***) \qquad \Gamma \vdash P \rightarrow (Q_j \rightarrow Q_i)$$

이다. ($S4_{\rightarrow}2$)에 의해

$$(****) \qquad \Gamma \vdash (P \rightarrow (Q_j \rightarrow Q_i)) \rightarrow ((P \rightarrow Q_j) \rightarrow (P \rightarrow Q_i))$$

이다. (***), (****), [보조정리4.4.9]에 의해 $\Gamma \vdash (P \rightarrow Q_j) \rightarrow (P \rightarrow Q_i)$이다. 따라서 (**)와 [보조정리4.4.9]에 의해 $\Gamma \vdash P \rightarrow Q_i$가 성립한다.

□

4.4⁺⁺ S5와 선표성

이 절에서는 선표성(pretabularity)을 이용한 S5의 대수적 완전성을 다룬다. 한 논리 체계가 그 자체로는 유한 특성 행렬(finite characteristic matrix)을 갖지 않지만 그것의 모든 정상 확장(normal extension)이 그러한 행렬을 가질 경우, 우리는 그 체계가 "선표적(pretabular)"이라고 한다. 이러한 성질은 주어진 체계의 (정상적인) 확장이 유한 모델 성질(finite model property)[5]을 갖는다는 것과 그로인해 완전하다는 것을 함의하기 때문에 논리적으로 중요하다. 선표성을 이용한 S5의 대수적 의미의 완전성은 오래 전 스크록스(S. J. Scroggs) Scroggs(1951))에

5) 유한 모델 성질에 대해서는 [정의2.8.15]를 참조할 것.

의해 다루어졌다. 이 절에서는 앞으로 우리가 다룰 여러 논리의 선표성 논의를 고려해, S5의 선표성과 관련된 주요한 정리들을 (구체적인 증명 없이) 진술한다.[6] 진술될 정리들의 증명에 관심이 있는 독자들은 던과 하디그리의 Dunn & Hardegree(2001) 10장 11절을 참조하기 바란다. (각 정리와 귀결이 모두 증명되어 있다.)

S5가 선표적이라는 것을 보이기에 앞서 먼저 S5를 특징지을 헨리 대수(Henle algebra), 헨리 행렬(Henle matrix)을 정의할 필요가 있다. 헨리 대수는 (B, ∧, ∨, ~)이 최대 원소(top element) 1을 갖는 불 대수이고 i가 다음을 만족하는 구조 (B, ∧, ∨, ~, i)로 정의된다.

$$ia = 1, \quad a = 1\text{일 경우,}$$
$$\quad\; 0, \quad \text{그 외.}$$

헨리 행렬은 1을 지시 원소로 하는 헨리 대수이다.

[연습4.4.12] 모든 헨리 대수가 S5-대수라는 것을 보이시오.

앞서 우리는 유한 모델 성질을 언급했다. 다음의 정리와 귀결은 S5에 그러한 성질과 완전성이 어떻게 적용될 수 있는 지를 잘 보여준다. S5는 정리가 아닌 A가 논박된(refuted) 유한 모델의 크기가 A에서 나타나는 상호 구별된 원자 문장들의 수에 의해 계산될 수 있는 강한 의미의 유한 모델 성질을 갖는다. 던과 하디그리는 이러한 성질을 "동형(uniform)" 유한 모델 성질로 명명한다.

[정리4.4.13] (S5를 위한 (동형) 유한 모델 성질)

만약 문장 A에 정확히 n개의 원자 문장이 있다면, A가 S5의 정리라는

---

6) 선표성과 관련된 구체적인 증명은 5장 5절에서 더밋의 무한 다치 논리 LC의 선표성을 논하는 부분에서 다루어진다.

것은 A가 헨리 행렬 H_n에서 타당하다는 것과 동치이다.

[귀결4.4.14] (S5를 위한 건전성과 완전성)
문장 A가 S5의 정리이다 iff 모든 양의 정수 n에 대하여, A는 H_n에서 타당하다.

스크록스가 보여준 아래의 중요한 결과([정리4.4.16])는 S5를 확장하는 양상 논리들이 유한 특성 행렬을 갖는다는 것이다. 우리는 그로부터 S5와 그것의 (양상) 확장 체계들의 완전성을 말할 수 있다.

[정리4.4.15] X가 S5의 양상 확장이라고 하자. A가 X의 정리가 아니라면, A는 (거기서 n개 원자 문장이 발생하는) 유한 헨리 행렬 H_n에서 타당하지 않다.

[정리4.4.16] (Scroggs(1951))
X가 S5의 양상 확장이라고 하자. 유한 헨리 행렬 H_n은 'A가 S5의 정리이다'가 'A는 H_n에서 타당하다'와 동치(iff)란 의미에서 X에 대하여 특징적(characteristic)이다.

[연습4.4.17] [정리4.4.15]와 [정리4.4.16]을 증명하시오.

[정리4.4.15]는 S5를 확장하는 양상 체계들이 완전하다는 것을 그리고 [정리4.4.16]는 그러한 체계들이 완전할 뿐만 아니라 건전하다는 것을 보여준다. X로 S5를 취할 경우, 주어진 정리(들)의 귀결로서 S5의 완전성과 건전성을 말할 수 있다. 앞서 언급한 대로 S5 자체는 유한 특성 행렬을 갖지 않는다. 그러나 유한한 여러 행렬이 조합해서(jointly) 그것을 특징지을 수 있다. 다음의 정리와 귀결들은 선표성과 관련된 S5의 이러한 성질을 잘 보여준다.

[정리4.4.18] X가 S5의 양상 확장이라고 하자. A가 X의 정리가 아니라면, A는 (거기서 n개 원자 문장이 발생하는) 유한 헨리 행렬 H_n에서 타당하지 않다.

[정리4.4.19] S5는 유한 특성 행렬을 갖지 않는다.

[귀결4.4.20] S5의 모든 진부분(proper) 양상 확장[7])은 S5의 공리에 유한(finitizing) 문장들 Σ_n의 하나를 덧붙임으로써 공리화될 수 있다.

[귀결4.4.21] S5의 확장들은 다음과 같은 체인을 이룬다.

$$S5_0 \supset S5_1 \supset \ldots \supset S5_n \supset S5_{n+1} \supset \cdots \supset S5$$

[귀결4.4.22] $S5 = \bigcap_{n \in \omega} S5_n$.

7) 확장 X가 진부분(proper)이라는 것은 그것이 S5와 완전히 같은 정리를 갖지 않는다는 것, 즉 X의 정리이지만 S5의 정리는 아닌 그런 정리를 갖는 확장이라는 것을 의미한다.

제 5 장

직관주의 명제 논리

1. 들어가는 말

직관주의 논리(intuitionistic logic)는 고전 논리의 타당한 논리식들의 일부를 받아들이지 않는 일반적으로 (고전 논리의) 대결 논리, 일탈 논리로 불리는 논리들 중 가장 널리 알려진 논리이다. 직관주의 논리는 서양 논리학사에서 가장 중요한 (또는 보편적인) 원리로 간주되었던 동일률, (무)모순율, 배중률 중 배중률을 받아들이지 않는 것으로 유명하다. 철학적 문맥에서뿐만 아니라 기술적 문맥에서 종래의 간접적인 귀류법 증명에 불만을 품었을 독자들에게는 이 논리가 상당히 흥미로울 것이다. (철학적 문맥과 관련해서는 필자의 다른 저서 『논리와 철학』을 참조하기 바란다.)

우리는 이 장에서 먼저 하이팅(A. Heyting) 직관주의 명제 체계 H의 완전성을 다룬다. H의 (크립키) 의미론은 글체고르찌크(A. Grzegorczyk) Grzegorczyk(1964)와 크립키 Kripke(1965)에 의해 처음 제시되었다. 우리는 이 의미론을 통해 직관주의 명제 논리가 완전하다는 것을 보인다. 이와 관련하여 우리는 체계의 증명론 내지 구문론에 있어서 독자들의 또 다른 증명 방식에 대한 이해를 돕기 위해 고전 명제 논리를 다루는 데서 사용한 공리 연역적 방법뿐만 아니라 자연 연역(natural deduction) 방법을 함께 소개할 것이다. 이의 논의는 트뢸스트라(A. S. Troelstra)와 쉬비히텐베르크(H. Schwichtenberg) Troelstra & Schwichtenberg (1996), 반 달렌(D. van Dalen) van Dalen(1994)을 따른다.

다음으로 우리는 H를 특징짓는 하이팅 대수(Heyting algebras)를 정의한다. 그러나 H를 확장한 더밋의 무한 다치 논리 LC의 선표성을 따라서 LC의 대수적 완전성을 함께 다룰 것이기 때문에 하이팅 대수에 의한 완전성은 다루지 않는다. 대신 독자들에게 다른 흥미로울 만한 주제인 번역(translation)을 다룬다. 고전 논리 CPC는 H로 번역될 수 있다. 뿐만 아니라 서로 다른 함의를 사용하고 있음에도 불구하고 H는 앞장에서 논한 양상 논리 S4로 번역될 수 있다. 전자는 글리벤코(V. Glivenko) Glivenko(1929), 괴델(K Gödel) Gödel(1933), 겐첸(G. Gentzen) Gentzen(1936) 등에 의해, 후자는 맥킨지(J. C. C. McKinsey)와 타르스키 McKinsey & Tarski(1948)에 의해 다루어졌다.

2. 직관주의 명제 논리 H

2.1 H를 위한 자연 연역

우리는 일반적인 자연 연역 방법(natural deduction methods)에 따라 H를 위한 자연 연역 체계를 제시한다. 편의상 우리는 H를 위한 연역 규칙들만 표현한다. 나머지 것들에 대해서는 일반적인 기호법과 용어법을 따른다.

직관주의 명제 논리 H에서의 연역은 다음에 의해 발생한다.

기초단계(Basis case). A란 표지를 갖는 단일-마디(single-node)는 열린 가정 A로부터의 연역이다. 즉 닫힌 가정이 없다.

귀납단계(Inductive Step). D_1, D_2가 연역이라고 하자. 자연 연역 D는 아래 규칙 중 하나에 의해 구성될 수 있다. 아래의 절 $[A]^u$, $[B]^v$는 마지막 추론의 전제로부터의 연역에서 열린 가정을 포함한다. 그러나 그것은 전체 연역에서 닫힌다.[1)]

1) "열림"과 "닫힘"에 대한 이해를 돕기 위하여, (⊃-도입) 규칙을 고려해보자. 규칙의 수평선 위 부분은 제작자(maker) u를 갖는 증명나무 D의 맨 윗가지에 식 A의 모든 발생으로 된 열린 가정들의 집합 [A]와 결론 B를 갖는 연역 D를 의미한다. 수평선 아래 부분은 (규칙을 사용해서) u에 의해 표지 된 열린 가정들의 집합 [A]가 닫히는

우리는 임의의 식을 영어 대문자 A, B, C 로 표현한다. 우선 ⊃, ∧, ∨에 대한 도입과 제거 규칙은 다음과 같다.

(∧-도입) $$\frac{\begin{matrix} D_1 & D_2 \\ A & B \end{matrix}}{A \wedge B}$$

(∧-제거) $$\frac{\begin{matrix} D_1 \\ A \wedge B \end{matrix}}{A} \qquad \frac{\begin{matrix} D_1 \\ A \wedge B \end{matrix}}{B}$$

(⊃-도입) $$\frac{\begin{matrix} [A]^u \\ D_1 \\ B \end{matrix}}{A \supset B}$$

(⊃-제거) $$\frac{\begin{matrix} D_1 & D_2 \\ A \supset B & A \end{matrix}}{B}$$

(∨-도입) $$\frac{\begin{matrix} D_1 \\ A \end{matrix}}{A \vee B} \qquad \frac{\begin{matrix} D_1 \\ B \end{matrix}}{A \vee B}$$

(∨-제거) $$\frac{\begin{matrix} & [A]^u & [B]^v \\ D_1 & D_2 & D_2 \\ A \vee B & C & C \end{matrix}}{C}$$

항위로 부터 모든 것이 따라 나온다는 항위 F에 대한 규칙은 다음과 같다.

(⊥) $$\frac{\begin{matrix} D_1 \\ F \end{matrix}}{A}$$

부정 '¬A'는 'A⊃F'의 생략으로 간주된다. 참고로 다음의 규칙을 첨가할 경우, 우리는 고전 명제 논리에 해당하는 자연 연역을 얻을 수 있다.

반면 맨 아래에 결론 A⊃B를 덧붙임으로써 새로운 증명나무가 *D*로부터 형성된다는 것을 의미한다.

$$\text{(RAA)}\quad \frac{\begin{array}{c}[\neg A]^{u}\\ D_{1}\\ F\end{array}}{A}$$

(RAA)는 귀류법(reductio ad absurdum, RAA)으로 이는 모순에 의한 증명 원리에 해당한다. H는 구성적 방법이 되지 못하는 이러한 규칙을 받아들이지 않는다.

위의 규칙들로부터 따라 나오는 H의 정리들을 다소 정리해두는 것이 독자들에게 도움이 될 것이다. 다음은 대부분 반 달렌 van Dalen (1994)에 나오는 정리들이다.

[명제5.2.1]

(1) $\vdash (A \land B) \equiv (B \land A)$

(2) $\vdash (A \lor B) \equiv (B \lor A)$

(3) $\vdash (A \land B) \land C \equiv A \land (B \land C)$

(4) $\vdash (A \lor B) \lor C \equiv A \lor (B \lor C)$

(5) $\vdash A \lor (B \land C) \equiv (A \lor B) \land (A \lor C)$

(6) $\vdash A \land (B \lor C) \equiv (A \land B) \lor (A \land C)$

(7) $\vdash (A \supset (B \supset C)) \supset ((A \land B) \supset C)$

(8) $\vdash A \supset (B \supset A)$

(9) $\vdash (A \supset (B \supset C)) \supset ((A \supset B) \supset (A \supset C))$

(10) $\vdash (A \supset B) \supset ((C \supset A) \supset (C \supset B))$

(11) $\vdash A \supset (\neg A \supset B)$

(12) $\vdash A \supset \neg\neg A$

(13) $\vdash \neg(A \lor B) \equiv \neg A \land \neg B$

(14) $\vdash \neg A \lor \neg B \supset \neg(A \land B)$

(15) $\vdash (\neg A \lor B) \supset (A \supset B)$

(16) $\vdash (A \supset B) \supset (\neg B \supset \neg A)$

(17) $\vdash (A \supset \neg B) \supset (B \supset \neg A)$

(18) $\vdash F \equiv A \wedge \neg A$
(19) $\vdash \neg A \equiv \neg\neg\neg A$
(20) $\vdash (A \wedge \neg B) \supset \neg(A \supset B)$
(21) $\vdash (A \supset B) \supset (\neg\neg A \supset \neg\neg B)$
(22) $\vdash \neg\neg(A \supset B) \equiv (\neg\neg A \supset \neg\neg B)$
(23) $\vdash \neg\neg(A \wedge B) \equiv (\neg\neg A \wedge \neg\neg B)$.

증명; 우리는 (1), (2)를 예로 증명한다.

(1)

$$\text{(}\supset\text{-도입)}\ \dfrac{\text{(}\wedge\text{-도입)}\ \dfrac{\text{(}\wedge\text{-제거)}\ \dfrac{[A \wedge B]^1}{B} \qquad \dfrac{[A \wedge B]^1}{A}}{B \wedge A}}{(A \wedge B) \supset (B \wedge A)}$$

$(B \wedge A) \supset (A \wedge B)$는 유사한 방식으로. 따라서 $\vdash (A \wedge B) \equiv (B \wedge A)$가 성립한다.

(2)

$$\text{(}\supset\text{-도입)}\ \dfrac{\text{(}\vee\text{-제거)}\ \dfrac{A \vee B \qquad \dfrac{[A]^1}{B \vee A} \qquad \dfrac{[B]^1}{B \vee A}\ \text{(}\vee\text{-도입)}}{B \vee A}}{(A \vee B) \supset (B \vee A)}$$

$(B \vee A) \supset (A \vee B)$는 유사한 방식으로. 따라서 $\vdash (A \wedge B) \equiv (B \wedge A)$가 성립한다.

□

[연습5.2.2] [명제5.2.1]의 (3)-(23)을 증명하시오.

2.2 H의 공리화

다음의 H의 힐버트형(Hilbert-style) 형식화[2]는 하이팅 Heyting(1930)에 기인한 것이다. 직관주의 논리 H는 다음의 공리 도식과 추론 규칙을 통해 형식화될 수 있다.

[공리 도식5.2.3] H의 공리 도식은 다음 형식으로 주어진다.

H1.	$A\supset(B\supset A)$	(긍정역설)
H2.	$(A\supset(B\supset C))\supset((A\supset B)\supset(A\supset C))$	(자기분배)
H3.	$(A\wedge B)\supset A$, $(A\wedge B)\supset B$	(∧-제거)
H4.	$((A\supset B)\wedge(A\supset C))\supset(A\supset(B\wedge C))$	(∧-도입)
H5.	$A\supset(A\vee B)$, $B\supset(A\vee B)$	(∨-도입)
H6.	$((A\supset C)\wedge(B\supset C))\supset((A\vee B)\supset C)$	(∨-제거)
H7.	$(A\supset\neg B)\supset(B\supset\neg A)$	(대우)
H8.	$A\supset(\neg A\supset B)$.	

[추론 규칙5.2.4] H의 추론 규칙은 다음과 같다.

긍정식(MP): A와 $A\supset B$로부터 B를 추론할 수 있다.
연접(AD): A와 B로부터 $A\wedge B$를 추론할 수 있다.

부정 부분을 제외한 공리 도식 H1-H6은 앞서 언급한 긍정 함의 논리를 특징짓는다. 직관주의 논리에 익숙한 독자는 잘 알겠지만 거짓 문장 F를 원초적 기호 내지 상항으로 H 체계에 덧붙임으로써, 우리는 부정을 요한슨(I. Johansson) Johansson(1936)식의 $\neg A :=A\supset F$로 정의할 수 있다. H1-H7은 요한슨의 최소 논리(minimal logic)

2) 힐버트형 형식화는 공리 연역적 방식의 체계 구성을 가리킨다.

의 공리에 해당한다.

H를 위한 공리 연역 체계와 구분하기 위해 자연 연역 체계를 NH로 표현해 보자. $\vdash_{NH}$ A를 NH에서 A의 정리라고 하고 $\vdash_{H}$ A를 H에서 A의 정리라고 하자. 다음은 두 체계가 같다는 것을 보여준다.

[정리5.2.5] $\vdash_{NH}$ A iff $\vdash_{H}$ A.

증명; (⇐) NH 형식화가 (힐버트 식) H 형식화를 포함한다는 것을 보이기 위하여, 우리는 NH에서 H의 공리들을 연역한다. 먼저 H의 긍정식과 연접은 NH의 (⊃ – 제거), (∧ – 도입)과 각각 같다. H1, H2, H7, H8은 각각 [명제5.2.1]의 (8), (9), (17), (11)이므로 즉각적이다. H3은 (∧ – 제거)와 (⊃ – 도입)에 의해서 증명된다. H4는 (∧ – 도입)과 (⊃ – 도입)에 의해서 증명된다. 나머지는 유사한 방식으로.
(⇒) H 형식화가 NH 형식화를 포함한다는 것을 보이기 위하여, 우리는 긍정식을 사용해서 증명될 수 있는 다음의 사실을 이용한다.

(+) $\vdash$ A⊃B이면, A$\vdash$ B이다.

이제 우리는 (+)를 사용해 NH의 각 규칙을 얻을 수 있다는 것을 보인다. 위와 같은 이유로 우선 (⊃ – 제거), (∧ – 도입)은 분명하다. (∧– 제거)는 H3과 (+)에 의한다. 나머지는 유사한 방식으로. □

2.3 H를 위한 크립키 의미론

직관주의 논리 H는 CPC처럼 두 진리 값(truth values) 참(truth) 1과 거짓(falsity) 0을 갖는다. H에서 값 매김((e)valuation)은 문장들의 집합으로부터 {0, 1}로의 함수이다. 임의의 문장 A에 대하여, 우리는 v(A) = 1에 대하여 $\Vdash_1$ A로 v(A) = 0에 대하여 $\nVdash_1$ A로 쓴다. 그리고

v(A, α), $\alpha \Vdash_1$ A를 사용하여 양상 논리에 친숙한 방식으로 값 매김을 매개한다(parameterize).

우리는 $\zeta \in U$이고 $\sqsubseteq$이 U 위에서 부분 순서인 구조 S=(ζ, U, $\sqsubseteq$)를 프레임(frame)으로 정의한다. 던 Dunn(2000)을 따라, 우리는 U를 "정보 상태들"의 집합으로 간주한다. α, $\beta \in U$에 대하여, $\alpha \sqsubseteq \beta$는 α의 정보가 β의 정보에 포함된다는 것을 의미한다. Σ에 의해 우리는 모든 프레임들의 집합을 지시한다.

이제 가부번의(denumerably) 문장들이 있고, 문장들의 집합이 연결사 ¬, ∧, ∨, ⊃를 사용해서 일반적인 방법으로 문장들로부터 귀납적으로 정의된다고 하자. 부분 순서 프레임 S 위에서 H-값 매김은 문장들 × U로부터 다음의 조건에 한정된 2={0, 1}로의 함수 v(A, α)이다. 우리는 Val_H에 의해 이러한 값 매김들의 집합을 지시한다. 그리고 v(A, α)=1을 $\alpha \Vdash^v_1$ A로 v(A, α)=0을 $\alpha \nVdash^v_1$ A로 나타낸다. 문맥에 따라 편의상 우리는 위 첨자 v를 종종 생략할 것이다.

(임의의 원자 문장 p에 대하여,)

(AHC$_1$) $\alpha \Vdash^v_1$ p이고 $\alpha \sqsubseteq \beta$이면, $\beta \Vdash^v_1$ A => $\beta \Vdash^v_1$ p이다.

복합 문장을 위한 진리 조건은 다음과 같다.

(¬$_1$) $\alpha \Vdash_1 \neg A \Leftrightarrow \forall \beta \sqsupseteq \alpha$ ($\beta \nVdash_1$ A).

(∧$_1$) $\alpha \Vdash_1 A \wedge B \Leftrightarrow \alpha \Vdash_1$ A 그리고 $\alpha \Vdash_1$ B.

(∨$_1$) $\alpha \Vdash_1 A \vee B \Leftrightarrow \alpha \Vdash_1$ A 또는 $\alpha \Vdash_1$ B.

(⊃$_1$) $\alpha \Vdash_1 A \supset B \Leftrightarrow \forall \beta \sqsupseteq \alpha$ ($\beta \Vdash_1$ A이면 $\beta \Vdash_1$ B).

부정 조건 (¬$_1$)은 (⊃$_1$) 조건을 통해 다음처럼 귀결로 얻을 수 있다. ¬A=A⊃F이기 때문에 $\alpha \Vdash_1 \neg A$ iff $\alpha \Vdash_1 A \supset F$ iff $\forall \beta \sqsupseteq \alpha$, $\beta \Vdash_1$ A이면 $\beta \Vdash_1$ F iff $\forall \beta \sqsupseteq \alpha$, $\beta \nVdash_1$ A 즉 $\beta \Vdash_0$ A이다.

임의의 식 A가 프레임 S=(ζ, U, ⊑)에서 H-타당하다(H-valid)는 것은 ∀v∈Val_H, $\zeta \Vdash_1^v$ A와 동치(iff)이다. Σ가 모든 프레임들의 집합이라는 점에 주목하자. 임의의 식 A가 H-타당하다(H-valid)는 것은, 기호로 $\vDash_H$ A는 모든 S(∈Σ)에 대하여, A가 S에서 H-타당하다는 것과 동치(iff)이다.

H를 위하여 주어진 모델들의 집합 M_H에 대하여, ⊨에 상응하는 귀결을 다음과 같이 정의한다.

[정의5.2.6] $\Gamma \vDash_H$ A는 모든 모델 m(=(ζ, U, ⊑, v)∈Σ)에 대하여, 모든 B∈Γ에 대하여 $\zeta \Vdash_1^v$ B이면, $\zeta \Vdash_1^v$ A라는 것과 동치(iff)이다.

2.4 H의 건전성

$\vdash_H$ A를 H에서 A가 정리인 것이라고 하자. 먼저 우리는 건전성 정리에서 공리 도식의 각 사례를 입증하는 데 유용한 다음의 보조정리에 주목한다. (¬B=B⊃F이기 때문에 $\alpha \Vdash_1^v \neg B \Leftrightarrow \alpha \Vdash_1^v B \supset F$이므로 ¬B의 경우를 생략할 수 있다는 사실에 주목하기 바란다.)

[보조정리5.2.7] 세습(hereditary) 보조정리

임의의 문장 A에 대하여, $\alpha \Vdash_1^v$ A이고 $\alpha \sqsubseteq \beta$이면, $\beta \Vdash_1^v$ A이다.

증명; A 위에서의 귀납에 의해 이를 증명한다.

(1) A가 원자 문장일 경우, 이는 (AHC_1)에 의해 즉각 따라 나온다.

(2) (a) A=B∧C: $\alpha \Vdash_1^v$ B∧C이고 $\alpha \sqsubseteq \beta$라고 하자. 그렇다면 ($\wedge_1$)에 의해 $\alpha \Vdash_1^v$ B이고 $\alpha \Vdash_1^v$ C이다. 이제 귀납 가정에 의해 $\beta \Vdash_1^v$ B이고 $\beta \Vdash_1^v$ C

이다. 따라서 ($\wedge_1$)에 의해 $\beta \Vdash^{v}_{1}$ B$\wedge$C이다.

(b) A = B$\vee$C: (a)와 유사하게.

(c) A = B$\supset$C: $\alpha \Vdash^{v}_{1}$ B$\supset$C이고 $\alpha \sqsubseteq \beta$라고 하자. $\beta \sqsubseteq \gamma$이고 $\gamma \Vdash^{v}_{1}$ B이라고 가정하면 $\alpha \sqsubseteq \gamma$이기 때문에 ($\supset_1$)에 의해 $\gamma \Vdash^{v}_{1}$ C이다. 따라서 ($\supset_1$)에 의해 $\beta \Vdash^{v}_{1}$ B$\supset$C이다.

□

[정리5.2.8] 약한 건전성(weak soundness)

$\vdash_H$ A이면, $\vDash_H$ A이다.

증명; 먼저 우리는 공리 도식들의 각 예가 모든 프레임에서 타당하다는 것 즉 H-타당하다는 것을 보인다. 우리는 H1을 한 예로 입증한다(verifies).

H1을 위해 우리는 $\zeta \sqsubseteq \alpha$이고 $\alpha \Vdash_1$ A이면 $\alpha \Vdash_1$ B$\supset$A라는 것을 보여야한다. 후자를 보이기 위해 $\alpha \sqsubseteq \beta$이고 $\beta \Vdash_1$ B를 가정하고 $\beta \Vdash_1$ A라는 것을 보인다. 이는 $\alpha \Vdash_1$ A이기 때문에 [보조정리5.2.7]에 의해 즉각 따라 나온다.

다음으로 우리는 규칙 긍정식과 연접이 H-타당성을 보존한다는 것을 보일 필요가 있다. $\alpha \sqsubseteq \alpha$이기 때문에, ($\supset_1$)에 의해 $\alpha \Vdash_1$ A$\supset$B이고 $\alpha \Vdash_1$ A이면, $\alpha \Vdash_1$ B이다. 그리고 ($\wedge_1$)에 의해 $\alpha \Vdash_1$ A이고 $\alpha \Vdash_1$ B이면, $\alpha \Vdash_1$ A$\wedge$B이다. 따라서 ζ가 정보에 관한 한 α의 부분 집합 즉 $\zeta \sqsubseteq \alpha$이므로 긍정식과 연접이 H-타당성을 보존한다는 것이 즉각 따라 나온다.

□

[연습5.2.9] [정리5.2.8]에서 H1을 제외한 나머지 공리들이 H-타당하다는 것을 보이시오.

우리는 건전성 정리로부터 [정리5.2.5]에 의해 자연 연역 체계 NH에 대한 건전성을 다음의 귀결로 얻는다.

[귀결5.2.10] $\vdash_{NH}$ A이면, $\models_{H}$ A이다.

물론 공리 연역 체계와 독립적으로 [귀결5.2.10]을 정리로 보일 수 있다. 관심 있는 독자는 반 달렌 van Dalen(1994) 5장의 강한 건전성(strong soundness)을 참조하기 바란다.

2.5 H의 완전성

우리는 양상 논리의 (그러나 극대 이론(maximal theories) 대신 프라임 이론(prime theories)을 갖는) 헨킨 유형 증명을 사용해 H를 위한 완전성을 보인다. 이를 위해 몇몇 이론을 정의한다. 먼저 $\vdash_{H}$를 논리 H의 연역적 귀결 관계로 해석한다. H-이론(H-theory)에 의해 우리는 연역성 즉 긍정식과 연접 아래 닫힌 문장들의 집합 T를 의미한다. 프라임 H-이론(prime H-theory)에 의해 A∨B∈T이면, A∈T이거나 B∈T인 이론을 의미한다. 사소한 H-이론(trivial H-theory)에 의해 H의 문장들의 전 집합을 의미한다. 던이 Dunn(2000)의 [주의4]에서 진술하듯이, 우리는 H-이론 T가 H의 모든 정리들을 포함한다는 것을 주목한다. 따라서 그것은 연관 논리 저서에서 (정리를 포함하는) "정규 이론(regular theory)"이라고 부르는 것이다. 즉 H-이론에 의해 우리는 정규 H-이론을 의미한다. 이것은 또한 T가 공집합일 수 없다는 것을 의미한다. 아래의 결과에 의해 T는 또한 사소한 이론일 수 없다. 따라서 우리는 "H-이론"에 의해 사소하지 않은 이론을 또한 의미한다.

이제 우리는 표준 H-프레임(canonical H-frame)이 ζ_{can}이 임의

의 프라임 이론이고, U_{can}이 ζ_{can}을 확장하는 프라임 H-이론들의 집합이라고 하고, $\sqsubseteq_{can}$이 U_{can}에 제약된 $\subseteq$인 구조 $S=(\zeta_{can}, U_{can}, \sqsubseteq_{can})$라고 하자. 위에서 언급한 것처럼 우리는 헨킨 유형 완전성 증명으로부터 증명의 생각을 얻는다. 따라서 기초 ζ_{can}이 H의 정리가 아닌 것들을 배제하는 즉 $\nVdash_H A$인 A들을 배제하는 프라임 H-이론으로 구성된다는 데 주목한다. 표준 H-프레임의 부분 순서는 U_{can}에 제약된 $\subseteq$에 의존한다. 따라서 다음은 분명하다.

[명제5.2.11] 표준 H-프레임은 부분적으로 순서지어진다.

이제 표준 값 매김(canonical evaluation)을 다음으로 정의한다.

(24) $1 \in v_{can}(A, \alpha) \Leftrightarrow A \in \alpha$.

이로부터 우리는 H의 완전성을 위한 다음의 표준 값 매김 보조정리(Canonical Evaluation Lemma)를 얻을 수 있다.

[보조정리5.2.12] (표준 값 매김 보조정리) v_{can}은 값 매김이다.

증명; 우선 세습 조건 (HC_1)은 분명하다. 따라서 우리는 표준 값 매김 v_{can}이 위의 진리 조건을 만족한다는 것을 보인다.

($\wedge_1$)을 위해 우리는

$$\alpha \Vdash^{v_{can}}_{1} A \wedge B \Leftrightarrow \alpha \Vdash^{v_{can}}_{1} A \text{ 그리고 } \alpha \Vdash^{v_{can}}_{1} B$$

를 보여야한다.

(⇒) $\alpha \Vdash^{v_{can}}_{1} A \wedge B$라고 하자. (24)에 의해 $A \wedge B \in \alpha$이다. 따라서 H3에

의해 A∈α이고 B∈α이다. 그러므로 (24)에 의해 $\alpha \Vdash^{v_{can}}_1$ A 그리고 $\alpha \Vdash^{v_{can}}_1$ B이다.

(⇐) $\alpha \Vdash^{v_{can}}_1$ A 그리고 $\alpha \Vdash^{v_{can}}_1$ B라고 하자. (24)에 의해 A∈α이고 B∈α이다. 따라서 연접에 의해 A∧B∈α이다. 그러므로 (24)에 의해 $\alpha \Vdash^{v_{can}}_1$ A∧B이다.

($\vee_1$)을 위해 우리는

$$\alpha \Vdash^{v_{can}}_1 A \vee B \Leftrightarrow \alpha \Vdash^{v_{can}}_1 A \text{ 또는 } \alpha \Vdash^{v_{can}}_1 B$$

를 보여야한다. 이는 ($\wedge_1$)과 유사하게 증명된다.

($\supset_1$)을 위해 우리는

$$\alpha \Vdash^{v_{can}}_1 A \supset B \quad \text{iff} \quad \forall \beta \sqsupseteq \alpha \ (\beta \Vdash^{v_{can}}_1 A\text{이면 } \beta \Vdash^{v_{can}}_1 B)$$

를 보여야한다.

(⇒)은 긍정식에 상응한다. (⇐)은 연역 정리와 프라임 이론의 표준적인 린덴바움 유형의 구성에 상응한다. 따라서 A⊃B∉α이면 α, A⊬B이고, 다음으로 우리는 B∉β인 프라임 이론 $\beta \sqsupseteq \alpha \cup \{A\}$를 구성할 수 있다.

□

H를 위한 모델 m,=(ζ, U, ⊑, v),을 H 모델이라고 부르자. 그렇다면, [보조정리5.2.12]에 의해 표준적으로 정의된 (ζ_{can}, U_{can}, $\sqsubseteq_{can}$, v_{can})은 H 모델이다. 따라서 헨킨 유형 구성에 의해 ζ_{can}이 우리가 선택한

정리가 아닌 A를 배제하고 $\models$의 표준적 정의가 속함(membership)과 일치하기 때문에, 우리는 각각의 H의 정리가 아닌 A에 대하여 A가 $\zeta_{can} \not\models$A인 H 모델 A가 있다고 할 수 있다. 이는 우리가 다음과 같은 H를 위한 약한 완전성(weak completeness)을 얻도록 한다.

[정리5.2.13] 약한 완전성(weak completeness)

$$\models_H A\text{이면, } \vdash_H A\text{이다.}$$

다음으로 H를 위한 강한 완전성(strong completeness)을 증명해보자. 우리는 A가 식들의 집합 Γ의 H 귀결을 다음과 동치인 것으로 정의한다. 모든 H 모델에 대하여, 모든 B$\in\Gamma$에 대해 $\alpha\models$B일 때마다 모든 $\alpha\in$U에 대해 $\alpha\models$A이다. 우리는 A가 Γ로부터 H-연역될 수 있다(deducible)는 것을 A가 Γ를 포함하는 모든 이론에 속하는 것을 의미하는 것으로 정의한다. 그렇다면,

[명제5.2.14] $\Gamma \not\vdash_H$ A이면, $\Gamma\subseteq\zeta$이고 A$\not\in\zeta$인 프라임 이론 ζ가 있다.

증명; H의 정합식들의 열거 $\{A_n: n\in\omega\}$를 취하자. 우리는 집합들의 열을 귀납에 의해 다음처럼 정의한다.

$\zeta_0 = \{A' : \Gamma \vdash_H A'\}$

$\zeta_{i+1} = Th(\zeta_i \cup \{A_{i+1}\})$, $\quad \zeta_i$, $A_{i+1} \vdash_H$ A가 아닐 경우,

$\qquad \zeta_i$, $\quad$ 그 외.

이제 ζ를 이러한 ζ_n들 모두의 합이라고 하자. ζ가 A를 포함하지 않는 이론이라는 것은 분명하다. 우리는 그것이 프라임이라는 것을

보인다.

(모순을 일으키기 위해) $B \vee C \in \zeta$이고 B, $C \not\in \zeta$라고 하자. 그렇다면 $\zeta \cup B$와 $\zeta \cup C$로부터 얻어진 이론들은 모두 A를 포함해야한다. 이로부터 $D \wedge B \vdash_H A$이고 $D \wedge C \vdash_H A$인 ζ의 원소들의 연언 D가 있다. (좀 더 정확히, $\zeta^1 \wedge B \vdash_H A$이고 $\zeta^2 \wedge C \vdash_H A$인 ζ^1, ζ^2가 있고, D는 ζ^1, ζ^2의 연언 즉, $\zeta^1 \wedge \zeta^2$이다.) $\vdash_H A \supset B$이면 $A \vdash_H B$라는 데 주목하자. 그렇다면 H6과 긍정식에 의해 $(D \wedge B) \vee (D \wedge C) \vdash_H A$를 얻는다. 그리고 [명제5.2.1]의 (6), (10), 긍정식에 의해 $D \wedge (B \vee C) \vdash_H A$이다. 이로부터 $A \in \zeta$이고 이는 가정에 모순을 일으킨다. □

따라서 [보조정리5.2.12]와 [명제5.2.14]에 의해 다음의 강한 완전성을 보일 수 있다.

[정리5.2.15] 강한 완전성(strong completeness)

$$\Gamma \vDash_H A\text{이면, } \Gamma \vdash_H A\text{이다.}$$

3. 함의 속과 하이팅 대수

2장 6절에서 우리는 하이팅 여(Heyting complementation)를 갖는 (닫힌) 분배 속이 가-불-대수(pseudo-Boolean algebras)로 불리며, 그러한 대수들이 하이팅 직관주의 명제 체계 H를 특징짓는다고 하였다. 같은 곳에서 언급한 대로 벌코프 Birkhoff(1960)와 라지오와(와 지콜스키) Rasiowa(1974), Rasiowa & Sikorski(1970)는

$(+)$ $a \wedge x \leq c$ iff $x \leq a \Rightarrow c$

를 만족하는 속을 상관 가－여 속(relatively pseudo-complemented lattices)으로 명명한 후 거기에 가－여(pseudo-complementation) (또는 하이팅 여)를 덧붙여서 가－여를 갖는 상관 가－여 속으로 가－불 대수 (또는 하이팅 대수)를 정의한다. 반면 던과 하디그리 Dunn & Hardegree(2001)는 이입과 이출에 해당하는

$(*)$ $a \wedge b \leq c$ iff $a \leq b \Rightarrow c$

를 만족하는 속을 함의적 속(implicative lattices)으로 정의한 후 거기에 하이팅－여(또는 가－여)를 덧붙여서 가－여를 갖는 함의 속으로 하이팅 대수(또는 가－불 대수)를 정의한다. 퓨전 ○과 달리 연언 ∧에 대한 교환 법칙이 성립하기 때문에, 두 정의에 기본적인 차이는 없다. 이 절에서는 논리적 양식에 좀 더 어울리는 후자의 정의를 소개하기로 하겠다.

(L, ∧, ∨)이 속이고 모든 a, b, c∈L에 대해서 (*)인 구조 (L, ∧, ∨, ⇒)를 함의적 속이라고 하자. 함의적 속 정의에 필수적인 (*)은 다음의 논리적 관계에 상응한다.

$(**)$ $\Gamma, A \vdash B$ iff $\Gamma \vdash A \rightarrow B$.

동치(iff)의 왼쪽에서 오른쪽은 (고전 명제 논리와 직관주의 논리에 사용된) 연역 정리에 해당한다. 그리고 오른쪽에서 왼쪽은 긍정식에 해당한다. 그러나 양상 논리 장에서 언급한 대로 이러한 연역 정리는 엄밀 함의의 경우에는 적용될 수 없다. 가령 $\Gamma = \{B\}$일 경우, 우리는 함의 역설로 간주되는 긍정 역설에 해당하는 $B \vdash A \rightarrow B$를 얻는다. 바로 그러한 이유에서 (*)는 (고전 논리) 특히 직관주의 논리 H를 대수적으로 취급하는데 매우 중요한 원리라고 할 수 있다.

(가-여 속과) 함의적 속 정의에서 주목할 것은 우리가 (L, ∧, ∨)을 배분 속이 아닌 단지 속으로만 간주했다는 것이다. 그것은 (가-여 속과) 함의적 속에 관한 한 우리가 그러한 속이 배분적이라는 것을 보일 수 있기 때문이다. (이의 증명은 2장 6절에서 연습으로 풀어보라고 했기 때문에 여기서 더 이상 거론하지 않는다.) 관련하여 함께 주목할 것은 역으로 (L, ∧, ∨)이 유한 배분 속일 경우, 유일한(unique) 함의적 속이 있다는 것이다. 우리는 이를 다음 정리의 귀결로 얻는다.

[정리5.3.1] (Dunn & Hardegree(2001))

(L, ∧, ∨)을 무한히 배분적인 즉 $a \wedge \vee X = \vee\{a \wedge x : x \in X\}$인 완전 속이라고 하자. 그렇다면 ($a \wedge b = \wedge\{a, b\}$, $a \vee b = \vee\{a, b\}$를 갖는) (L, ∧, ∨, ⇒)가 함의 대수인 L 위에서 유일 연산 ⇒이 있다.

라지오와(와 지콜스키)는 Rasiowa(1974), Rasiowa & Sikorski(1970)에서 (가-여에 해당하는) 다음의 등식을 만족하는 상관 가-여 속인 구조 (L, ∧, ∨, ⇒, ¬)로 가-불 대수를 정의한다.

(1) $a \Rightarrow \neg b = b \Rightarrow \neg a$.
(2) $\neg(a \Rightarrow a) \Rightarrow b = 1$.

(1), (2)는 각각 H의 공리 H7, H8에 상응한다. 이러한 부정에 관한 조건은 2절에서의 부정에 대한 정의처럼 부정 연산 없이 보다 간단한 형태로 정의될 수 있다. 즉 하이팅 대수는 최소 원소(least element) 0을 갖는 함의 대수 (L, ∧, ∨, ⇒, 0)으로 정의될 수 있다. 이때 부정은 0과 함의 연산에 의해 다음으로 정의될 수 있다.

(3) $\neg a = a \Rightarrow 0$.

(3)은 (1), (2)의 하이팅-여 또는 가-여의 다른 형태에 해당한다.

4. H의 번역들++

앞서 언급한 대로 CPC로부터 H로의 번역은 글리벤코 Glivenko (1929), 괴델 Gödel(1933), 겐첸 Gentzen(1936) 등에 의해 다루어졌다. 이 절에서는 괴델과 겐첸의 번역을 소개하도록 하겠다. 우리의 논의는 엡스타인(R. L. Epstein) Epstein(1995)을 따른다. 편의상 우리는 CPC와 H를 위한 공리 도식을 공리로 간주한다. 따라서 우리는 두 체계 모두에 대치 규칙을 덧붙인다. 그리고 H를 위한 연접 규칙 대신 $p\supset(q\supset(p\wedge q))$를, CPC에서 사용한 부정 부호 ~대신 H에서 사용한 ¬을 취한다.

이제 p를 명제 변항이라고 하자. CPC로부터 H로의 번역을 우리는 다음으로 정의한다.

[정의5.4.1] CPC로부터 H로의 번역 +는 다음 규칙에 따라 귀납적으로 CPC의 모든 문장들을 H의 문장들로 보낸다(map).

(R1) p가 문장 변항이면, $p^+ = \neg\neg p$.
(R2) A가 ¬B이면, $A^+ = \neg(B^+)$.
(R3) A가 B∧C이면, $A^+ = B^+ \wedge C^+$.
(R4) A가 B∨C이면, $A^+ = \neg(\neg B^+ \wedge \neg C^+)$.
(R5) A가 B⊃C이면, $A^+ = B^+ \supset C^+$.

$\Gamma \vdash A$가 Γ로부터 A가 연역된다는 것을 의미하고, $\neg\neg\Gamma = \{\neg\neg A: A\in \Gamma\}$라고 하자. 우리는 번역을 다루기에 앞서 손쉽게 증명될 수 있는 다음 H의 정리를 먼저 진술한다.

(4) n≥1에 대하여, $\vdash_H \neg^{2n+1}A \equiv \neg A$.
(5) n≥1에 대하여, $\vdash_H \neg^{2n+2}A \equiv \neg\neg A$.

[연습5.4.2] (4), (5)를 증명하시오.

이로부터 우리는 다음의 글리벤코 번역 Glivenko(1929)을 증명할 수 있다.

[명제5.4.3] (Glivenko(1929))

(a) $\Gamma \vdash_{CPC} A$ iff $\neg\neg\Gamma \vdash_{H} \neg\neg A$.

(b) $\vdash_{CPC} \neg A$ iff $\vdash_{H} \neg A$.

증명에 관심 있는 독자는 엡스타인 Epstein(1995) 7장을 참조하기 바란다. 괴델 번역 Gödel(1933)은 앞서 1단계 필함 논리 R_{fde}에서의 (완전성 증명의) 식에 관한 논의와 유사한 방식을 취한다는 점에서 흥미로울 것이다.

[명제5.4.4] (Gödel(1933))

A가 부정과 연언을 연결사로 갖는 언어의 정합식이라고 하자.

그렇다면, $\vdash_{CPC} A$ iff $\vdash_{H} A$.

증명; (⇐) H⊂CPC이기 때문에 이는 즉각적이다.
(⇒) $\vdash_{CPC} A$라고 하자. 먼저, A가 부정일 경우 [명제5.4.3] (b)에 의해 $\vdash_{H} A$이다. 이제 A가 부정이 아니라고 하자. 가정에 의해 A는 각 B_i가 연언이 아닌 $B_1 \wedge \cdots \wedge B_n$, $n \geq 1$, 형태임에 틀림없다. 따라서 각각의 B_i는 부정식이거나 명제 변항이다. $\vdash_{CPC} A$이기 때문에 각각의 i에 대하여 $\vdash_{CPC} B_i$이다. 명제 변항은 CPC의 정리가 아니므로, 따라서 A는 각각의 i에 대하여 $\vdash_{CPC} \neg C_i$인 $\neg C_1 \wedge \cdots \wedge \neg C_n$ 형태를 갖는다. 그렇다면 [명제5.4.3] (b)에 의해 $\vdash_{H} \neg C_i$이다. 따라서 연접 규칙에

의해 $\vdash_H A$이다. □

겐첸의 번역(Gentzen(1936))을 증명하기 위하여 먼저 우리는 다음의 손쉬운 보조정리를 증명한다.

[보조정리5.4.5] $\Gamma \vdash_{CPC} A$ iff $\Gamma^+ \vdash_{CPC} A^+$.

증명; 모든 B에 대하여 $\Gamma \vdash_{CPC} B \equiv B^+$이기 때문에, $\Gamma \vdash_{CPC} A$가 $\Gamma^+ \vdash_{CPC} A^+$와 동치(iff)라는 것은 즉각적이다. □

[명제5.4.6] (Gentzen(1936))

$$\Gamma \vdash_{CPC} A \quad \text{iff} \quad \Gamma^+ \vdash_H A^+.$$

증명; (⇐) $\Gamma^+ \vdash_H A^+$라고 하자. $H \subset CPC$이기 때문에 $\Gamma^+ \vdash_{CPC} A^+$이다. 그러므로 [보조정리5.4.5]에 의해 $\Gamma \vdash_{CPC} A$이다.

(⇒) CPC에서 증명의 길이 위에서의 귀납에 의하여 증명된다.

(i) **기초 단계(Base case).** A가 공리이거나 $A \in \Gamma$이다. 먼저 CPC를 위한 공리 A1, A2가 그 자체의 정리들로 번역될 수 있다는 것은 자명하다. A3를 위해서 $\vdash_{CPC} \neg\neg p \supset \neg\neg\neg\neg p$를 보여야 한다. 이는 (5)에 의해 성립한다. 그렇다면 $\Gamma^+ \vdash_{CPC} A^+$이다. 이러한 CPC의 A^+는 H의 정리이거나 Γ^+의 원소이기 때문에 $\Gamma^+ \vdash_H A^+$이다.

(ii) **귀납 단계(Induction step).** n단계 보다 작거나 같은 길이의 증명이 보여지고 $A_1, A_2, \cdots, A_n, A_{n+1}$이 Γ로부터 A의 증명이라고 하자. 그렇다면 마지막 단계는 $A_i \supset A_{n+1} = A_j$, i, $j \leq n$, 위에서 긍정식에 의

해 얻어져야 한다. 귀납에 의해, $\Gamma^{+} \vdash_{CPC} A_i^{+}$ 이고 $\Gamma^{+} \vdash_{CPC} A_i^{+} \supset A_{n+1}^{+}$ 이다. 따라서 긍정식에 의해 $\Gamma^{+} \vdash_{CPC} A_{n+1}^{+}$ 이다. (H가 CPC와 같은 추론 규칙과 연역 정리를 갖는다는 데 주목하자.) 그렇다면 마찬가지로 귀납에 의해 $\Gamma^{+} \vdash_{H} A_i^{+}$, $\Gamma^{+} \vdash_{H} A_i^{+} \supset A_{n+1}^{+}$ 이다. 그러므로 긍정식에 의해 $\Gamma^{+} \vdash_{H} A_{n+1}^{+}$ 이다.

□

5. LC와 선표성++

이 절에서는 더밋의 무한 다치 논리 LC의 선표성을 다룬다. LC는 공리 연역적으로 H에 다음의 체인 공리 도식을 추가함으로써 얻어진다.

(1) $(A \supset B) \vee (B \supset A)$

이는 더밋 Dummett(1959)에 의해 처음 표현되었고 또 그것의 완전성이 증명되었다. 앞서 언급한 대로 LC의 선표성과 그에 따른 LC와 LC의 정상 확장들의 대수적 완전성이 던과 마이어 Dunn & Meyer (1971)에 의해 보여졌다. 여기서는 던과 마이어에 의해 논의된 결과들을 그대로 진술한다. 그러나 앞 장에서 선표성과 관련된 별다른 증명이 없었기 때문에, 여기서는 이에 관한 정확한 이해를 돕기 위해 정리에 대한 증명을 함께 제시한다. 보다 자세한 내용에 관심 있는 독자들은 던과 마이어 Dunn & Meyer(1971)이나 던과 하디그리의 Dunn & Hardegree(2001) 11장 10절을 참조하기 바란다.

정리에 앞서 지적할 것은 던과 마이어는 H를 특징짓는 가-불 대수를 근간으로 논의를 전개한다. 그러나 LC를 특징짓는 대수는 (1)에 상응하는 체인 조건이 추가된 선형 가-불 대수(linear pseudo-Boolean algebras)이다. 울리히 Ulich(1970)는 LC의 모든 정상 확장이 유한 모델 성질을 갖는다는 것을 증명하였다.

X가 LC의 확장인 데서, X - 대수(X-algebra)에 의해 우리는 거기서 X의 모든 정리가 타당한 가 - 불 대수를 의미한다. 3절 (3)에 의해 즉 가 - 불 대수에서 $\neg a = a \Rightarrow \perp$이기 때문에, LC - 대수를 고려하는데 있어서 우리는 단지 $\wedge$, $\vee$, $\Rightarrow$, $\perp$과 관계한다.

G_∞에 의해 우리는 최소 원소 $-\omega$와 함께 음의 정수와 0을 원소로 하는 LC - 대수를 의미한다. 연산은 다음으로 정의된다.

(i) $a \wedge b = \min(a, b)$.

(ii) $a \vee b = \max(a, b)$.

(iii) $a \Rightarrow b = 0$, $a \leq b$인 경우,
b, 그 외.

G_n에 의해 우리는 그 원소가 0, $-\omega$를 포함하는 $-n$부터 -1까지인 G_∞의 부분대수를 의미한다. G_0은 0, $-\omega$로 이루어진다. 일반화해서, 괴델 대수(Gödel algebra)에 의해 그 원소가 최대, 최소 원소를 갖는 체인을 형성하고, 그 연산이 유사하게 정의되는 대수를 의미한다. 모든 괴델 대수는 LC-대수이다.

A가 가 - 불 대수이고 F가 A의 필터인 데서 우리는 그것의 몫 대수(quotient algebra)를 A/F로 정의한다. A/F의 원소는 A의 모든 원소 b가 $a \Rightarrow b$, $b \Rightarrow a \in F$인 [a]의 동치 집합(classes)이다.

[정리5.5.1] (Dunn & Meyer(1971))

X가 LC의 확장이고 A가 X-대수이고 F가 A의 필터라고 하자. 그러면 A/F는 X-대수이고 자연 준동형 함수(natural homomorphism) $h(a) = [a]$ 아래서 준동형 상(homomorphic image)이다.

증명; A/F는 가-불 대수이고 A의 준동형 상이라는 것은 분명하다. 따라서 X의 모든 정리가 A/F에서 타당하다는 것을 보이는 것으로 충분하다. A/F가 A의 준동형 상이고 X의 모든 정리가 A에서 타당하기 때문에 관련 내용이 따라 나온다. □

[정리5.5.2] (Dunn & Meyer(1971))

X, A, F가 [정리5.5.1]과 같지만 F가 프라임이라고 즉 $a \vee b \in F$이면 $a \in F$이거나 $b \in F$라고 하자. 그렇다면 A/F는 괴델 대수이다.

증명; (1)과 F의 프라임 성질에 의해 A/F가 체인이라는 것은 즉각 따라 나온다. 모든 가-불 대수가 최대, 최소 원소를 갖기 때문에 A/F 또한 최대, 최소 원소를 가져야 한다. 이제 우리가 점검해야 할 것은 연산들이 괴델 대수 위에서와 마찬가지로 정의된다는 것이다. $\wedge$와 $\vee$는 분명하고, $(A \rightarrow B) \vee ((A \rightarrow B) \rightarrow B)$는 LC의 정리이기 때문에 $\Rightarrow$ 또한 분명하다는 것을 보장한다. 따라서 F가 프라임이기 때문에 $a \Rightarrow b \in F$이거나 $(a \Rightarrow b) \Rightarrow b \in F$이다. 이때 $a \Rightarrow b \in F$는 $[a] \leq [b]$와 동치(iff)이기 때문에, $[a] \leq [b]$이면 $a \Rightarrow b \in F$이다. 일반적으로 가-불 대수에서 $x \in F$이면, $[x]$가 몫 대수에서 가장 큰 원소이다. 따라서 $[a] \Rightarrow [b] = [a \Rightarrow b]$이고, 이는 바라던 대로 가장 큰 원소이다. 반면 $[a] \not\leq [b]$이면 $a \Rightarrow b \notin F$이고, 따라서 $(a \Rightarrow b) \Rightarrow b \in F$이다. 그렇다면 $[a \Rightarrow b] \leq [b]$이다. 그리고 임의의 가-불 대수에서 $b \Rightarrow (a \Rightarrow b)$는 가장 큰 원소이기 때문에 F에서도 또한 그러하다. 따라서 $[b] \leq [a \Rightarrow b]$이다. 따라서 원하던 대로 $[a] \Rightarrow [b] = [a \Rightarrow b] = [b]$이다. □

[정리5.5.3] (Dunn & Meyer(1971))

X, A가 [정리5.5.1]과 같고 $a \in A$가 $a \neq 1$이라고 하자. 그렇다면 $h(a) \neq 1$인 X-대수인 괴델 대수 위로의(onto) A의 준동형 함수 h가 있다.

증명; 이는 [정리5.5.1], [정리5.5.2]와 스톤의 프라임 필터 분리 정리(Frime filter separation theorem)로부터 따라 나온다. □

스톤에 의해 사용된 친숙한 구성에 의해 모든 LC-대수가 괴델 대수의 부분 직적(subdirect product)에 동형이라는 것이 [정리5.5.3]으로부터 따라 나온다는 데 주목하기 바란다. 불 대수인 괴델 대수가 G_0이기 때문에 이 결과는 불-대수에 대한 스톤의 삽입 정리(embedding theorem)의 일반화로 간주될 수 있다.

[정리5.5.4] (Dunn & Meyer(1971))

괴델 대수의 열 G_0, G_1, G_2, …을 고려하자. 문장 A가 G_i에서 타당하다면, $j \leq i$인 모든 j에 대하여 A는 G_j에서 타당하다.

증명; 각 G_j가 G_i의 부분 대수(subalgebra)이기 때문에 이는 즉각 따라 나온다. □

X가 문장 계산이고 A가 원자 문장들의 집합인 곳에서, X/A가 그 문장들이 A에 있는 원자 문장들만 포함한다는 것을 제외하고 X와 같은 문장 계산이라고 하자. 다음의 정리는 분명하다.

[정리5.5.5] (Dunn & Meyer(1971))

X가 LC의 정상 확장이라면, A(X/A)는 X-대수이고 임의의 비정리(nontheorem)가 각각의 문장 Φ를 $\| \Phi \|$로 보내는 표준 값 매김 아래서 거짓일 수 있기 때문에 X/A에 대해서 특징적이다(characteristic).

LC를 위한 더밋의 완전성 결과의 주된 부분은 임의의 문장 A가 정리가 아니라면 A가 G_n에서 타당하지 않은 괴델 대수 G_n이 있다는 것이다. 비록 LC의 임의의 정상 확장으로의 일반화이지만, 다음 정리는 그것을 포함한다.

[정리5.5.6] (Dunn & Meyer(1971))

X가 LC의 정상 확장이라고 하자. A가 X의 정리가 아니라면, A는 G_n이 X-대수이고 A가 G_n에서 타당하지 않은 괴델 대수 G_n이 있다.

증명; 이는 [정리5.5.5]와 [정리5.5.3]으로부터 따라 나온다. 만약 A가 X의 정리가 아니라면, [정리5.5.5]에 의해 Φ는 A가 Φ에서 발생하는 원자 문장들의 집합인 X-대수 A(X/A)에서 거짓일 수 있다. 그러나 만약 $\| \Phi \| \neq \| \varphi \supset \varphi \|$, 가장 큰 원소,라면, [정리5.5.3]에 의해 G가 X-대수이고 $h(\| \Phi \|) \neq 0$인 괴델 대수 G 위로의(onto) A(X/A)의 준동형 함수 h가 있다. 그렇다면 해석 $i(\Phi) = h(\| \Phi \|)$에 의해, 우리는 G에서 Φ를 거짓일 수 있도록 할 수 있다. G는 X-대수이고 $h(\| \varphi \|) \neq 0$이라는 데 주목하자. 우리는 해석 $i(\varphi)=h(\| \varphi \|)$에 의해, G에서 φ를 거짓일 수 있도록 할 수 있다. G는 $p \in A$인 원소들 $\| p \|$에 의해 유한하게 발생하는 A(X/A)의 준동형 상이기 때문에, G는 유한하게 발생한다. 따라서 G는 $p \in A$인 원소들 $h(\| p \|)$에 의해 유한하게 발생한다. 모든 유한하게 발생한 괴델 대수는 유한하다는 것과 최소 두 원소를 갖는 모든 유한 괴델 대수는 어떤 G_n에 동형(isomorphic)이라는 것은 분명하다. 따라서 바라던 대로 G는 어떤 G_n에 동형이다. □

그리고 다음은 LC의 선표성을 보여준다.

[정리5.5.7] (Dunn & Meyer(1971))

LC의 모든 일관된 정상 확장은 유한 특성 행렬 즉 어떤 괴델 대수 G_n을 갖는다.

증명; I는 거기서 X가 주어진 LC의 일관된 진부분(proper) 정상 확장인 X-대수인 괴델 대수들 G_n의 첨자들의 집합이라고 하자. [정리5.5.6]에 의해 X가 일관적이기 때문에 I는 공집합이 아니다.

만약 I가 무한히 많은 첨자를 포함한다면, X는 [정리5.5.4] 때문에 모든 첨자를 포함한다. 그렇다면 더밋의 완전성 결과에 의해 X는 LC와 동일하다는 것이 따라 나온다.

만약 I가 유한한 첨자를 포함한다면, [정리5.5.4]에 I가 i와 같거나 그보다 작은 첨자들을 포함하는 그런 첨자 i가 있어야 한다. 유사한 구성에 의해 G_i는 X-대수이다. 이제 Φ는 X의 정리가 아니라고 하자. 그렇다면 [정리5.5.6]에 의해 Φ가 타당하지 않은 X-대수 G_i가 있고 우리의 i 선택에 의해 $k \leq i$이다. 그렇다면 [정리5.5.4]에 의해 Φ는 G_i에서 타당하지 않다. 따라서 G_i는 우리가 원했던 유한하게 특징짓는 행렬이다. □

우리는 [정리5.5.7]의 귀결로 다음을 말할 수 있다. LC의 모든 진부분(proper) 정상 확장이 괴델 Gödel(1933)이 H가 유한 특성 행렬을 갖지 않는다는 것을 보이는 데 사용한 문장들 중 하나를 LC에 공리로 첨가함으로써 공리화 될 수도 있다. 그리고 이로부터 LC의 일관되고 완전한 정상 확장이 고전 명제 논리라는 것이 따라 나온다.

제 6 장

연관, 초일관 명제 논리

1. 들어가는 말

연관 논리(relevance logic)는 국내에는 그리 많이 소개되지 않은 논리 분야이다. 그러나 직관주의 논리가 수 개념과 구성주의적 수학 (내지 증명)과 같은 수학적 문맥에서 상당한 영향력을 미치고 있는데 반해, 연관 논리는 일상에서 사용되는 함의나 필함 개념 그리고 그와 관련된 (증명론적) 논리 체계 구성(과 의미론의 개발) 같은 논리 철학적 문맥에서 보다 흥미로운 주제를 담고 있다. 역사적으로도 "피츠버그 학단"이라고 불리는 앤더슨과 벨납 그리고 그들 제자 던, 마이어, 루트리 등 수학자보다는 철학자 군을 중심으로 발전한 논리학이다.

앤더슨과 벨납 그리고 던의 저술 Anderson & Belnap(1975), Anderson, Belnap & Dunn(1992), Dunn(1986)에서 발견할 수 있듯이, 여타 논리와 비교해 볼 때 상대적으로 짧은 역사에도 불구하고 연관 논리에서는 (기술적으로) 상당히 폭넓은 주제들이 비교적 자세히 다루어졌다. 이 장에서 기본적으로 다룰 것은 연관 논리 내에서의 고전 논리에 해당한다고 보아도 무방할 연관 체계 R을 중심으로 양상 논리에서 사용하는 필함 개념에 대한 문제 제기와 연역 정리, 대수적 의미론, 크립키형 의미론 그리고 독자들에게 아직 낯설 루트리-마이어 의미론을 중심으로 한 몇몇 연관 체계의 완전성이다.

한 가지 흥미로운 것은 연관 논리는 초일관 논리(paraconsistent logic)이기도 하다는 것이다. (넓은 의미의) 초일관 논리는 고전 논리와 직관주의 논리에서 받아들이고 있는 모순으로부터 모든 것이 따라 나올 수 있다는 원리 가령 $(A\wedge\neg A)\rightarrow B$, $A\rightarrow(\neg A\rightarrow B)$와 같은 정리들과 $A, \neg A\vdash B$와 같은 귀결 관계를 허용하지 않는 논리에 해당한다. 이는 사소하지 않은(non-trivial) 모순이 있다는 것을 인정하는 논리로 이러한 논리는 고전 논리나 직관주의 논리와 모순을 바라 보는 태도에 있어서 근본적인 차이가 있다. 즉 후자의 논리들은 모순은 발생할 수 없는 것이기 때문에 항위(恒僞)라고 보고 있는 반면, 전자의 논리는 모순이 발생할 수도 있고 그로 인해 항위가 아닌 모순이 있을 수 있다고 본다.

이러한 논리는 현실에서 다양한 형태로 직면하는 모순을 적극적으로 수용하고자 하는 논리에 해당한다. 이러한 점들은 베이튼(D. Batens)과 다른 학자들이 함께 편집한 Batens et al.(2000) 그리고 프리스트(G. Priest)와 다른 학자들이 함께 편집한 Priest et al.(1989) 등에 비교적 잘 설명되어 있다. 이 장의 마지막 절에서는 연관 논리에 해당하지 않지만 초일관 논리에 해당할 수 있는 몇몇 논리 체계를 소개한다.

2. 엄밀 함의 역설과 연관 함의들

앞장에서 언급한 대로 함의 내지 필함 개념과 관련하여 엄밀 함의는 실질 함의의 (논리적) 필연성 문제를 해결해 준다. 그러나 연관성에 관한 한 엄밀 함의는 실질 함의와 같은 문제를 안고 있다. 가령 흔히 엄밀 함의의 역설(paradox(es) of strict implication)로 간주되는 "철수가 대머리라면, 2+2=4 이거나 2+2≠4이다."나 "2+2=4이고 2+2≠4이면, 철수는 대머리이다."를 고려해보자. 우리는 조건문 형태의 전건에 해당하는 문장과 후건에 해당하는 문장이 서로 무관하다는 것을 쉽게 알 수 있다. 조건문 형태를 엄밀 함의에 해당하는 것으로 간주하더라도, 고전적인 의미의 연언과 선언, 부정을 받아들이는 한 두 문장은 항상 참이다. 왜냐하면 (항상) 참인 문장은 모든 문장들로부터 이끌어질 수 있고, 반대로 (항상) 거짓인 문장으로부터 어떤 문장도 이끌어 낼 수 있기 때문이다. 바로 이러한 특성이 엄밀 함의의 역설을 야기한다.

독자들 중에는 위의 사례가 함의를 제외한 (원자) 문장들이 양상 기호를 전혀 포함하고 있지 않다는 데 착안하여 양상 문장을 포함하는 경우에도 마찬가지 문제가 야기될 수 있는지를 궁금해 하는 이도 있을 것이다. 엄밀 함의 역설에 해당하는 또 다른 경우에 해당하는 "철수가 소녀시대를 절대 좋아하지 않는다면 (즉 소녀시대를 좋아하는 것이 가능하지 않다면), 철수가 소녀시대를 좋아한다면 2+2=4이다."를 고려해 보자. "철수가 소녀시대를 좋아한다."를 p로, "2+2=4."를 q로 해서, 각각에 맞는 연결사를 사용할 경우, 주어진 문장은 $\sim\Diamond p \rightarrow (p \rightarrow q)$로 표현될 수 있다. 이는 "(항상) 거짓인 문장은 모든 문장을 함의한다."는 것을 양상적으로 일반화를 한 경우에 불과하다.

연관 논리에서는 A로부터 B로의 추론이 타당하기 위해서 적어도 A와 B는 연관된 것이어야 한다고 본다. 이러한 문맥에서 제기된 연관 논리에서는 연관 체계 R의 함의로 사용되는 연관 함의(relevant implication)와 E의 함의로 사용되는 필함(entailment) 그리고 T의 함의인 티켓 필함(ticket entailment)이 주를 이룬다. 세 함의를 구분하는 가장 손쉬운 방법은 각 함의가 필연성을 포함하는가 하는 것이다. E의 함의 부분 즉 필함 논리 $E_{\rightarrow}$는 필연성 $\Box A \rightarrow A$를 포함한다. 즉 필연성과 연관성을 모두 포함한다. R의 함의 부분 즉 연관 함의 논리 $R_{\rightarrow}$는 $\Box A \rightarrow A$의 역 $A \rightarrow \Box A$ 또한 받아들임으로써 결국 $\Box A \leftrightarrow A$가 되도록 함으로써 필연성을 구분할 수 없도록 한다. 즉 일종의 필연성(의 특성)을 지운 연관성에 해당한다. 반면 T의 함의 부분 즉 티켓 필함 논리 $T_{\rightarrow}$는 $\Box A \rightarrow A$의 역은 고사하고 $\Box A \rightarrow A$ 자체를 받아들이지 않음으로써 필연성 자체를 허용하지 않는다. 즉 일종의 필연성을 배제한 연관성에 해당한다.

2.1 연관 함의: 연관 함의 체계 $R_{\rightarrow}$

양상 논리에서 한 추론이 타당하기 위한 필요조건을 "필연성(necessity)"으로 간주한다면, 연관 논리에서는 그것을 "연관성(relevance)"으로 간주한다. 그 점을 잘 보여주고 있는 것이 바로 연관 함의(relevant implication)이다. 추론의 문맥에서 전제와 결론 그리고 함의의 문맥에서 전건과 후건이 서로 연관된 것이기 위한 조건 즉 일종의 연관 함의 체계 $R_{\rightarrow}$는 모(Shaw-kwei Moh) Moh(1950)와 처어치(A. Church) Church (1951)에 의해 처음 연구되었다. $R_{\rightarrow}$는 긍정식을 추론 규칙으로 하는 다음 공리 도식에 의해 형식화된 체계에 해당한다.

$R_{\rightarrow}1.$ $A \rightarrow A$
$R_{\rightarrow}2.$ $(A \rightarrow B) \rightarrow ((B \rightarrow C) \rightarrow (A \rightarrow C))$
$R_{\rightarrow}3.$ $(A \rightarrow (B \rightarrow C)) \rightarrow (B \rightarrow (A \rightarrow C))$
$R_{\rightarrow}4.$ $(A \rightarrow (B \rightarrow C)) \rightarrow ((A \rightarrow B) \rightarrow (A \rightarrow C))$

제시된 공리 도식에서 알 수 있듯이 실질 함의와 엄밀 함의를 갖는 함의 체계에 사용되었던 긍정 역설과 제한 긍정 역설을 공리 도식으로 갖지 않는다.

앤더슨과 벨납의 Anderson & Belnap(1975)에서 이미 설명되었지만, 연관성과 관련해 위의 공리 도식들을 어떻게 얻을 수 있는 지를 설명하는 것이 독자들에게 도움이 될 것이다. 먼저 (긍정식과 함께) $R_{\rightarrow}1$을 공리로 갖는 다음의 간단한 사례를 고려해 보자. (우리는 공리 연역적인 증명을 고려한다. 독자들은 우선 "가정 A로부터 B의 증명"으로부터 $A \rightarrow B$를 추론한다고 할 때, 앞서의 연역 정리와 관련된 정의를 참조하기 바란다.)

1. B (가정)

2. $A \rightarrow A$ (공리)
3. $B \rightarrow (A \rightarrow A)$ (연역 정리)

앞서의 연역과 증명의 정의를 따라 우리는 3을 정리로 가질 수 있다. 앞선 연역 정리에 따를 때 한 체계의 공리는 그 자체로 정리이기 때문에 이러한 연역은 자연스럽다. 문제는 이러한 경우 3에 앞서 가정 1로부터 결론 2를 끌어내는 과정에서 가정이 사용되지 않아도 된다는 것이다. A, B 문장 형식에서 드러나듯이 위 연역 사례는 공리와 무관한 가정을 갖기 때문에, 추론 과정에서 전제와 결론으로 사용된 1, 2 또는 연역 정리에 의해 얻어진 정리 3의 전건과 후건이 상호 무관하다. 따라서 전제와 결론이 상호 관련되기 위해서는 전제가 결론에 이르는 데 적어도 한 번은 사용되어야 한다.

이를 위하여 연역을 위한 가정에 별표를 하고 결론이 그러한 가정 중 적어도 하나를 사용하였을 경우 결론에 별표를 해서 가정과 결론의 연관성을 나타내보자. (물론 공리를 증명에 도입할 경우, 도입된 공리에는 별표를 하지 않는다.) 이제 가정 A_1(A)이 결론 A_n(B)을 끌어내는 데 사용된 다음 증명을 고려해보자.

$$
\begin{array}{ll}
A_1^{*} & \text{(가정)} \\
\vdots & \\
A_i & \\
\vdots & \\
A_n^{*} &
\end{array}
$$

결론 A_n은 A_1의 가정에서 얻어진 것이기 때문에 $A_1 \rightarrow A_n$으로 바꾸어 주는 것이 자연스럽다. 그리고 A_1이 증명 과정 A_i에 사용됐다면 즉 A_i^{*}라면 A_i 또한 마찬가지이다. 증명의 귀납 단계에서 A_i, $A_i \rightarrow A_j$ 단계를 고려해 보자. 우리가 고려해야 하는 것은 다음의 네 경우이다. (A_i

$\rightarrow A_j$를 대전제, A_i를 소전제라고 할 때,)

(1) 어떤 전제도 별표 되지 않은 경우. 이 경우에는 A_i, $A_i \rightarrow A_j$, A_j 모두 별표가 되지 않기 때문에 바뀌는 것이 없다. 따라서 긍정식을 그대로 사용할 수 있다.

(2) 소전제가 별표가 되고 대전제가 별표가 되지 않은 경우. 이 경우 A_i는 $A_1 \rightarrow A_i$로 $A_i \rightarrow A_j$는 그대로이다. 따라서 우리는 그것들로부터 $A_1 \rightarrow A_j$를 추론할 수 있도록 하는 $R_{\rightarrow}2$가 필요하다.

(3) 대전제가 별표가 되고 소전제가 별표가 되지 않은 경우. 이 경우 $A_i \rightarrow A_j$는 $A_1 \rightarrow (A_i \rightarrow A_j)$로 A_i는 그대로이다. 따라서 우리는 그것들로부터 $A_1 \rightarrow A_j$를 추론할 수 있도록 하는 $R_{\rightarrow}3$이 필요하다.

(4) 두 전제 모두 별표가 된 경우. 이 경우 $A_1 \rightarrow A_i$, $A_1 \rightarrow (A_i \rightarrow A_j)$이다. 따라서 우리는 그것들로부터 $A_1 \rightarrow A_j$를 추론할 수 있도록 하는 $R_{\rightarrow}4$가 필요하다.

그리고 이러한 논의에 따라 연관 연역 정리는 다음으로 진술될 수 있다.

[정리6.2.2] (모, 처어치) $R_{\rightarrow}$를 위한 연역 정리

A에 관한 한 연관적인 A_1, A_2, …, A_n, A로부터 B의 $R_{\rightarrow}$에서의 연역이 있다면, A_1, A_2, …, A_n으로부터 $A \rightarrow B$의 $R_{\rightarrow}$에서의 연역이 있다. 나아가 새로운 연역은 이전 것만큼 "연관적"이다.

이의 증명에 관심이 있는 독자는 던의 Dunn(1986)을 참조하기 바란다.

참고로 처어치는 Church(1951)에서 $R_{\rightarrow}2$, $R_{\rightarrow}4$ 대신 다음 두 공리 도식을 사용하여 "약한 긍정 함의 명제 계산(weak positive implicational propositional calculus)"이란 이름으로 $R_{\rightarrow}$ 체계를 제시하였다.

$R_{\rightarrow}2'$. $(A \rightarrow B) \rightarrow ((C \rightarrow A) \rightarrow (C \rightarrow B))$

$R_{\to}4'$. $(A \to (A \to B)) \to (A \to B)$

[연습6.2.3] 전자의 공리 도식들 즉 $R_{\to}1$ - $R_{\to}4$를 사용한 체계를 $R1_{\to}$이라고 하고, 후자의 공리 도식들을 사용한 체계를 $R2_{\to}$라고 하자. $R_{\to}2'$, $R_{\to}4'$이 $R1_{\to}$의 정리라는 것과 $R_{\to}2$, $R_{\to}4$가 $R2_{\to}$의 정리라는 것을 보이시오.

던이 Dunn(1986)에서 진술하듯이, $R_{\to}3$ 또한 다음으로 대치될 수 있다.

$R_{\to}3'$. $A \to ((A \to B) \to B)$

모(Moh)는 Moh(1950)에서 $R_{\to}1$, $R_{\to}2$, $R_{\to}3'$, $R_{\to}4'$를 공리로 해서 $R_{\to}$($R3_{\to}$) 체계를 고려하였다. 던이 Dunn(1986)에서 지적하듯이 $R_{\to}$는 $R_{\to}2'$, $R_{\to}4'$ 그리고 다음 도식들에 의해서 체계화될 수도 있다($R4_{\to}$).

$R_{\to}3a$. $((A \to A) \to B) \to B$
$R_{\to}3b$. $A \to ((A \to A) \to A)$

[연습6.2.4] $R2_{\to}$로부터 $R3_{\to}$의 공리 도식들이 따라 나온다는 것을 보이시오. 그리고 그 역도 보이시오.

[연습6.2.5] $R3_{\to}$에서 $R_{\to}3a$, $R_{\to}3b$가 정리로 따라 나온다는 것을 보이시오. 그리고 $R4_{\to}$에서 $R_{\to}3'$을 정리로 얻을 수 있다는 것을 보이시오.

2.2 연관 엄밀 함의: 필함 체계 $E_{\to}$

위에서 언급한 대로 필함 논리 $E_{\to}$는 필연성과 연관성을 모두 포함한다. 따라서 $E_{\to}$의 함의 필함(entailment)은 연관 엄밀 함의(relevant strict implication)에 해당한다. 앤더슨과 벨납(Belnap(1967), Anderson & Belnap

(1975) 참조)에 의해 처음 연구된 $E_{\rightarrow}$은 다음 공리 도식에 의해 형식화될 수 있다.

($E1_{\rightarrow}$)

$E_{\rightarrow}1.$ $A \rightarrow A$

$E_{\rightarrow}2.$ $(A \rightarrow B) \rightarrow ((B \rightarrow C) \rightarrow (A \rightarrow C))$

$E_{\rightarrow}3.$ $(A \rightarrow B) \rightarrow (((A \rightarrow B) \rightarrow C) \rightarrow C)$

$E_{\rightarrow}4.$ $(A \rightarrow (B \rightarrow C)) \rightarrow ((A \rightarrow B) \rightarrow (A \rightarrow C))$

그리고 그것은 다음의 체계들과 같다(Anderson & Belnap(1975)).

($E2_{\rightarrow}$)

$E_{\rightarrow}2.$ $(A \rightarrow B) \rightarrow ((B \rightarrow C) \rightarrow (A \rightarrow C))$

$E_{\rightarrow}5.$ $(((A \rightarrow A) \rightarrow B) \rightarrow B)$

$E_{\rightarrow}6.$ $(A \rightarrow (A \rightarrow B)) \rightarrow (A \rightarrow B)$

($E3_{\rightarrow}$)

$E_{\rightarrow}1.$ $A \rightarrow A$

$E_{\rightarrow}6.$ $(A \rightarrow (A \rightarrow B)) \rightarrow (A \rightarrow B)$

$E_{\rightarrow}7.$ $(A \rightarrow B) \rightarrow ((B \rightarrow C) \rightarrow (((A \rightarrow C) \rightarrow D) \rightarrow D))$

($E4_{\rightarrow}$)

$E_{\rightarrow}1.$ $A \rightarrow A$

$E_{\rightarrow}2.$ $(A \rightarrow B) \rightarrow ((B \rightarrow C) \rightarrow (A \rightarrow C))$

$E_{\rightarrow}6.$ $(A \rightarrow (A \rightarrow B)) \rightarrow (A \rightarrow B)$

$E_{\rightarrow}8.$ $(A \rightarrow (((B \rightarrow C) \rightarrow D)) \rightarrow ((B \rightarrow C) \rightarrow (A \rightarrow D))$

[연습6.2.6] $E1_{\rightarrow}$, $E2_{\rightarrow}$, $E3_{\rightarrow}$, $E4_{\rightarrow}$ 가 서로 동치라는 것을 보이시오.

$E2_{\rightarrow}$에 $R_{\rightarrow}3b$를 더함으로써 $R4_{\rightarrow}$를 얻을 수 있다는 데 주의하기 바란다(Belnap(1967) 참조). (따라서) $E_{\rightarrow}$는 $R_{\rightarrow}$의 공리화로부터 $R_{\rightarrow}3b$를 뺀

경우에 해당한다.

$E_{\rightarrow}$를 위한 연역 정리는 기본적으로 $R_{\rightarrow}$의 그것과 같다. 그러나 양상 연역 정리가 그러하듯 각각의 가정이 $A_i \rightarrow B_i$ 형식이어야 한다. 즉 $E_{\rightarrow}$를 위한 연역 정리는 다음으로 진술될 수 있다.

[정리6.2.7] (Anderson & Belnap(1975)) $E_{\rightarrow}$를 위한 연역 정리

A에 관한 한 연관적인 $A_1 \rightarrow B_1$, $A_2 \rightarrow B_2$, ⋯, $A_n \rightarrow B_n$, A로부터 B의 $E_{\rightarrow}$에서의 연역이 있다면, 이전 것만큼 연관적인 $A_1 \rightarrow B_1$, $A_2 \rightarrow B_2$, ⋯, $A_n \rightarrow B_n$으로부터 A → B의 $E_{\rightarrow}$에서의 연역이 있다.

이제 $E_{\rightarrow}$과 필연성이 어떻게 연관되는지를 설명하기로 하겠다. 우선 A의 필연성 즉 “A가 필연적이다.”를 다음으로 정의하자.

(df1) $\square A := (A \rightarrow A) \rightarrow A.$

위에서 언급한 $E_{\rightarrow}$에서 필연성 $\square A \rightarrow A$는 다음처럼 증명될 수 있다.

1. $(A \rightarrow A) \rightarrow A$ (가정1)
2. A (가정2)
3. A (2)
4. $A \rightarrow A$ (2, 3과 연역 정리)
5. A (1, 4와 긍정식)
6. $((A \rightarrow A) \rightarrow A) \rightarrow A$ (1, 5와 연역 정리)
7. $\square A \rightarrow A$ (6과 (df1))

$E_{\rightarrow}$에서 필연성 $\square A \rightarrow A$를 정리로 얻을 수 있도록 하는 위 정의는 레몬(E. J. Lemmon)의 Lemmon(1957)에서 보여주듯이 양상 논리 S4, S5에도 적용될 수 있다. 이와 관련하여 필연성에 관한 또 다른 정의 $\sim A \rightarrow A$는 엄밀 함의에는 잘 적용되지만 필함에 대해서는 그렇지 않다

는 것을 알아두기 바란다. (이에 관심 있는 독자는 앤더슨과 벨납의 Anderson & Belnap(1975) 11장을 참조하기 바란다.) 다음은 쉽게 증명될 수 있는 $E_{\rightarrow}$의 정리들이다.

(1) $(A \rightarrow B) \rightarrow (\Box A \rightarrow \Box B)$
(2) $(A \rightarrow B) \rightarrow \Box(A \rightarrow B)$
(3) $\Box A \rightarrow \Box A$
(4) $\Box A \rightarrow ((A \rightarrow B) \rightarrow \Box B)$
(5) $((A \rightarrow B) \rightarrow C) \rightarrow ((A \rightarrow B) \rightarrow \Box C)$
(6) $((A \rightarrow A) \rightarrow B) \rightarrow \Box B$
(7) $\Box B \rightarrow ((A \rightarrow (B \rightarrow C)) \rightarrow (A \rightarrow C))$

[연습6.2.8] (1) - (7)을 증명하시오.

독자들은 위에서 언급한 S4를 위한 양상 공리들이 $E_{\rightarrow}$의 정리라는 것을 쉽게 확인할 수 있을 것이다.

[연습6.2.9] S4의 양상 공리들이 $E_{\rightarrow}$의 정리라는 것을 보이시오.

정의 (df1) 대신 필연성을 다음처럼 공리의 일부로 취할 수 있다.

□1: $A \rightarrow A$
□2: $(A \rightarrow B) \rightarrow (A \rightarrow B)$
□3: $\Box A \rightarrow ((A \rightarrow B) \rightarrow \Box B)$

이 경우, 프라이어(A. N. Prior)가 Prior(1960)에서 지적한 것처럼 $\Box A$와 $(A \rightarrow A) \rightarrow A$는 서로를 필함한다. 가령,

1. $(A \rightarrow A) \rightarrow \Box(A \rightarrow A)$ ((2))
2. $A \rightarrow A$ ($E_{\rightarrow}1$)

3. $\Box(A \rightarrow A)$ (1, 2와 긍정식)
4. $\Box(A \rightarrow A) \rightarrow (((A \rightarrow A) \rightarrow A) \rightarrow \Box A)$ ((4))
5. $((A \rightarrow A) \rightarrow A) \rightarrow \Box A$ (4, 3과 긍정식)

[연습6.2.10] $\Box A \rightarrow ((A \rightarrow A) \rightarrow A)$를 보이시오.

2.3 티켓 필함 체계 $T_{\rightarrow}$

우리에게 널리 알려진 다음의 삼단논법 사례를 고려해 보자.

모든 사람은 죽는다.
소크라테스는 사람이다.
소크라테스는 죽는다.

아마 일부 독자는 이러한 사례를 접하면서 대전제와 소전제의 성격 내지 층차가 다르다는 사실을 인지했을 것이다. (귀납적 일반화로 간주될 수 있든지 아니든지 간에) 대전제가 일종의 법칙 진술(law-statement(s))이라면, 소전제는 (법칙과 관련된) 일종의 사실 진술(statement(s) of the fact(s))이다. 이러한 차이에 대하여 비교적 깊은 관심을 가졌던 논리학자가 라일(G. Ryle) Ryle(1949; 1954)이다. 그는 전자의 진술이 추론을 보장해주는 티켓의 역할을 한다고 생각하였다. 후자는 전자(의 티켓)에 의해 보장된다. 따라서 후자의 사실이 전제로 사용되기 위해서는 적어도 전자의 법칙 진술이 선행해야 한다.

주목할 것은 티켓에 해당하는 법칙 진술은 대전제로 사용될 수 있지만 소전제로는 사용될 수 없다는 점이다. 왜냐하면 소전제는 티켓이 아니라 단지 티켓에 의해 보장된 사실에 불과하기 때문이다.[1] 따라서

1) "티켓"과 "사실"은 문맥적으로 구분되는 것이지 문장 형식 그 자체로 구분되지는 않는다. 가령 $A \rightarrow B$라는 문장 형식은 문맥에 따라 "티켓"이 될 수도 있고 "사실"로 사용될 수도 있다. 이 둘의 구분은 "티켓"이 대전제로 사용되고 "사실"이 소전제로

추론식 가령 긍정식의 경우, 임의의 체계를 구성하는 공리나 정리가 그 체계를 구성하는 법칙이라는 점에서 긍정식의 대전제일 수 있지만 증명에 사용된 가정(hypothesis)은 그것을 뒷받침할 법칙이 없기 때문에 소전제일 수는 있지만 대전제는 되지 못한다.

가령 앞 절 □A → A의 증명을 고려해 보자. 긍정식을 사용해서 증명과정 5의 A를 연역하는 데 있어서 증명 과정 1이 대전제로, 증명 과정 4가 소전제로 사용되었다. 그런데 과정 1의 (A → A) → A이 체계 $E_{\rightarrow}$에서 연역될 수 없는 가정인 반면 과정 4의 A → A는 정리에 해당한다. 즉 긍정식의 사용에 있어서 가정이 대전제로, 법칙이 소전제로 사용되었다. 따라서 (체계 $T_{\rightarrow}$는 이러한 관계를 허용하지 않기 때문에) □A → A는 $T_{\rightarrow}$의 정리일 수 없다.

비슷한 맥락에서 긍정식을 사용한 증명과정에서 부분 증명 즉 임의의 가정 하에서 다시 가정을 사용하여 증명을 하는 경우, 원 가정이 대전제로 사용되는 한 부분 증명에 사용된 가정은 소전제일 수 있지만 대전제는 되지 못한다. 이를 통하여 $T_{\rightarrow}$ 체계에서 긍정식의 사용에 제약이 필요하다는 점을 일부 독자는 충분히 깨달았을 것이다.

일반적인 증명 방식을 좇아 가정이 사용되었을 경우, 그 순서에 따라 가정에 1, 2, … 등의 음이 아닌 정수를 첨자로 덧붙인다고 하자. 첨자가 붙지 않는 정리를 0의 첨자가 붙은 경우로 간주할 경우, 대전제가 소전제에 선행하기 때문에 긍정식의 사용에 있어서 대전제의 첨자가 소전제의 첨자보다 작은 숫자이어야 한다. 따라서 긍정식은 다음과 같이 제약된 조건에서 성립하는 추론 규칙으로 간주될 수 있다.

긍정식: a의 극대 값이 b의 극대 값보다 작을 경우, $A \supset B_a$와 A_b로부터 $B_{a \cup b}$를 추론할 수 있다.

사용된다는 점에서 기능적이다. 이와 관련하여 앤더슨과 벨납의 Anderson & Belnap(1975), 43쪽 참조.

앞서 $R_{\rightarrow}$ 체계에서의 연역과 관련해 가정에 별표를 해서 (별표 된 가정이 대전제, 소전제에 속하는 아닌지에 따라) 네 가지 경우를 고려하여 $R_{\rightarrow}$ 체계의 공리가 어떻게 얻어졌는지를 설명한 것처럼, $T_{\rightarrow}$ 체계에서의 연역과 관련해 네 가지 경우를 고려함으로써 $T_{\rightarrow}$ 체계에서 필요한 공리가 무엇인지를 알 수 있다. $T_{\rightarrow}$ 체계를 위해서 네 가지 경우를 고려하는 데 있어서 별표가 아닌 가정의 순서를 기준으로 삼아야 한다. 즉, H_k의 k를 (가정 내부의) 부분 가정으로 하는 가정이라고 하자. 긍정식에 의해 $B_{a \cup b}$가 $A \supset B_a$와 A_b로부터 따라 나온다고 할 때, 우리는 다음의 네 가지 경우를 고려해야 한다.

(1) k가 a, b 어디에도 속하지 않는 경우.
(2) k가 a에 속하고 b에 속하지 않는 경우.
(3) k가 b에 속하고 a에 속하지 않는 경우.
(4) k가 a, b 모두에 속하는 경우.

$A \rightarrow A$를 공리로 해서 $R_{\rightarrow}$에서처럼 각 경우를 고려해보기 바란다. $T_{\rightarrow}$ 체계를 위한 공리로 우리는 다음을 택할 수 있다.

$T_{\rightarrow}$1. $A \rightarrow A$
$T_{\rightarrow}$2. $(A \rightarrow B) \rightarrow ((B \rightarrow C) \rightarrow (A \rightarrow C))$
$T_{\rightarrow}$3. $(A \rightarrow B) \rightarrow ((C \rightarrow A) \rightarrow (C \rightarrow B))$
$T_{\rightarrow}$4. $(A \rightarrow (B \rightarrow C)) \rightarrow ((A \rightarrow B) \rightarrow (A \rightarrow C))$
$T_{\rightarrow}$5. $(A \rightarrow B) \rightarrow ((A \rightarrow (B \rightarrow C)) \rightarrow (A \rightarrow C))$

각 공리가 어떻게 고려될 수 있는 지에 관심이 있는 독자는 앤더슨과 벨냅 Anderson & Belnap(1975)의 45-46쪽을 참조하기 바란다. 위 공리에서 $T_{\rightarrow}$4, $T_{\rightarrow}$5 대신 다음을 택할 수 있다.

$T_{\rightarrow}$6. $(A \rightarrow (A \rightarrow B)) \rightarrow (A \rightarrow B)$

[연습6.2.11] $T_{\rightarrow}1 - T_{\rightarrow}5$를 공리로 취한 체계를 $T1_{\rightarrow}$이라고 하고 $T_{\rightarrow}1 - T_{\rightarrow}3$, $T_{\rightarrow}6$을 공리로 취한 체계를 $T2_{\rightarrow}$라고 하자. $T1_{\rightarrow}$, $T2_{\rightarrow}$가 서로 동치라는 것을 보이시오.

3. R체계를 위한 루트리-마이어 의미론

루트리와 마이어(R. Routley & R. K. Meyer)의 Routley & Meyer (1972a; 1972b; 1973)와 던의 Dunn(1986)에 의해 연관 체계 R, E, T를 위한 루트리-마이어 의미론을 사용한 완전성이 이미 다뤄졌다. 우리는 세 체계 중 연관성을 잘 드러내는 연관 체계 R의 완전성을 보인다.

3.1 들어가는 말

이 장에서 우리는 R 체계를 위한 루트리-마이어 의미론을 제시한다. 그리고 그것을 통해 R 체계의 완전성을 다룬다. 관련된 증명 방식은 루트리 - 마이어의 Routley & Meyer(1972a; 1972b; 1973)와 앤더슨, 벨납과 던 Anderson, Belnap & Dunn(1992) 그리고 던의 Dunn(1986) 등에 소개되어 있고, 최근에는 4치 의미론(four-valued semantics)과 루트리 - 마이어형 의미론(Routley-Meyer-style semantics)을 결합한 4치 루트리 - 마이어 의미론(four-valued Routley-Meyer semantics)이 레스탈(G. Restall)과 메이어(E. D. Mares)의 Restall(1995), Mares(2004)에 소개되어 있다. 여기서는 던의 Dunn(1986)에서 제공된 루트리 - 마이어 의미론을 통해 R 체계를 위한 완전성을 보인다. (던의 Dunn(1986)에서 고려한 연관 체계 R은 논리 상항 t, f가 없는 체계이다. 우리는 여기서 대신 t, f를 갖는 R을 다룬다.)

3.2 R을 위한 공리 도식과 규칙들

이 절에서 다룰 R 체계는 문장 변항들의 집합 *VAR*, 이항 연결사 →, ∧, ∨, 그리고 상항 f, t로부터 귀납적으로 구축된 식들 *FOR*을 갖는 가부번(countable)의 문장 언어에 토대를 두고 있다. 다음은 정의될 수 있는 연결사들이다.

(df1) $\sim A := A \rightarrow f$.

(df2) $A \leftrightarrow B := (A \rightarrow B) \wedge (B \rightarrow A)$.

(df3) $A \bigcirc B := \sim(A \rightarrow \sim B)$.

우리는 t를 f → f로 정의할 수 있고 그 역도 마찬가지이다. 나머지 것들에 대해서는 일반적인 기호법과 용어법을 따른다. 우리는 귀결 관계를 제공하기 위해 공리 체계를 사용한다.

[공리 도식6.3.1] R은 다음의 공리 도식과 규칙으로 구성된다.

A1. $A \rightarrow A$ (자기-함의)

A2. $(A \rightarrow B) \rightarrow ((C \rightarrow A) \rightarrow (C \rightarrow B))$ (접두화)

A3. $(A \rightarrow (A \rightarrow B)) \rightarrow (A \rightarrow B)$ (축약)

A4. $A \rightarrow ((A \rightarrow B) \rightarrow B)$ (단언)

A5. $A \wedge B \rightarrow A$, $A \wedge B \rightarrow B$ (∧-제거)

A6. $((A \rightarrow B) \wedge (A \rightarrow C)) \rightarrow (A \rightarrow (B \wedge C))$ (∧-도입)

A7. $A \rightarrow A \vee B$, $B \rightarrow A \vee B$ (∨-도입)

A8. $((A \rightarrow C) \wedge (B \rightarrow C)) \rightarrow ((A \vee B) \rightarrow C)$ (∨-제거)

A9. $(A \wedge (B \vee C)) \rightarrow ((A \wedge B) \vee (A \wedge C))$ (배분)

A10. $A \leftrightarrow (t \rightarrow A)$

A11. $\sim\sim A \rightarrow A$ (이중부정)

긍정식(MP): A와 A → B로부터 B를 추론할 수 있다.

연접(AD): A와 B로부터 A∧B를 추론할 수 있다.

연관 체계 R 위에서 이론은 식들의 집합 T이다. R 위에서 이론 T에서의 증명은 그것의 각 구성원이 R의 공리이거나 T의 원소이거나 앞에 나오는 열의 구성원으로부터 규칙 긍정식과 연접에 의해 따라 나오는 식들의 열이다. T⊢A, 좀 더 정확히 $T \vdash_R A$는 R에 관한 A가 증명될 수 있다는 것, 즉 T에서 A에 관한 R-증명이 있다는 것을 의미한다. 체계 R을 위한 연역 정리는 다음과 같다.

[명제6.3.2] (Meyer, Dunn & Leblanc(1976))

T가 이론이고 A, B가 식이라고 하자. $T \cup \{A\} \vdash_L B$ iff $T \vdash_L (A \wedge t) \rightarrow B$.

[연습6.3.3] [명제6.3.2]를 증명하시오.

3.3 R을 위한 루트리-마이어 프레임과 모델

우리는 연관(relevant) 모델 구조를 루트리-마이어 프레임이라고 부른다. 앤더슨, 벨납과 던 그리고 던과 하디그리의 Anderson, Belnap & Dunn(1992), Dunn(1986), Dunn & Hardegree(2001)을 따라서, 우리는 (루트리 - 마이어) 프레임을 정의한다. 프레임은 다음 정의와 공준을 만족하는 (U, ⊑, R, Z)이 좌 주장 프레임(left assertional frame)2)이고 *가

---

2) 즉 U는 집합, Z(⊆U)는 다음 (*)를 만족하는 좌 하 동일성(left lower identity(Z○A ⊆A)),

$\exists \zeta, \in Z,\ R\zeta\alpha\beta$ iff $\alpha \sqsubseteq \beta$이고,

$R \subseteq U^3$, 그리고 ⊑이 다음을 만족하는 부분 순서이다.

$R\alpha\beta\gamma$이고 $\alpha' \sqsubseteq \alpha$이면, $R\alpha'\beta\gamma$이다.
$R\alpha\beta\gamma$이고 $\beta' \sqsubseteq \beta$이면, $R\alpha\beta'\gamma$이다.
$R\alpha\beta\gamma$이고 $\gamma \sqsubseteq \gamma'$이면, $R\alpha\beta\gamma'$이다.

좌 주장 프레임에 대한 보다 자세한 이해를 위해서는 던과 하디그리의 Dunn & Hardegree(2001)을 참조.

U 위에서 일항 연산인 구조 S = (U, ⊑, R, Z, *)이다. ($\zeta \in$U에 대하여,)

(df4) $\alpha \sqsubseteq \beta := \exists \zeta(R\zeta\alpha\beta)$.
(df5) $R^2\alpha\beta\gamma\delta := \exists \chi(R\alpha\beta\chi \ \& \ R\chi\gamma\delta)$.
(df6) $R^2\alpha(\beta\gamma)\delta := \exists \chi(R\alpha\chi\delta \ \& \ R\beta\gamma\chi)$.

(편의상 다음 공준들에 관한 한 어떤 ζ를 표현하기 위해 루트리와 마이어가 그들 의미론에서 취한 0을 취한다. 우리가 어떤 ζ를 표현하는 데 사용한 0은 Z의 원소라는 데 주의하기 바란다.[3])

p0. $R\alpha\beta\gamma$이고 $\alpha' \sqsubseteq \alpha$이면, $R\alpha'\beta\gamma$이다. (단조성)
p1. $R0\alpha\alpha$
p2. $R^2\alpha\beta\gamma\delta \Rightarrow R^2\alpha(\beta\gamma)\delta$
p3. $R\alpha\beta\gamma \Rightarrow R\beta\alpha\gamma$
p4. $R\alpha\alpha\alpha$
p5. $R\alpha\beta\gamma \Rightarrow R\alpha\gamma^*\beta^*$
p6. $\alpha^{**} = \alpha$

여기서 R을 위한 각각의 공준 즉 p0 - p6는 던 Dunn(1986)에서 소개된 것들이라는 데 주의하기 바란다. ⊑은 U 위에서 부분 순서이다. 던(과 하디그리)의 Dunn(2000), Dunn & Hardegree(2001)을 따라, 우리는 U를 "정보 상태들"의 집합으로 간주한다. $\alpha, \beta \in$U에 대하여, $\alpha \sqsubseteq \beta$는 α의 정보가 β의 정보에 포함된다는 것을 의미한다.[4]

R을 위한 모델에 의해, 우리는 (U, ⊑, R, Z, *)가 프레임이고 ⊨은 다음 조건을 만족하는 U로부터 R로의 관계인 구조 M, = (U, ⊑, R, Z, *, ⊨),을 의미한다.

---

3) 특별히 구별할 필요가 없는 한 3.4, 3.5절의 증명에서 0에 의해 어떤 ζ를 애매하게 나타낸다.

4) ⊑이 정보 순서이기 때문에 공준 p1을 생략할 수 있다는 데 유의하기 바란다.

(AHC) (명제 변항 p에 대하여) $\alpha \vDash p$이고 $\alpha \sqsubseteq \beta$이면, $\beta \vDash p$이다.
(EC) 식 A, B에 대하여,
(∧) $\alpha \vDash A \wedge B \Leftrightarrow \alpha \vDash A$ 그리고 $\alpha \vDash B$.
(∨) $\alpha \vDash A \vee B \Leftrightarrow \alpha \vDash A$ 또는 $\alpha \vDash B$.
(→) $\alpha \vDash A \rightarrow B \Leftrightarrow \forall \beta, \gamma \sqsupseteq \alpha$ ($R\alpha\beta\gamma$이고 $\beta \vDash A$이면, $\gamma \vDash B$).
(~) $\alpha \vDash {\sim}A \Leftrightarrow \alpha^{*} \nvDash A$.

$\alpha \vDash A$인 경우에 식 A가 U의 α에서 v 위에서 참이다. ζ (특히 0), ∈ Z, ⊨ A인 경우에 A는 M 위에서 입증된다(verified). U에 속하는 모든 χ에 대해 만약 $\chi \vDash A$라면 $\chi \vDash B$일 경우, A는 M 위에서 B를 필함한다(entails). 모든 모델에서 A가 B를 필함할 경우, A는 B를 R-필함한다. A가 프레임 S 안의 모든 값 매김에서 입증될 경우, A는 S에서 R-타당하다(valid). Σ를 프레임들의 집합이라고 하자. 문장 A가 R-타당하다는 것은, 기호로 $\vDash_R$ A는 모든 S(∈Σ)에 대하여, A가 S에서 R-타당하다는 것과 동치(iff)이다.

3.4 R의 건전성

앤더슨, 벨납과 던 그리고 던의 Anderson, Belnap & Dunn(1992), Dunn(1986)을 따라 우리는 R을 위한 건전성을 보인다. 이를 증명하기 위해 우리는 아래 입증 보조정리(Verification Lemma)를 필요로 한다. 먼저 A 위에서 귀납에 의해 우리는 쉽게 다음을 증명할 수 있다.

[보조정리6.3.4] 세습 조건(hereditary condition, HC)
임의의 식 A에 대하여, $\alpha \vDash A$이고 $\alpha \sqsubseteq \beta$이면, $\beta \vDash A$이다.

연결사 ~, ∧, ∨, →에 관한 한 앤더슨, 벨납과 던 그리고 던과 루트리와 마이어의 Anderson, Belnap & Dunn(1992), Dunn(1986), Routley & Meyer(1973)에서와 같은 값 매김을 갖기 때문에, 우리는 거기서의 입증 보조정리를 사용할 수 있다.

[보조정리6.3.5] 입증(verification) 보조정리

v 위에서 A가 B를 필함한다면 A → B는 입증된다. 즉 v 위 ζ(∈ Z)에서 참이다. 따라서 주어진 모델 M, = (U, ⊑, R, Z, *, ⊨),에서 A가 B를 필함한다면 A → B는 그 모델에서 R-타당하다(valid). 즉 모든 χ(∈U)에 대해 만약 χ⊨A라면 χ⊨B일 경우, ζ⊨A → B이다. 그리고 A가 B를 R-필함한다면, A → B는 R-타당하다.

증명; 루트리와 마이어 Routley & Meyer(1973)에 있는 보조정리 2, 3과 정의에 의해.

([보조정리6.3.4]를 사용해서, 우리는 이것을 또한 증명할 수 있다. 앤더슨, 벨납과 던 그리고 던의 Anderson, Belnap & Dunn(1992), Dunn (1986)을 보라.) □

$\vdash_R$ A를 R에서 A의 정리인 것이라고 하자. 위에서 진술한 각각의 공준이 앤더슨, 벨납과 던 그리고 던의 Anderson, Belnap & Dunn(1992), Dunn(1986)에서 이미 사용되었기 때문에, R을 위한 건전성은 즉각 따라 나온다.

[정리6.3.6] 약한 건전성(weak soundness)

$\vdash_R$ A이면, $\vDash_R$ A이다.

증명; 우리는 공리 도식 A10의 사례들이 모든 프레임에서 타당하다는 즉 R-타당하다는 것만을 증명한다. A10를 위해, [보조정리6.3.5]에 의해 p4가 타당하고(holds) α⊨A와 α⊨t → A가 동치(iff)라는 것을 보이는 것으로 충분하다. 먼저 α⊨A를 가정하고 α⊨t → A임을 보인다. 이를 위해 t가 R 체계의 정리이기 때문에 ζ⊨t라는 사실에 주목하자. R$\alpha\alpha\alpha$이고

$\zeta \vDash t$는 $\alpha \vDash t$를 함의하며 $\alpha \vDash A$이기 때문에 (→)에 의해 $\alpha \vDash t \to A$라는 것은 분명하다. 이제 $\alpha \vDash t \to A$를 가정하고 $\alpha \vDash A$임을 보인다. $\zeta \vDash t$ 따라서 $\alpha \vDash t$이기 때문에 $\alpha \vDash A$라는 것은 즉각 따라 나온다. 다른 공리 도식들의 사례들에 관한 한 던 Dunn(1986)의 증명들을 주지하는 것으로 충분하다. □

[연습6.3.7] [명제6.3.6]의 나머지 경우들을 증명하시오.

3.5 R의 완전성

우리는 양상 논리의 (단 극대 이론(maximal theories) 대신 프라임 이론(prime theories)을 갖는) 헨킨 유형 증명을 사용해 R을 위한 완전성을 보인다. 이를 위해 몇몇 이론을 정의한다. 먼저 $\vdash_R$을 논리 R의 연역적 귀결 관계로 해석한다. R - 이론(R-theory)에 의해 우리는 연역성 즉 긍정식과 연접 아래 닫힌 문장들의 집합 T를 의미한다. 프라임 R - 이론(prime R-theory)에 의해 $A \vee B \in T$이면, $A \in T$이거나 $B \in T$인 이론을 의미한다. 사소한 R - 이론(trivial R-theory)에 의해 R의 문장들의 전 집합을 의미한다. 던이 Dunn(2000)의 [주의4]에서 진술하듯이, 우리는 R - 이론 T가 R의 모든 정리를 포함한다는 것에 주목한다. 따라서 그것은 연관 논리 저서에서 (정리를 포함하는) "정규 이론(regular theory)"이라고 부르는 것이다. 즉 R - 이론에 의해 우리는 정규 R - 이론을 의미한다. 이것은 또한 T가 공집합일 수 없다는 것을 의미한다. 아래의 결과에 의해 T는 또한 사소한 이론일 수 없다. 따라서 우리는 "R - 이론"에 의해 사소하지 않은 이론을 또한 의미한다.

이제 우리는 표준 R - 프레임(canonical R-frame)이 $\sqsubseteq_{can}$이 U_{can} 위에서 정보 순서이고, Z_{can}이 임의의 프라임 R이론 즉 ζ_{can}의 집합이고, $Z_{can} \subseteq U_{can}$이고, U_{can}이 ζ_{can}을 확장하는 프라임 R - 이론들의 집합이라

고 하고, R_{can}이 U_{can}에 제약된 아래에 제시되는 R이고,

(1) $R\alpha\beta\gamma$는 R의 임의의 식 A, B에 대하여 $A \rightarrow B \in \alpha$이고 $A \in \beta$이면 $B \in \gamma$이다와 동치이다.

$^*_{can}$이 U_{can}에 제약된 $*$인 구조 $S = (U_{can}, \sqsubseteq_{can}, R_{can}, Z_{can}, ^*_{can})$라고 하자. 우리는 R의 각각의 공리 도식에 대하여 그에 상응하는 의미론적 공준이 타당할 경우 프레임이 R에 적합(fitting)하다고 한다. α가 프라임 이론인 데서 α^*가 ~A가 α에 속하지 않는 즉 $\alpha^* = \{A: \sim A \notin \alpha\}$인 모든 식 A의 집합이라고 하자.

기초 ζ_{can}이 R의 정리가 아닌 것들을 배제하는 즉 $\nvdash_R A$인 A들을 배제하는 프라임 R-이론으로 구성된다는 데 주목한다. 문맥상 우리가 의도한 것이 분명할 경우 0 즉 0_{can}에 의해 (0 뿐만 아니라) ζ_{can}을 표현한다는 데 또한 주목한다. 표준 R-프레임의 부분 순서와 선형 순서는 U_{can}에 제약된 $\subseteq$에 의존한다. 그렇다면 우선 다음은 분명하다.

[명제6.3.7] 표준 R-프레임은 부분적으로 순서지어진다.

[정리6.3.8] 표준적으로 정의된 R-프레임은 R에 적합한 프레임이다.

증명; 던의 Dunn(1986) 참조. □

[연습6.3.9] [정리6.3.8]을 증명하시오.

다음으로 우리는 $S, = (U_{can}, \sqsubseteq_{can}, R_{can}, Z_{can}, ^*_{can})$, 위에서 적절한 관계 $\vDash$을 정의할 필요가 있다. 우리는 그것을 다음으로 정의한다.

$$\alpha \vDash A \quad \text{iff} \quad A \in \alpha.$$

하지만 이것이 위의 (AHC)와 (EC)를 만족한다는 것을 입증할 필요가 있다. R 체계에 관한 한 (AHC)와 (EC)는 던 Dunn(1986)에서 이미 제시되고 증명된 것이라서 다음은 거의 즉각적으로 따라 나온다.

[명제6.3.10] 표준적으로 정의된 (U_{can}, $\sqsubseteq_{can}$, R_{can}, Z_{can}, $*_{can}$, $\vDash$)은 R-모델이다.

증명; 던 Dunn(1986)의 [정리2] 참조. □

[연습6.3.11] [명제6.3.10]을 증명하시오.

따라서 (U_{can}, $\sqsubseteq_{can}$, R_{can}, Z_{can}, $^*{}_{can}$, $\vDash$)은 R 모델이다. 그러므로 헨킨 유형 구성에 의해 0이 우리가 선택한 정리가 아닌 A를 배제하고 $\vDash$의 표준적 정의가 속함(membership)과 일치하기 때문에, 우리는 각각의 R의 정리가 아닌 A에 대하여 A가 $0 \nvDash A$인 R 모델 A가 있다고 할 수 있다. 이는 우리가 다음과 같은 R을 위한 약한 완전성(weak completeness)을 얻도록 한다.

[정리6.3.12] **약한 완전성**(weak completeness)

$$\vDash_R A\text{이면, } \vdash_R A\text{이다.}$$

다음으로 R을 위한 강한 완전성(strong completeness)을 증명해보자. 우리는 A가 식들의 집합 Γ의 R 귀결을 다음과 동치인 것으로 정의한다. 모든 R 모델에 대하여, 모든 $B \in \Gamma$에 대해 $\alpha \vDash B$일 때마다 (0 뿐만 아니라) 모든 $\alpha \in U$에 대해 $\alpha \vDash A$이다. 우리는 A가 Γ로부터 R-연역될 수 있다(deducible)는 것이 A가 Γ를 포함하는 모든 이론에 속하는 것을 의미하는 것으로 정의한다. 그렇다면,

[명제6.3.13] $\Gamma \nvdash_R A$이면, $\Gamma \subseteq \zeta$이고 $A \notin \zeta$인 프라임 이론 ζ가 있다.

증명; R의 정합식들의 열거 $\{A_n: n \in \omega\}$를 취하자. 우리는 집합들의 열을 귀납에 의해 다음처럼 정의한다.

$\zeta_0 = \{A': \Gamma \vdash_R A'\}$

$\zeta_{i+1} = Th(\zeta_i \cup \{A_{i+1}\})$, $\zeta_i, A_{i+1} \vdash_R A$가 아닐 경우,

ζ_i, 그 외.

이제 ζ를 이러한 ζ_n들 모두의 합이라고 하자. ζ가 A를 포함하지 않는 이론이라는 것은 분명하다. 우리는 그것이 프라임이라는 것을 보인다. (모순을 일으키기 위해) $B \vee C \in \zeta$이고 $B, C \notin \zeta$라고 하자. 그렇다면 $\zeta \cup B$와 $\zeta \cup C$로부터 얻어진 이론들은 모두 A를 포함해야한다. 이로부터 $D \wedge B \vdash_R A$이고 $D \wedge C \vdash_R A$인 ζ의 원소들의 연언 D가 있다. (좀 더 정확히, $\zeta^1 \wedge B \vdash_R A$이고 $\zeta^2 \wedge C \vdash_R A$인 ζ^1, ζ^2가 있고 D는 ζ^1, ζ^2의 연언 즉 $\zeta^1 \wedge \zeta^2$이다.) 연역 정리 [명제6.3.2]에 의하여, $\vdash_R ((D \wedge B) \wedge t) \rightarrow A$이고 $\vdash_R ((D \wedge C) \wedge t) \rightarrow A$이다. 따라서 $\vdash_R (((D \wedge B) \wedge t) \vee ((D \wedge C) \wedge t)) \rightarrow A$이고, $\vdash_R (((D \wedge B) \vee (D \wedge C)) \wedge t) \rightarrow A$이다. 그러므로 [명제6.3.2]에 의하여 $(D \wedge B) \vee (D \wedge C) \vdash_R A$이다. 그리고 A3, A12, 긍정식에 의해 $D \wedge (B \vee C) \vdash_R A$이다. 이로부터 $A \in \zeta$이고 이는 가정에 모순을 일으킨다. □

따라서 [명제6.3.10]과 [명제6.3.13]에 의해 다음의 강한 완전성을 보일 수 있다.

[정리6.3.14] 강한 완전성(strong completeness)

$$\Gamma \vDash_R A\text{이면, } \Gamma \vdash_R A\text{이다.}$$

4. T−체계들을 위한 루트리-마이어 의미론++

4.1 들어가는 말

티켓 필함 체계 T와 그 이웃 체계들(T - 체계들)은 연관 논리 체계들 중에서 상당히 무관심하게 다루어져 왔다. 그러나 기암브론(S. Giambrone)과 마이어(R. K. Meyer)가 Giambrone & Meyer(1989)에서 진술한 대로, 이 체계들은 "형식적으로 흥미롭고 철학적으로 중요"하다. 먼저, T - 체계들에서 사용되는 함의는 함의나 필함에 관한 새로운 발상을 보여준다. T의 함의 부분 필함 체계 $T_{\rightarrow}$은 '추론 티켓'에 관한 라일적 발상에서 동기 부여된 것이다. 이는 새로운 연역 정리에 대한 통찰을 보여 준다(2.3절 참조). 이는 또한 "양상성 없는 필함"으로 앤더슨(A. R. Anderson) Anderson(1960)에 의해 동기 부여된 것이다. 따라서 이는 양상성 없는 연관 필함에 관한 발상을 우리에게 제공한다. 또 축약 원리 (W) 없는 T 체계 TW는 연관 논리 연구 초기부터 중요하게 여겨져 온 축약 없는(contractionless) 체계들 중의 하나이다.

이 절에서 특별히 다룰 T-체계들은 귀류 원리 (R) 없는 T 체계 T - R과 확장 원리 (e)와 체인 원리 (c)를 갖는 그것의 확장 Te - R, Tec - R이다. T - R 체계는 적어도 다음의 두 가지 점에서 형식적으로 흥미롭다.

첫째는 T - R이 앞서 우리가 그 중요성을 강조한 T와 TW의 사이에 있는 체계라는 점이다. 우리는 TW에 귀류와 축약 원리를 덧붙임으로써 T 체계를 얻는다. 따라서 T - R은 T의 부분 체계이고 TW의 확장 체계이다.

둘째는 T - R과 그 확장 체계들이 앤더슨과 벨납 Anderson & Belnap(1975)의 8.5.2절의 보조정리(의 일반화) 즉 'A가 $T_{\rightarrow}$의 정리라면 A는 우카세비츠 3치 논리($ŁC_3$)의 정리이거나 곧 $ŁC_3$를 위한 함의 행렬을 만족하거나 다음의 행렬 II를 만족한다'를 만족한다는 점이다.

T→ 대신 TW와 그에 상응하는 ŁC₃를 위한 행렬을 취해보자. 이(의 일반화)는 (T→뿐만 아니라) TW에 적용될 수 있고 또 그래야 한다. 왜냐하면 TW는 선언, 연언, 부정에 관한 한 (우카세비츠 3치 논리 ŁC₃ 뿐만 아니라) 우카세비츠 무한 다치 논리 ŁC를 특징짓는 드 모르간 속(de Morgan lattices) 또는 준-불 대수(quasi-Boolean algebras)에 기초한 것이기 때문이다. 그러나 그것은 T에는 적용될 수 없다. 왜냐하면 귀류 원리 (R)이 그것을 만족하지 않기 때문이다. (귀류 원리는 부정 ~이 준-부정(quasi-negation)이 되기 위한 조건이 아니다.) 대신 그것은 귀류 원리 (R)이 없는 T-체계들에 적용될 수 있고, 따라서 T-R과 그것의 확장 Te-R, Tec-R에 적용될 수 있다.

편의상 특별히 각 체계를 구별할 필요가 없다면 우리는 T(ec)-R 체계들 더 간단히 T(ec)-R에 의해 위에서 언급한 각 체계들을 함께 표현할 것이다. 그러나 문맥에 따라 어떤 체계를 의미하는지 독자는 충분히 알 수 있을 것이다. 또 T(e)-R에 의해 체인 원리를 갖지 않는 T-R, Te-R 체계를 나타낼 것이다. 루트리, 마이어(와 기암브론), 그리고 던의 작품들 Routley & Meyer(1972b; 1973), Giambrone & Meyer(1989), Anderson, Belnap & Dunn(1992), Dunn(1986)에 의존해서 우리는 T(ec)-R을 위한 완전성을 보인다. 우리는 위 작품들과 비슷한 기호법과 용어법, 그리고 거기서 발견되는 결과들을 채택하고, 그것들에 대한 친근함을 가정한다.[5)]

4.2 T(ec)-R을 위한 공리 도식과 규칙들

편의상 우리는 이 절에서 T(ec)-R을 위한 공리 도식과 추론

---

5) 이 절의 작업은 필자의 Yang(2002)에서 출판된 내용에 기초하고 있다.

규칙만을 제시한다. 나머지 것들에 대해서는 일반적인 기호법과 용어법을 따른다. T(ec)-R은 다음의 공리 도식과 추론 규칙을 통해 형식화될 수 있다.

[공리 도식6.4.1] T(ec)-R의 공리 도식은 다음의 형식으로 주어진다.

A1. $A \rightarrow A$ (자기-함의)
A2. $(A \rightarrow B) \rightarrow ((B \rightarrow C) \rightarrow (A \rightarrow C))$ (접미화)
A3. $(A \rightarrow B) \rightarrow ((C \rightarrow A) \rightarrow (C \rightarrow B))$ (접두화)
A4. $(A \rightarrow (A \rightarrow B)) \rightarrow (A \rightarrow B)$ (축약)
A5. $A \wedge B \rightarrow A$, $A \wedge B \rightarrow B$ (∧-제거)
A6. $((A \rightarrow B) \wedge (A \rightarrow C)) \rightarrow (A \rightarrow (B \wedge C))$ (∧-도입)
A7. $A \rightarrow A \vee B$, $B \rightarrow A \vee B$ (∨-도입)
A8. $((A \rightarrow C) \wedge (B \rightarrow C)) \rightarrow ((A \vee B) \rightarrow C)$ (∨-제거)
A9. $(A \wedge (B \vee C)) \rightarrow ((A \wedge B) \vee (A \wedge C))$ (배분)
A10. $\sim\sim A \rightarrow A$ (이중부정)
A11. $(A \rightarrow \sim B) \rightarrow (B \rightarrow \sim A)$ (대우)
A12. $(A \rightarrow B) \rightarrow (A \rightarrow (A \rightarrow B))$ (확장)
A13. $(A \rightarrow B) \vee (B \rightarrow A)$ (체인).

[추론 규칙6.4.2] T(ec)-R의 추론 규칙은 다음과 같다.

긍정식(MP): A와 $A \rightarrow B$로부터 B를 추론할 수 있다.
연접(AD): A와 B로부터 $A \wedge B$를 추론할 수 있다.

[체계들6.4.3]

T-R: A1 - A11, 긍정식, 연접
Te-R: T-R + A12, 긍정식, 연접
Tec-R: Te-R + A13, 긍정식, 연접.

4.3 T(ec)-R을 위한 루트리-마이어 프레임과 모델

우리는 연관(relevant) 모델 구조를 루트리-마이어 프레임이라고 부른다. 앤더슨, 벨납과 던 그리고 던과 하디그리의 Anderson, Belnap & Dunn(1992), Dunn(1986), Dunn & Hardegree(2001)를 따라서, 우리는 (루트리 - 마이어) 프레임을 정의한다. 프레임은 다음 정의와 공준을 만족하는 (U, ⊑, R, Z)이 좌 주장 프레임(left assertional frame)이고 *가 U 위에서 일항 연산인 구조 S=(U, ⊑, R, Z, *)이다. ($\zeta \in$U에 대하여,)

(df1) $\alpha \sqsubseteq \beta := \exists \zeta(R\zeta\alpha\beta)$.
(df2) $R^2\alpha\beta\gamma\delta := \exists \chi(R\alpha\beta\chi \ \& \ R\chi\gamma\delta)$.
(df3) $R^2\alpha(\beta\gamma)\delta := \exists \chi(R\alpha\chi\delta \ \& \ R\beta\gamma\chi)$.

(편의상 다음 공준들에 관한 한 어떤 ζ를 표현하기 위해 루트리와 마이어가 그들 의미론에서 취한 0을 취한다. 우리가 어떤 ζ를 표현하는 데 사용한 0은 Z의 원소라는 데 주의하기 바란다.[6])

p0. $R\alpha\beta\gamma$이고 $\alpha' \sqsubseteq \alpha$는 $R\alpha'\beta\gamma$를 함의한다. (단조성)
p1. $R0\alpha\alpha$ (동일성)
p2. $R^2 0\alpha\beta\gamma \Rightarrow R\alpha\beta\gamma$
p3. $R\alpha\alpha\alpha$
p4. $R\alpha\beta\gamma \Rightarrow R^2\alpha(\alpha\beta)\gamma$
p5. $R^2\alpha\beta\gamma\delta \Rightarrow R^2\beta(\alpha\gamma)\delta$
p6. $R^2\alpha\beta\gamma\delta \Rightarrow R^2\alpha(\beta\gamma)\delta$
p7. $R\alpha\beta\gamma \Rightarrow R^2\alpha\beta\beta\gamma$
p8. $R\alpha\beta\gamma \Rightarrow R\alpha\gamma^*\beta^*$
p9. $\alpha^{**} = \alpha$
p10. $R\alpha\beta\gamma \Rightarrow \exists \chi(R\chi\beta\alpha \ \& \ R\alpha\beta\gamma)$
p11. $R0\alpha\beta$ or $R0\beta\alpha$

6) 특별히 구별할 필요가 없는 한 4.4, 4.5절의 증명에서 0에 의해 어떤 ζ를 애매하게 나타낸다.

T - R을 위하여 (df1) - (df3) + p0 - p9.
Te - R을 위하여 (df1) - (df3) + p0 - p10.
Tec - R을 위하여 (df1) - (df3) + p0 - p11.

p1 - p7에 관한 한 우리는 루트리와 마이어의 Routley & Meyer(1973)보다는 Routley & Meyer(1972b)의 공준들을 따른다. 그 이유는 T(ec) - R은 공리 도식으로 R이 취하는 주장(assertion) 원리인

(1) $A \to ((A \to B) \to B)$

를 갖지 않고, 그에 따라 그에 상응하는 공준 교환성(commutativity)인

(2) $R\alpha\beta\gamma \Rightarrow R\beta\alpha\gamma$

를 갖지 않기 때문이다. 그러나 p8, p9에 관한 한 우리는 루트리와 마이어 Routley & Meyer(1973)의 공준을 따른다는 데 주목하기 바란다. 던과 하디그리의 Dunn(1986), Dunn & Hardegree(2001)을 따라 p0를 공준으로 취한다는 데도 주목하기 바란다. T(e) - R에 관한 한 ⊑은 U 위에서 부분 순서이고, T(ec) - R에 관한 한 선형 순서이다. 던과 하디그리의 Dunn(2000), Dunn & Hardegree(2001)을 따라, 우리는 U를 "정보 상태들"의 집합으로 간주한다. α, $\beta \in U$에 대하여, $\alpha \sqsubseteq \beta$는 α의 정보가 β의 정보에 포함된다는 것을 의미한다.[7)]

T(ec) - R을 위한 모델에 의해, 우리는 (U, ⊑, R, Z, *)가 프레임이고 ⊨이 다음 조건을 만족하는 U로부터 T(ec) - R로의 관계인 구조 M, = (U, ⊑, R, Z, *, ⊨),을 의미한다.

(AHC) (명제 변항 p에 대하여) $\alpha \vDash p$이고 $\alpha \sqsubseteq \beta$이면, $\beta \vDash p$이다.
(EC) 식 A, B에 대하여,

---

7) ⊑이 정보 순서이기 때문에 공준 p1, p2를 생략할 수 있다는 데 유의하기 바란다.

(∧) $\alpha \vDash A \wedge B \Leftrightarrow \alpha \vDash A$ 그리고 $\alpha \vDash B$.
(∨) $\alpha \vDash A \vee B \Leftrightarrow \alpha \vDash A$ 또는 $\alpha \vDash B$.
(→) $\alpha \vDash A \rightarrow B \Leftrightarrow \forall \beta, \gamma \sqsupseteq \alpha$ ($R\alpha\beta\gamma$이고 $\beta \vDash A$이면, $\gamma \vDash B$).
(~) $\alpha \vDash \sim A \Leftrightarrow \alpha^{*} \nvDash A$.

$\alpha \vDash A$인 경우에 식 A가 U의 α에서 v 위에서 참이다. ζ(특히 0), ∈Z, $\vDash A$인 경우에 A는 M 위에서 입증된다(verified). U에 속하는 모든 χ에 대해 만약 $\chi \vDash A$라면 $\chi \vDash B$일 경우, A는 M 위에서 B를 필함한다(entails). 모든 모델에서 A가 B를 필함 할 경우, A는 B를 T(ec) - R - 필함한다. A가 프레임 S 안의 모든 값 매김에서 입증될 경우, A는 S에서 T(ec) - R - 타당하다(valid). Σ를 프레임들의 집합이라고 하자. 문장 A가 T(ec) - R - 타당하다는 것, 즉 기호로 $\vDash_{T(ec)\text{-}R}$ A는 모든 S(∈Σ)에 대하여, A가 S에서 T(ec) - R - 타당하다는 것과 동치(iff)이다.

4.4 T(ec)-R의 건전성

던 Dunn(1986)을 따라 우리는 T(ec) - R을 위한 건전성을 보인다. 이를 증명하기 위해 우리는 아래 입증 보조정리(Verification Lemma)를 필요로 한다. 먼저 A 위에서 귀납에 의해 우리는 쉽게 다음을 증명할 수 있다.

[보조정리6.4.4] 세습 조건(hereditary condition, HC)

임의의 식 A에 대하여, $\alpha \vDash A$이고 $\alpha \sqsubseteq \beta$이면, $\beta \vDash A$이다.

연결사 ~, ∧, ∨, →에 관한 한 루트리 - 마이어가 그것들을 "해석"으로 간주했다는 것을 제외하고는 루트리와 마이어 Routley & Meyer(1973)에서와 같은 값 매김을 갖기 때문에, 우리는 거기서의 보조정리 1 - 3을 직접 사용할 수 있다. 따라서

[보조정리6.4.5] 입증(verification) 보조정리

v 위에서 A가 B를 필함한다면 A → B는 입증된다. 즉 v 위 $\zeta(\in Z)$에서 참이다. 따라서 주어진 모델 M, = (U, ⊑, R, Z, *, ⊨),에서 A가 B를 필함한다면 A → B는 그 모델에서 T(ec) - R - 타당하다(valid). 즉 모든 $\chi(\in U)$에 대해 만약 $\chi \models$A라면 $\chi \models$B일 경우, $\zeta \models$A → B이다. 그리고 A가 B를 T(ec) - R - 필함한다면, A → B는 T(ec) - R - 타당하다.

증명; 루트리와 마이어 Routley & Meyer(1973)에 있는 보조정리 2, 3과 정의에 의해.
([보조정리6.4.4]를 사용해서, 우리는 이것을 또한 증명할 수 있다. 던 Dunn(1986)의 입증 보조정리를 보라.) □

$\vdash_{T(ec)\text{-}R}$ A를 T(ec) - R에서 A의 정리인 것이라고 하자. 그렇다면,

[정리6.4.6] 약한 건전성(weak soundness)

$\vdash_{T(ec)\text{-}R}$ A이면, $\models_{T(ec)\text{-}R}$ A이다.

증명; 먼저 우리는 공리 도식들의 각 사례가 모든 프레임에서 타당하다는 즉 T(ec) - R - 타당하다는 것을 보인다. 루트리와 마이어 Routley & Meyer(1973)의 [보조정리4]에 의해 연언, 선언, 부정의 공리 도식들 즉 A5 - A11의 사례들이 T(ec) - R - 타당하다는 것이 따라 나온다. 루트리와 마이어 Routley & Meyer(1972b)의 [보조정리5]에 의해 A1 - A4의 사례들이 T(ec) - R - 타당하다는 것이 따라 나온다.

따라서 Te - R을 위해 우리는 A12의 각 사례가 T(ec) - R - 타당하다는 것만 보이면 된다. 이를 보이기 위해 [보조정리6.4.5]에 의해 $\alpha \models$A → B라는 것을 가정하고서 $\alpha \models$A → (A → B)임을 보이는 것으로 충분하다. 후자를 보이기 위해 우리는 p10이 타당하다 것 즉 R$\alpha\beta\gamma$와 $\beta \models$

A를 가정하고서 R$\chi\beta\alpha$이고 R$\alpha\beta\gamma$인 χ가 있다는 것 그래서 $\gamma \vDash$B라는 것을 보인다. (→)을 사용해서 위 가정들로부터 $\chi \vDash A \rightarrow (A \rightarrow B)$를 얻는다. 이로부터 우리는 R$\chi\beta\alpha$이고 R$\alpha\beta\gamma$라는 것을 얻는다. 따라서 $\gamma \vDash$ B라는 것을 얻는다.

Tec - R을 위해 우리는 A13의 각 사례가 T(ec) - R - 타당하다는 것을 보이면 된다. 이를 보이기 위해 우리는 p11이 타당하다는 것 즉 R0$\alpha\beta$이거나 R0$\beta\alpha$을 가정한다. 우리는 (i) $\alpha \vDash$A이면 $\beta \vDash$B 이거나 (ii) $\beta \vDash$A이면 $\alpha \vDash$B라는 것을 보일 필요가 있다. (i)을 위해 우리는 $\alpha \vDash$A를 가정한다. 가정에 의해 R0$\alpha\beta$이기 때문에 (→)에 의해 $\beta \vDash$B이다. (ii)의 증명은 (i)과 유사하다.

다음으로 우리는 규칙 긍정식과 연접이 T(ec) - R - 타당성을 보존한다는 것을 보인다. p3에 의해 임의의 $\alpha(\in U)$에 대해 만약 $\alpha \vDash A \rightarrow B$이고 $\alpha \vDash$A라면 $\alpha \vDash$B이다. 그리고 $\alpha \vDash$A이고 $\alpha \vDash$B라면 (∧)에 의해 $\alpha \vDash$ A∧B이다. 따라서 정보에 관한 한 0이 α의 부분 집합 즉 $0 \sqsubseteq \alpha$이기 때문에 규칙 긍정식과 연접이 T(ec) - R - 타당성을 보존한다는 것이 즉각 따라 나온다. □

4.5 T(ec) - R의 완전성

우리는 양상 논리의 (단 극대 이론(maximal theories) 대신 프라임 이론(prime theories)을 갖는) 헨킨 유형 증명을 사용해 T(ec) - R을 위한 완전성을 보인다. 이를 위해 몇몇 이론을 정의한다. 먼저 $\vdash_{T(ec)\text{-}R}$을 논리 T(ec) - R의 연역적 귀결 관계로 해석한다. T(ec) - R - 이론(T(ec) - R - theory)에 의해 우리는 연역성 즉 긍정식과 연접 아래 닫힌 문장들의 집합 T를 의미한다. 프라임 T(ec) - R - 이론(prime T(ec) - R - theory)에 의해 $A \vee B \in T$이면, $A \in T$이거나 $B \in T$인 이론을 의미한다. 사소한 T(ec) - R - 이론(trivial T(ec)-R-theory)에 의해 T(ec) - R의 문장들의 전 집합을 의미한다. 던이 Dunn(2000)의 [주의4]에서 진술하듯이, 우리는 T(ec) - R - 이론 T가 T(ec) - R의 모든 정리를 포함한다는 것에 주목한다. 따라서 그것은 연관 논리 저서에서 (정리를 포함하는) "정규 이론(regular theory)"이라고 부르는 것이다. 즉 T(ec) - R - 이론에 의해 우리는 정규 T(ec) - R - 이론을 의미한다. 이것은 또한 T가 공집합일 수 없다는 것을 의미한다. 아래의 결과에 의해 T는 또한 사소한 이론일 수 없다. 따라서 우리는 "T(ec) - R - 이론"에 의해 사소하지 않은 이론을 또한 의미한다.

이제 우리는 표준 T(ec) - R - 프레임(canonical T(ec) - R - frame)이 $\sqsubseteq_{can}$이 U_{can} 위에서 정보 순서이고, Z_{can}이 임의의 프라임 T(ec) - R 이론 즉 ζ_{can}의 집합이고, $Z_{can} \subseteq U_{can}$이고, U_{can}이 ζ_{can}을 확장하는 프라임 T(ec) - R - 이론들의 집합이라고 하고, R_{can}이 U_{can}에 제약된 아래에 제시되는 R이고,

(3) $R\alpha\beta\gamma$는 T(ec) - R의 임의의 식 A, B에 대하여 $A \rightarrow B \in \alpha$이고 $A \in \beta$이면 $B \in \gamma$이다와 동치이다.

표준 연산 $^*_{can}$이 U_{can}에 제약된 $*$인 구조 $S = (U_{can}, \sqsubseteq_{can}, R_{can}, Z_{can}, {}^*_{can})$라고 하자. 우리는 T(ec) - R의 각각의 공리 도식에 대하여 그에 상응하는 의미론적 공준이 타당할 경우 프레임이 T(ec) - R에 적합(fitting)하다고 한다. α가 프라임 이론인 데서 α^*가 ~A가 α에 속하지 않는 즉 $\alpha^* = \{A: \sim A \notin \alpha\}$인 모든 식 A의 집합이라고 하자.

위에서 언급한 것처럼 우리는 헨킨 유형 완전성 증명으로부터 증명의 아이디어를 얻는다. 따라서 기초 ζ_{can}이 T(ec) - R의 정리가 아닌 것들을 배제하는 즉 $\nvdash_{T(ec)-R} A$인 A들을 배제하는 프라임 T(ec) - R - 이론

으로 구성된다는 데 주목한다. 문맥상 우리가 의도한 것이 분명할 경우 0 즉 0_{can}에 의해 (0 뿐만 아니라) ζ_{can}을 표현한다는 데 또한 주목한다. 표준 T(ec) - R - 프레임의 부분 순서와 선형 순서는 U_{can}에 제약된 $\subseteq$에 의존한다. 그렇다면 우선 다음은 분명하다.

[명제6.4.7] 표준 T(ec) - R - 프레임은 부분적으로 순서지어진다.

[명제6.4.8] 표준 T(ec) - R - 프레임은 연관된다 즉 선형적으로 순서지어진다.

증명; 모순을 일으키기 위해 $\alpha \sqsubseteq_{can} \beta$도 $\beta \sqsubseteq_{can} \alpha$도 아니라고 하자. 그렇다면 $A \in \alpha$이고 $A \notin \beta$인 A와 $B \in \beta$이고 $B \notin \alpha$인 B가 있다. $\vdash_{T(ec)\text{-}R} (A \rightarrow B) \vee (B \rightarrow A)$이기 때문에 $(A \rightarrow B) \vee (B \rightarrow A) \in 0$이다. $A \rightarrow B \in 0$라면 $A \rightarrow B \in \alpha$이고, p3과 (3)에 의해 $B \in \alpha$이다. 이는 가정에 모순된다. $B \rightarrow A \in 0$인 경우도 마찬가지이다. □

[정리6.4.9] 표준적으로 정의된 T(ec) - R - 프레임은 T(ec) - R에 적합한 프레임이다.

증명; 앤더슨, 벨납과 던 Anderson, Belnap & Dunn(1992)의 48.3절의 [정리1]에 의해 p0는 타당하다. 루트리와 마이어 Routley & Meyer (1972b)의 [보조정리6]에 의해 p1 - p7은 타당하다. 그리고 루트리와 마이어 Routley & Meyer(1973)의 [보조정리13]에 의해 p8, p9이 타당하다.

따라서 표준 Te - R - 프레임이 Te - R에 적합한 프레임이라는 것을 보이기 위해 우리는 p10이 타당하다는 것만 보이면 된다. p10을 위하여 우리는 $R\alpha\beta\gamma$를 가정한다. 우리는 $R\chi\beta\alpha$이고 $R\alpha\beta\gamma$인 프라임 이론 χ가 있다는 것을 보일 필요가 있다. $A \rightarrow B \in \alpha$이고 $A \in \beta$라고 하자. 그렇다면 공리 A12에 의해 $A \to (A \to B) \in \alpha$이다. 이제 α가 χ라고 하자. 그렇다면 가정에 의해 우리는 $R\alpha\beta\alpha$와 $R\alpha\beta\gamma$를 얻는다. 즉 가정 $A \to (A \to B) \in \alpha$, $A \in \beta$에 의해 $A \to B \in \alpha$를 얻고 다시 가정 $A \to B \in \alpha$, $A \in \beta$로부터 $B \in \gamma$를 얻는다. α가 프라임 이론이기 때문에 이는 p10을 만족하는 프라임 이론이 있다는 것을 보장한다.

표준 Tec-R-프레임이 Tec-R에 적합한 프레임이라는 것을 보이기 위해 우리는 p11이 타당하다는 것만 보이면 된다. p11을 위하여 우리는 A13과 (∨)에 의해 $A \to B \in 0$ 이거나 $B \to A \in 0$ 임을 가정한다. 우리는 $R0\alpha\beta$ 이거나 $R0\beta\alpha$ 즉 (i) $A \in \alpha$이면 $B \in \beta$이거나 (ii) $B \in \beta$이면 $B \in \alpha$임을 보일 필요가 있다. (i)을 위해 $A \in \alpha$라고 하자. 가정에 의해 $R0\alpha\beta$이기 때문에 (→)에 의해 $B \in \beta$이다. (ii)의 증명은 (i)과 유사하다. □

다음으로 우리는 $S_c = (U_{can}, \sqsubseteq_{can}, R_{can}, Z_{can}, {}^*{}_{can})$, 위에서 적절한 관계 ⊨을 정의할 필요가 있다. 우리는 그것을 다음으로 정의한다.

$$\alpha \vDash A \quad \text{iff} \quad A \in \alpha.$$

하지만 이것이 위의 (AHC)와 (EC)를 만족한다는 것을 입증할 필요가 있다. T(ec)-R의 긍정 부분이 앤더슨, 벨납과 던 Anderson, Belnap & Dunn(1992) 42.1절의 [정의1]을 만족하기 때문에 우리는 48.3절의 [사실1], [사실2]를 직접 사용할 수 있고 따라서 같은 부분의 [정리2]를 사용할 수 있다.

[명제6.4.10] 표준적으로 정의된 $(U_{can}, \sqsubseteq_{can}, R_{can}, Z_{can}, {}^*{}_{can}, \vDash)$은 T(ec)-R-모델이다.

[연습6.4.11] [명제6.4.10]을 증명하시오.

따라서 (U_{can}, $\sqsubseteq_{can}$, R_{can}, Z_{can}, $^{*}_{can}$, $\vDash$)은 T(ec) - R - 모델이다. 그러므로 헨킨 유형 구성에 의해 0이 우리가 선택한 정리가 아닌 A를 배제하고 $\vDash$의 표준적 정의가 속함(membership)과 일치하기 때문에, 우리는 각각의 T(ec) - R의 정리가 아닌 A에 대하여 A가 $0 \nvDash A$인 T(ec) - R - 모델 A가 있다고 할 수 있다. 이는 우리가 다음과 같은 T(ec) - R을 위한 약한 완전성(weak completeness)을 얻도록 한다.

[정리6.4.12] 약한 완전성(weak completeness)

$$\vDash_{T(ec)\text{-}R} A\text{이면, } \vdash_{T(ec)\text{-}R} A\text{이다.}$$

다음으로 T(ec) - R을 위한 강한 완전성(strong completeness)을 증명해보자. 우리는 A가 식들의 집합 Γ의 T(ec) - R 귀결을 다음과 동치인 것으로 정의한다. 모든 T(ec) - R 모델에 대하여, 모든 $B \in \Gamma$에 대해 $\alpha \vDash B$일 때마다 (0 뿐만 아니라) 모든 $\alpha \in U$에 대해 $\alpha \vDash A$이다. 우리는 A가 Γ로부터 T(ec) - R - 연역될 수 있다(deducible)는 것이 A가 Γ를 포함하는 모든 T(ec) - R 이론에 속하는 것과 동치를 의미한다고 하자. 그렇다면,

[명제6.4.13] $\Gamma \nvdash_{T(ec)\text{-}R} A$이면, $\Gamma \subseteq \zeta$이고 $A \notin \zeta$인 프라임 이론 ζ가 있다.

[연습6.4.14] [명제6.4.13]을 증명하시오.

따라서 [명제6.4.10]과 [명제6.4.13]에 의해 다음의 강한 완전성을 보일 수 있다.

[정리6.4.15] 강한 완전성(strong completeness)

$$\Gamma \vDash_{T(ec)\text{-}R} A\text{이면, } \Gamma \vdash_{T(ec)\text{-}R} A\text{이다.}$$

5. R 체계와 대수적 의미론

3절에서 소개한 R 체계는 드 모르간 모노이드(de Morgan monoids)나 던 모노이드(Dunn monoids)라고 불리는 대수적 구조를 통해 특징지어질 수 있다. 앞서 우리는 이론과 구별되는 필터를 이용하여 대수적 완전성을 증명하는 방법을 소개하였다. 여기서는 이론을 필터로 삼아 대수적 완전성을 증명하는 방법을 소개하도록 하겠다. 이를 위하여 이 절에서는 체계 R을 위한 대수적 의미론(algebraic semantics)을 제공한다.

던 모노이드를 정의하기 전에 먼저 대수 일반을 고려해 보자. 우리가 고려할 대수는 A가 공집합이 아닌 원소들의 집합이고, ~이 (같은) 부정 기호 ~을 해석하는 A 위에서의 일항 연산, 그리고 ∧, ∨, ⇒이 연언 (∧), 선언 (∨), 그리고 함의 (→) 기호를 각각 해석하는 A 위에서의 이항 연산인 여섯 부분으로 된 구조 M, = (A, D, ~, ∧, ∨, ⇒),이다. 우리는 상호 함의(coimplication) (↔) 기호를 해석하는 a ⇔ b := (a⇒b)∧(b⇒a)인 이항 연산 ⇔와 a○b := ~(a⇒~b)인 이항 연산 퓨전(fusion) ○도 사용할 것이다. (참고로 이항 연산 ⇒은 반대로 다음과 같이 정의될 수 있다. a⇒b := ~(a○~b).)

기호 ~, ∧, ∨이 명제 연결사와 대수 연산자로 모호하게 사용된다는데 주의하기 바란다. 그러나 문맥상 그 의미를 충분히 파악할 수 있을 것이다.

[정의6.5.1] 던 모노이드는 아래와 같은 구조 M, = (A, e, ~, ∧, ∨, ○, ⇒),이다.

(Ⅰ) (A, ~, ∧, ∨)은 드 모르간 속(de Morgan lattice)이다.

(Ⅱ) (A, ○, e)는 다음을 만족한다.

(a) $x○y = y○x$ (교환(commutativity))
(b) $e○x = x$ (항등(identity))
(c) $x○(y○z) = (x○y)○z$ (결합associativity))
(d) $x \leq x○x$ (평방증가(square increasing))

(Ⅲ) $x○y \leq z$ iff $x○{\sim}z \leq {\sim}y$ (반대논리(antilogism))
(Ⅳ) $x○(y \vee z) = (x○y) \vee (x○z)$

던 모노이드는 드 모르간 모노이드(de Morgan monoids)라고도 불린다. 드 모르간 모노이드는 던에 의해 소개되고 연구되었으며 이를 기리기 위해 던 모노이드라는 이름으로 많이 불리게 되었다. 여기서는 던을 기리는 의미에서 던 모노이드라고 부른다.

값 매김, 항진, 모델, 귀결 등에 대한 정의는 다음과 같다.

[정의6.5.2] (값 매김) A가 던 모노이드라고 하자. *A-값 매김*은 $\# \in \{\&, \rightarrow, \wedge, \vee, t, \sim\}$, $\#_A \in \{○, \Rightarrow, \wedge, \vee, e, \sim\}$이고 m이 #과 $\#_A$의 인자(arity)인 $v(\#(\varphi_1, \cdots, \varphi_m)) = \#_A(v(\varphi_1), \cdots, v(\varphi_m))$을 만족하는 함수 $v : FOR \rightarrow A$이다.

[정의6.5.3] A는 던 모노이드, T는 이론, φ는 식, **K**는 A-대수들의 집합(class)이라고 하자.

(ⅰ) (항진(Tautology)) 각각의 A-값 매김 v에 대하여, $v(\varphi) \geq e$일 때, φ는 A에서 *e-항진* 간단히 *A-항진*이다 (또는 *A-타당*하다).
(ⅱ) (모델(Model)) 임의의 $\varphi \in T$에 대하여, $v(\varphi) \geq e$일 때, φ는 T의 *A-모델*이다. *Mod(T, A)*에 의해 우리는 T의 A-모델들의 집합(class)을 지시한다.
(ⅲ) (의미론적 귀결(Semantic consequence)) 각각의 $A \in \mathbf{K}$에 대하여, $Mod(T, A) = Mod(T \cup \{\varphi\}, A)$일 때, φ는 **K**에 관한 한 T의 *의미론적 귀결*이다. $T \vDash_K \varphi$에 의해 우리는 이러한 귀결을 지시한다.

[정의6.5.4] (**R**-대수) R은 연관 체계, T는 이론, φ는 식, A는 대수라고 하자.

φ가 T에서 R-증명 가능 할 때마다 즉 $T\vdash_R \varphi$일 때, A의 집합에 관한 한 φ가 의미론적 귀결일 때 우리는 A를 **R**-대수라고 부른다. MOD(R)에 의해 우리는 **R**-대수들의 집합을 지시하고, $T\vDash_{MOD(R)} \varphi$ 대신 $T\vDash_R \varphi$라고 쓴다.

[사실6.5.5] (Anderson & Belnap(1975), Dunn(1986) 등 참조)

다음은 R의 정리들이다.

(1) $\sim\sim\varphi \leftrightarrow \varphi$
(2) $\varphi\&\psi \leftrightarrow \psi\&\varphi$
(3) $\varphi\&(\psi\&\chi) \leftrightarrow (\varphi\&\psi)\&\chi$
(4) $\varphi\&t \leftrightarrow \varphi$
(5) $(\varphi\to\psi) \to (\chi\&\varphi \to \chi\&\psi)$
(6) $\varphi\to(\varphi\&\varphi)$
(7) $(\varphi\&\psi)\to\chi) \leftrightarrow (\varphi\&\sim\chi)\to\sim\psi)$.

던 모노이드의 각 조건은 등식이거나 등식으로 정의될 수 있기 때문에 이러한 모노이드들의 집합은 버라이어티(variety)를 형성한다.

우리는 다음으로 증명론적으로 동치(equivalent)인 식들의 집합들(classes)이 **R**-대수를 형성한다는 것을 보인다. T가 R 위에서 고정된 집합이라고 하자. 각 식 φ에 대하여, $[\varphi]_T$ 가 $T\vdash_L \varphi \leftrightarrow \psi$ (즉 φ에 T-증명론적으로 동치인 식들)인 모든 식들 ψ의 집합이라고 하자. A_T는 모든 집합들(classes) $[\varphi]_T$의 집합이다. 우리는 $[\varphi]_T \Rightarrow [\psi]_T = [\varphi \to \psi]_T$, $[\varphi]_T \bigcirc [\psi]_T = [\varphi\&\psi]_T$, $[\varphi]_T \wedge [\psi]_T = [\varphi\wedge\psi]_T$, $[\varphi]_T \vee [\psi]_T = [\varphi\vee\psi]_T$, $e = [t]_T$라고 정의한다. 그리고 A_T에 의해 이런 대수를 지시한다.

[명제6.5.6] R 위에서 이론 T에 대하여, A_T는 **R**-대수이다.

증명; 공리 A2-A6, A13, 그리고 [사실6.5.5] (1)은 ~, ∧, ∨이 [정의6.5.1]의 (I)을 만족한다는 것을 보장한다. [사실6.5.5] (2)-(7)은 (II),

(III)이 성립한다는 것을 보장한다. $[\varphi]_T \leq [\psi]_T$ iff $T \vdash_L \varphi \leftrightarrow (\varphi \wedge \psi)$ iff $T \vdash_L \varphi \rightarrow \psi$임은 분명하다. 마지막으로 A_T가 **R**-대수라는 것은 $T \vdash_L \psi$가 $T \models_L \psi$를 함의한다는 것과 동치라는 것을 상기하자. T에 있는 φ에 대하여, $T \vdash_R t \rightarrow \varphi$이기 때문에 $[t]_T \leq [\varphi]_T$이 따라 나온다. 따라서 A_T는 **R**-대수이다. □

[정리6.5.7] 강한 완전성(strong completeness)

T가 이론이고 φ가 식이라고 하자. $T \vdash_R \varphi$ iff $T \models_R \varphi$.

증명; 왼쪽에서 오른쪽으로는 정의에 의해 즉각 따라 나온다. 오른쪽으로부터 왼쪽으로의 증명은 다음과 같다. [명제6.5.6]으로부터 우리는 $A_T \in MOD\ (R)$을 얻게 된다. 그리고 $v(\varphi) = [\varphi]_T$로 정의된 A_T-값 매김 v에 대하여 $v \in Mod(T,\ A_T)$가 성립한다. 따라서 $T \models_R \varphi$로부터 $[\varphi]_T = v(\varphi) \geq e$를 얻을 수 있기 때문에 $T \vdash_R t \rightarrow \varphi$이다. 그렇다면 $T \vdash_R t$이기 때문에 긍정식에 의해 $T \vdash_R \varphi$이다. □

6. 크립키형 4치 의미론$^{++}$: 연관 논리 E, R의 이웃들8)

6.1 들어가는 말

스마일리(T. J. Smiley) Smiley(1959)와 던 Dunn(2000)은 (필함(Entailment)의) 1단계 필함 체계 E_{fde}를 특징짓는 4치 행렬을 제시하였다. 그러나 그들은 필함 체계 E 자체와 그것의 확장을 위한 4치 행렬을 제시하지는 못하였다. 한 가지 흥미로운 사실은 E_{fde}의 행렬들의 집합

8) 이 절은 필자 Yang(2009)의 일부이다.

(class), 보다 정확히 말하자면, 체계 E_{fde}를 위한 스마일리의 행렬들의 집합은 우리가 PE-R이라고 부를 E의 한 이웃 체계에 의해 특징지어 질 수 있다. 체계 PE-R은 E의 공리 도식과 추론 규칙에 제한 긍정 역설 (rP)를 더하고 대신 귀류원리 (R)을 뺀 체계에 해당한다. "제한 긍정 역설"이란 표현에서 짐작할 수 있듯이 이 체계는 특정한 형태의 긍정 역설을 인정함으로써 전건과 후건에 상호 연관성이 없는 정리 A→B를 허용한다. 따라서 체계 PE-R은 연관 논리가 아니다.

하지만 체계 PE-R은 이 장의 서론에서 언급한 의미에서 초일관 논리에 해당한다. 즉 퍼짐 원리(spread laws)라고 불리는 연언과 함의 형태의 불합리성(absurdity) (A∧¬A)→B, A→(¬A→B)를 거부한다는 점에서 초일관(paraconsistent) 논리이다. 체계 PE-R이 초일관 논리에 해당한다는 사실은 E 뿐만 아니라 다른 대표적인 연관 논리의 초일관 논리 체계를 소개할 수 있는지와 같은 질문을 불러일으킨다. 이 절에서는 이에 대한 대답으로 (체계 PE-R 뿐만 아니라) R의 초일관 이웃 체계들 PRc-C와 PRc^t-C를 소개한다. 우리는 이 체계들을 위한 크립키형 의미론을 제공하고 건전성과 완전성을 증명할 것이다.

편의상 앞으로 우리는 PL에 의해서 위에서 언급한 초일관 논리 체계들을 애매하게 지시할 것이다.

6.2 PL을 위한 공리 도식과 규칙들

편의상 우리는 이 절에서 PL을 위한 공리 도식과 규칙들만을 제시한다. 나머지 것들에 대해서는 통상의 기호법과 용어법을 따른다. 우리가 구문 체계로 귀결 관계를 위한 공리 체계를 생각하고 있다는 데 주목하기 바란다. 아울러 B→C란 형식의 식 A를 엄밀하다고 한다. PL은 다음의 공리 도식과 추론 규칙을 통해 형식화될 수 있다.

[공리 도식6.6.1] PL의 공리 도식, 추론 규칙은 다음의 형식으로 주어진다.

(i) PE-R은 다음의 공리 도식과 추론 규칙으로 이루어진다.

A1. $(A \rightarrow B) \rightarrow ((B \rightarrow C) \rightarrow (A \rightarrow C))$ (접두화)

A2. $(A \rightarrow (A \rightarrow B)) \rightarrow (A \rightarrow B))$ (축약)

A3. $((A \rightarrow A) \rightarrow B) \rightarrow B$ (특수주장)

A4. $(A \wedge B) \rightarrow A$, $(A \wedge B) \rightarrow B$ ($\wedge$-제거)

A5. $((A \rightarrow B) \wedge (A \rightarrow C)) \rightarrow (A \rightarrow (B \wedge C))$ ($\wedge$-도입)

A6. $A \rightarrow (A \vee B)$, $B \rightarrow (A \vee B)$ ($\vee$-도입)

A7. $((A \rightarrow C) \wedge (B \rightarrow C)) \rightarrow ((A \vee B) \rightarrow C)$ ($\vee$-제거)

A8. $(A \wedge (B \vee C)) \rightarrow ((A \wedge B) \vee (A \wedge C))$ (배분)

A9. $(\Box A \wedge \Box B) \rightarrow \Box(A \wedge B)$, 여기서 $\Box A := (A \rightarrow A) \rightarrow A$임

A10. $A \rightarrow (B \rightarrow A)$, 여기서 A는 엄밀 형태임 (제한긍정역설)

A11. $\sim\sim A \rightarrow A$ (이중부정제거)

A12. $(A \rightarrow B) \rightarrow (\sim B \rightarrow \sim A)$ (대우)

A13. $(A \rightarrow B) \rightarrow (\sim A \vee B)$, 여기서 A, B는 엄밀 형태임 (제한실질함의)

긍정식(MP): A와 $A \rightarrow B$로부터 B를 추론할 수 있다.

연접(AD): A와 B로부터 $A \wedge B$를 추론할 수 있다.

(ii) PRc-C는 A1, A2, A4-A8, A11, A13, 긍정식, 연접과 다음의 공리 도식으로 이루어진다.

A14. $A \rightarrow A$ (자기-함의)

A15. $(A \rightarrow (B \rightarrow C)) \rightarrow (B \rightarrow (A \rightarrow C))$ (치환)

A16. $A \rightarrow (B \rightarrow A)$ (긍정역설)

A17. $(A \rightarrow B) \vee (B \rightarrow A)$ (체인)

A18. $\sim(A \wedge B) \rightarrow (\sim A \vee \sim B)$, $(\sim A \vee \sim B) \rightarrow \sim(A \wedge B)$ (부정연언)

A19. $\sim(A \vee B) \rightarrow (\sim A \wedge \sim B)$, $(\sim A \wedge \sim B) \rightarrow \sim(A \vee B)$ (부정선언).

(iii) PRc^t-C는 PRc-C에서 A13을 제거하고 대신 다음을 덧붙임으로써 얻어진다.

A20. $\sim(A \rightarrow B) \leftrightarrow (A \wedge \sim B)$ (부정함의)

A21. t

A22. $A \leftrightarrow (t \rightarrow A)$.

위 체계들 모두 귀류 원리 (R) (A → ~A) → ~A를 증명하지 않는다. 공리 도식 A13은 PE - R과 PRc - C 체계에서 임의의 엄밀 식들(strict formulas)에 대하여 고전 논리에 사용되는 연결사들에 대한 일반적인 정의가 성립한다는 것을 보장해 준다. 왜냐하면 그러한 식들은 그것의 값 매김으로 단지 참(T), 거짓(F)만 갖고 그로 인해 불 대수적인 성질을 만족하기 때문이다.[9] 상항 t는 모든 참인 문장들의 연언으로 간주될 수 있다.

우리는 여기서 각 체계들을 위한 연역 정리를 따로 소개하지 않는다. 대신 다음을 주목하는 것으로 충분하다. PE - R 체계 경우 A10, A14, 그리고 "자기 함의" (A → (B → C)) → ((A → B) → (A → C))를 증명하기 때문에 양상 연역 정리를 갖는다. PRc - C와 PRc^t - C 체계들은 A10 대신에 A16을 갖기 때문에 고전 연역 정리를 갖는다.

~, ∧, ∨, →이 명제 연결사와 대수 연산자로 모호하게 사용된다는데 주의하기 바란다. 그러나 문맥상 그 의미를 충분히 파악할 수 있을 것이다.

6.3 PL을 위한 크립키형 의미론

값 매김(evaluation)을 문장들로부터 과소 결정(underdetermination)을 설명하는 진리 값을 갖지 않는 집합(공집합)과 과잉 결정(overdetermination)을 설명하는 두 진리 값 모두를 갖는 집합을 포함하는 두 값의 집합들로의 함수라고 하자. 우리는 4치 행렬을 속으로 간주하고 그것을 속 4라고 부른다. 그리고 N, F, T, B 각각에 의해 진리 값들의 집합 { }, {0}, {1}, {0, 1}을 표현한다. ~, ∧, ∨, →을 위한 각각의 행렬은 (+가 지시 값을 지적하는) 다음 [표 6-1]

---

9) [표 6-1]에서 ($\rightarrow_{PE}$)와 ($\rightarrow_{PRc1}$)을 위한 행렬들을 참조하라.

처럼 정의될 수 있다. (아래 [표 6-1]에서 ($\rightarrow_{PE}$), ($\rightarrow_{PRc1}$), 그리고 ($\rightarrow_{PRc2}$)는 각각 PE - R, PRc - C, 그리고 PRc^t - C 체계를 위한 함의이다.)

[표 6-1] 값 매김을 위한 4치 행렬

~	
T+	F
B(+)	B
N	N
F	T

∧	T+	B(+)	N	F
T+	T	B	N	F
B(+)	B	B	F	F
B	N	F	N	F
F	F	F	F	F

∨	T+	B(+)	N	F
T+	T	T	T	T
B(+)	T	B	T	B
N	T	T	N	N
F	T	B	N	F

$\rightarrow_{PE}$	T+	B	N	F
T+	T	F	F	F
B	T	T	F	F
N	T	F	T	F
F	T	T	T	T

$\rightarrow_{PRc1}$	T+	B	N	F
T+	T	T	F	F
B	T	T	F	F
N	T	T	T	T
F	T	T	T	T

$\rightarrow_{PRc2}$	T+	B+	N	F
T+	T	B	N	F
B+	T	B	N	F
N	T	T	T	T
F	T	T	T	T

PE - R, PRc - C 체계들이 하나의 지시 값 T를 갖는 반면 PRc^t - C 체계는 두 지시 값 T, B를 갖는다. 후자의 B는 논리 상항 t에 상응한다. 따라서 이를 애매하게 표현하기 위해 우리는 ~, ∧, ∨를 위한 표에서 B+ 대신에 B(+)를 사용한다.

다음으로 던의 Dunn(2000)에서처럼 값 매김을 정의해보자. 속 4로의 값 매김은 문장들로부터 $v(\sim A) = \sim v(A)$, $v(A \wedge B) = v(A) \wedge v(B)$, $v(A \vee B) = v(A) \vee v(B)$, $v(A \rightarrow B) = v(A) \rightarrow v(B)$인 속 4로의 함수이다. (함의들을 구분하기 위하여 우리는 [표 6-1]에서 PE - R, PRc - C, 그리

고 PRc^t - C 체계의 함의를 위하여 각각 $\rightarrow_{PE}$, $\rightarrow_{PRc1}$, 그리고 $\rightarrow_{PRc2}$를 사용한다. 그러나 이것들 각각을 구분할 필요가 없다면 →에 의해 이 함의들 모두를 애매하게 나타낼 것이다. T = {1}, N = { }, B = {0, 1}, F = {0}이기 때문에 우리는 속 4가 일반적인 두 진리 값의 부분 집합들로 구성되는 것으로 간주할 수 있다. 따라서 동등하게 값 매김은 문장들로부터 {0, 1}의 멱집합으로의 함수 v로 간주될 수 있다.

함수적 값 매김(functional evaluation)에 대하여 우리는 0, 1(∈ v(A)) 모두를 갖지는 않는다. 총 값 매김(total evaluation)에 대하여 우리는 적어도 0, 1(∈ v(A))의 하나를 항상 갖는다. 우리는 1∈v(A)에 대하여 $\Vdash^v_1$ A로 0∈v(A)에 대하여 $\Vdash^v_0$ A로 쓴다. 식 A가 그 변항에 모든 값의 할당에 대해 지시 값(들)을 가질 때 그것이 증명 가능할 경우, 우리는 행렬이 계산(calculus)에 대해 특징적인(characteristic) 행렬이라고 한다. 그리고 v(A, α), $\Vdash^v_1$ A, $\Vdash^v_0$ A를 사용하여 양상 논리에 친숙한 방식으로 값 매김을 매개한다(parameterize).

우리는 ζ∈U이고 ⊑이 U 위에서 부분 순서인 구조 S = (ζ, U, ⊑)를 프레임(frame)으로 정의한다. 특별히 PRc - C와 PRc^t - C 체계에 관한 한 우리는 임의의 α, β∈U에 대하여, α⊑β이거나 β⊑α라는 의미에서 ⊑이 연관된다(connected). 선형 순서(linear order)는 연관된 부분 순서이다. 그렇다면 선형 - 프레임은 ζ∈U, ⊑이 U 위에서 선형 순서인 구조 S = (ζ, U, ⊑)이다. α, β∈U에 대하여, α⊑β는 α의 정보가 β의 정보에 포함된다는 것을 의미한다. S에 의해 우리는 모든 프레임들의 집합을 지시한다.

이제 가부번의(denumerably) 문장들이 있고, 문장들의 집합이 연결사 ~, ∧, ∨, →를 사용해서 일반적인 방법으로 문장들로부터 귀납적으로 정의된다고 하자. 선형 프레임 S 위에서 PL - 값 매김은 문장들

× U로부터 다음의 조건에 한정된 속 4로의 함수 v(A,α)이다. 우리는 Val_{PL}에 의해 이러한 값 매김들의 집합을 지시한다. 그리고 1∈v(A, α)를 $\alpha \Vdash^{v}_{1}$ A로, 0∈v(A, α)를 $\alpha \Vdash^{v}_{0}$ A로 나타낸다. 문맥에 따라 편의상 우리는 위 첨자 v를 종종 생략할 것이다.

(임의의 원자 문장 A에 대하여,)
(HC_1) $\alpha \Vdash^{v}_{1}$ A이고 $\alpha \sqsubseteq \beta$이면, $\beta \Vdash^{v}_{1}$ A이다.
(HC_0) $\alpha \Vdash^{v}_{0}$ A이고 $\alpha \sqsubseteq \beta$이면, $\beta \Vdash^{v}_{0}$ A이다.

복합 문장을 위한 진리 조건은 다음과 같다.

($\sim_1$) $\alpha \Vdash_1 \sim A \Leftrightarrow \alpha \Vdash_0 A$.
($\sim_0$) $\alpha \Vdash_0 \sim A \Leftrightarrow \alpha \Vdash_1 A$.
($\wedge_1$) $\alpha \Vdash_1 A \wedge B \Leftrightarrow \alpha \Vdash_1 A$ 그리고 $\alpha \Vdash_1 B$.
($\wedge_0$) $\alpha \Vdash_0 A \wedge B \Leftrightarrow \alpha \Vdash_0 A$ 또는 $\alpha \Vdash_0 B$.
($\vee_1$) $\alpha \Vdash_1 A \vee B \Leftrightarrow \alpha \Vdash_1 A$ 또는 $\alpha \Vdash_1 B$.
($\vee_0$) $\alpha \Vdash_0 A \vee B \Leftrightarrow \alpha \Vdash_0 A$ 그리고 $\alpha \Vdash_0 B$.
($\rightarrow_{1PE}$) $\alpha \Vdash_1 A \rightarrow B \Leftrightarrow \forall \beta \sqsupseteq \alpha$ (i) ($\beta \Vdash_1 A$이면 $\beta \Vdash_1 B$), 그리고
(ii) ($\beta \Vdash_0 B$이면 $\beta \Vdash_0 A$).
($\rightarrow_{1PR}$) $\alpha \Vdash_1 A \rightarrow B \Leftrightarrow$ ($\rightarrow_{1PE}$)의 (i).
($\rightarrow_{0PER}$) $\alpha \Vdash_1 A \rightarrow B \Leftrightarrow \alpha \nVdash_1 A \rightarrow B$.
($\rightarrow_{0PR}$) $\alpha \Vdash_0 A \rightarrow B \Leftrightarrow \alpha \Vdash_1 A$ 그리고 $\alpha \Vdash_0 B$.

조건 ($\rightarrow_{1PE}$)와 ($\rightarrow_{1PR}$)은 각각 PE-R 그리고 PRc-C와 PRc^t-C 모두를 위한 참 조건이다. 조건 ($\rightarrow_{0PER}$)과 ($\rightarrow_{0PR}$)는 각각 PE-R, PRc-C 모두와 PRc^t-C를 위한 거짓 조건이다.

임의의 식 A가 프레임 S=(ζ, U, $\sqsubseteq$)에서 PL-타당하다(PL-valid)는 것은 $\forall v \in Val_{PL}$, $\zeta \Vdash^{v}_{1}$ A와 동치(iff)이다. T가 프레임들의 집합이라

고 하자. 임의의 식 A가 PL-타당하다는 것, 즉 기호로 $\vDash_{PL}$ A는 모든 S(∈T)에 대하여, A가 S에서 PL-타당하다는 것과 동치(iff)이다.

PL을 위하여 주어진 모델들의 집합 M_{PL}에 대하여, $\vDash$에 상응하는 귀결을 다음과 같이 정의한다:

[정의6.6.2] $\Gamma \vDash_{PL}$ A는 모든 모델 $m, =(\zeta, U, \sqsubseteq, v), \in M_{PL}$에 대하여, 모든 B∈$\Gamma$에 대하여 $\zeta \Vdash^v_1$ B이면, $\zeta \Vdash^v_1$ A라는 것과 동치(iff)이다.

6.4 PL을 위한 건전성

$\vdash_{PL}$ A를 PL에서 A가 정리인 것이라고 하자. 먼저 우리는 건전성 정리에서 공리 도식의 각 사례를 입증하는 데 유용한 다음의 보조정리에 주목한다.

[보조정리6.6.3] 세습(hereditary) 보조정리

임의의 문장 A에 대하여,

(i) $\alpha \Vdash^v_1$ A이고 $\alpha \sqsubseteq \beta$이면, $\beta \Vdash^v_1$ A이고,

(ii) $\alpha \Vdash^v_0$ A이고 $\alpha \sqsubseteq \beta$이면, $\beta \Vdash^v_0$ A이다.

증명; A 위에서의 귀납에 의해 이 보조정리는 즉각 따라 나온다. □

[연습6.6.4] [보조정리6.6.3]을 증명하시오.

[정리6.6.5] 약한 건전성(weak soundness)

$$\vdash_{PL} A\text{이면}, \quad \vDash_{PL} A\text{이다}.$$

증명; 규칙들 긍정식과 연접 모두는 분명 진리를 보존한다. 따라서 증명은 공리 도식들을 입증하는 것으로 충분하다. 이를 증명하기 위해 PE-R에 관한 한 우리는 이의 특징적인 공리 도식 A10을 한 예로 입증한다. $\zeta \Vdash_1 (A \rightarrow B) \rightarrow (C \rightarrow (A \rightarrow B))$를 점검하기 위하여 $\zeta \sqsubseteq \alpha$라면, 다음을 보여야 한다.

(i) $\alpha \Vdash_1 A \rightarrow B$이면 $\alpha \Vdash_1 C \rightarrow (A \rightarrow B)$, 그리고
(ii) $\alpha \Vdash_0 C \rightarrow (A \rightarrow B)$이면 $\alpha \Vdash_0 A \rightarrow B$.

(i)을 위하여, $\alpha \Vdash_1 C \rightarrow (A \rightarrow B)$를 보이기 위하여 우리는 $\beta \Vdash_1 C$를 가정하고 $\beta \Vdash_1 A \rightarrow B$를 보인다. 가정에 의해 $\alpha \sqsubseteq \beta$이고 $\alpha \Vdash_1 A \rightarrow B$이기 때문에, [보조정리6.6.3]에 의해 즉각 따라 나온다. (ii)를 위하여 모순을 일으키기 위해 $\alpha \nVdash_0 A \rightarrow B$라고 하자. 그렇다면 $(\rightarrow_{0PER})$에 의해 $\alpha \Vdash_1 A \rightarrow B$이다. 그렇다면 (i)에 의해 $\alpha \Vdash_1 C \rightarrow (A \rightarrow B)$이다. 따라서 $(\rightarrow_{0PER})$에 의해 $\alpha \nVdash_0 C \rightarrow (A \rightarrow B)$이고 이는 가정과 모순된다.

나머지 공리 도식들의 입증은 독자들에게 남겨져 있다. □

[연습6.6.6] [정리6.6.5]에서 A12와 A17을 제외한 나머지 공리 도식을 입증하시오.

6.5 PL을 위한 완전성

우리는 앞서와 같이 프라임 이론(prime theories)을 갖는 헨킨 유형의 증명을 사용해 PL을 위한 완전성을 보인다. 기본적인 정의는 앞서의 크립키 의미론들을 참조하기 바란다.

이제 우리는 표준 PL-프레임(canonical PL-frame)이 ζ_{can}이 임의

의 프라임 PL-이론이고, U_{can}이 ζ_{can}을 확장하는 프라임 PL-이론들의 집합이라고 하고 $\sqsubseteq_{can}$이 U_{can}에 제약된 ⊆인 구조 $S=(\zeta_{can}, U_{can}, \sqsubseteq_{can})$라고 하자. 위에서 언급한 것처럼 우리는 헨킨 유형의 완전성 증명으로부터 증명의 생각을 얻는다. 따라서 기초 ζ_{can}이 PL의 정리가 아닌 것들을 배제하는 즉 $\nvdash_{PL} A$인 A들을 배제하는 프라임 PL-이론으로 구성된다는 데 주목한다. 표준 PL-프레임의 부분 순서는 U_{can}에 제약된 ⊆에 의존한다. 따라서 다음은 분명하다.

[명제6.6.7] 표준 PL-프레임은 부분적으로 순서지어진다.

[명제6.6.8] 표준적으로 정의된 PL-프레임은 PL에 적합한 프레임이다.

[연습6.6.9] [명제6.6.7], [명제6.6.8]을 증명하시오.

이제 표준 값 매김(canonical evaluation)을 다음으로 정의한다.

(1) $1 \in V_{can}(A, \alpha) \Leftrightarrow A \in \alpha$.

(2) $0 \in V_{can}(A, \alpha) \Leftrightarrow \sim A \in \alpha$.

이로부터 우리는 PL의 완전성을 위한 다음의 표준 값 매김 보조정리(Canonical Evaluation Lemma)를 얻을 수 있다.

[보조정리6.6.10] (표준 값 매김 보조정리) V_{can}은 값 매김이다.

증명; 우선 세습 조건 (HC_1), (HC_0)은 분명하다. 따라서 우리는 표준 값 매김 V_{can}이 위의 참, 거짓 조건을 만족한다는 것을 보인다.

$(\sim_1)$을 위해 우리는

$$\alpha \Vdash^{v_{can}}_{1} \sim A \text{ iff } \alpha \Vdash^{v_{can}}_{0} A$$

를 보여야한다.

$\alpha \Vdash^{v_{can}}_{1} \sim A$라고 하자. (1)과 (2)에 의해 $\alpha \Vdash^{v_{can}}_{1} \sim A$는 $\sim A \in \alpha$와 동치이고 이는 $\alpha \Vdash^{v_{can}}_{0} A$와 동치이다.

$(\sim_0)$을 위해 우리는

$$\alpha \Vdash^{v_{can}}_{0} \sim A \quad \text{iff} \quad \alpha \Vdash^{v_{can}}_{1} A$$

를 보여야한다.

이 증명은 $(\sim_1)$의 증명과 유사하다.

$(\wedge_1)$과 $(\vee_1)$은 즉각 따라 나온다.

$(\wedge_0)$을 위해 우리는

$$\alpha \Vdash^{v_{can}}_{0} A \wedge B \quad \text{iff} \quad \alpha \Vdash^{v_{can}}_{0} A \text{ 또는 } \alpha \Vdash^{v_{can}}_{0} B$$

를 보여야한다.

$\alpha \Vdash^{v_{can}}_{0} A \wedge B$라고 하자. 그렇다면 (2)에 의해 $\sim(A \wedge B) \in \alpha$와 동치이다. 그렇다면 (PE - R의 정리로서) A18을 사용하여 우리는 이의 동치로 $\sim A \vee \sim B \in \alpha$를 얻는다. 따라서 프라임 성질에 의해 $\sim A \in \alpha$ 또는 $\sim B \in \alpha$를 얻는다. 그러므로 (2)에 의해 이는 $\alpha \Vdash^{v_{can}}_{0} A$ 또는 $\alpha \Vdash^{v_{can}}_{0} B$와

동치이다.

$(\vee_0)$을 위해 우리는

$$\alpha \Vdash^{v_{can}}_{0} A\vee B \quad \text{iff} \quad \alpha \Vdash^{v_{can}}_{0} A \text{ 그리고 } \alpha \Vdash^{v_{can}}_{0} B$$

를 보여야한다.

이 증명은 $(\wedge_0)$의 증명과 유사하다.

$(\rightarrow_{1PE})$를 위해

$$\alpha \Vdash^{v_{can}}_{1} A\rightarrow B \quad \text{iff} \quad \forall\beta\sqsupseteq\alpha \ (\text{i}) \ (\beta \Vdash^{v_{can}}_{1} A \Rightarrow \beta \Vdash^{v_{can}}_{1} B), \text{ 그리고}$$

$$(\text{ii}) \ (\beta \Vdash^{v_{can}}_{0} B \Rightarrow \beta \Vdash^{v_{can}}_{0} A)\text{를},$$

$(\rightarrow_{1PR})$을 위해 우리는

$$\alpha \Vdash^{v_{can}}_{1} A\rightarrow B \quad \text{iff} \quad \forall\beta\sqsupseteq\alpha \ (\beta \Vdash^{v_{can}}_{1} A \Rightarrow \beta \Vdash^{v_{can}}_{1} B)$$

를 보여야 한다.

각각은 던 Dunn(2000)의 [보조정리29]에 의해 성립한다.

$(\rightarrow_{0PER})$을 위해 우리는

$$\alpha \Vdash^{v_{can}}_{0} A\rightarrow B \quad \text{iff} \quad \alpha \nVdash^{v_{can}}_{1} A\rightarrow B$$

를 보여야한다.

(2)에 의해 $\alpha \Vdash^{v_{can}}_{0} A\rightarrow B$는 $\sim(A\rightarrow B)\in\alpha$와 동치이다. PE－R과 PRc－

C에 관한 한 엄밀 식들은 불 성질(Boolean properties)을 갖기 때문에 $\sim(A \rightarrow B) \in \alpha$는 $(A \rightarrow B) \notin \alpha$와 동치이다. 따라서 (1)에 의해 $\alpha \nVdash^{v_{can}}_{1} A \rightarrow B$와 동치이다.

$(\rightarrow_{OPR})$를 위해 우리는

$$\alpha \Vdash^{v_{can}}_{0} A \rightarrow B \quad \text{iff} \quad \alpha \Vdash^{v_{can}}_{1} A \text{ 그리고 } \alpha \Vdash^{v_{can}}_{0} B$$

를 보여야한다.

$\alpha \Vdash^{v_{can}}_{0} A \rightarrow B$라고 하자. 그렇다면 (2)와 공리 A20을 이용하여 우리는 $\alpha \Vdash^{v_{can}}_{0} A \rightarrow B$는 $\sim(A \rightarrow B) \in \alpha$와 동치라는 것과 $\sim(A \rightarrow B) \in \alpha$는 $A \wedge \sim B \in \alpha$와 동치라는 것을 얻는다. 그렇다면 $(\wedge_1)$에 의해 $A \in \alpha$ 그리고 $\sim B \in \alpha$와 동치이다. 따라서 (1)과 (2)에 의해 $\alpha \Vdash^{v_{can}}_{1} A$ 그리고 $\alpha \Vdash^{v_{can}}_{0} B$와 동치이다. □

PL을 위한 모델 $m_i = (\zeta, U, \sqsubseteq, v)_i$을 PL 모델이라고 부르자. 그렇다면, [보조정리6.6.10]에 의해 표준적으로 정의된 $(\zeta_{can}, U_{can}, \sqsubseteq_{can}, v_{can})$은 PL 모델이다. 따라서 헨킨 유형 구성에 의해 ζ_{can}이 우리가 선택한 정리가 아닌 A를 배제하고 $\vDash$의 표준적 정의가 속함(membership)과 일치하기 때문에, 우리는 각각의 PL의 정리가 아닌 A에 대하여 A가 $\zeta_{can} \nvDash A$인 PL 모델 A가 있다고 할 수 있다. 이는 우리가 다음과 같은 PL을 위한 약한 완전성(weak completeness)을 얻도록 한다.

[정리6.6.11] 약한 완전성(weak completeness)

$$\vDash_{PL} A\text{이면, } \vdash_{PL} A\text{이다.}$$

다음으로 PL을 위한 강한 완전성(strong completeness)을 증명해보자. 우리는 A가 식들의 집합 Γ의 PL 귀결을 다음과 동치인 것으로 정의한다. 모든 PL 모델에 대하여, 모든 B$\in\Gamma$에 대해 $\alpha\vDash$B일 때마다 모든 $\alpha\in$U에 대해 $\alpha\vDash$A이다. 우리는 A가 Γ로부터 PL-연역될 수 있다(deducible)는 것이 A가 Γ를 포함하는 모든 이론에 속하는 것을 의미하는 것으로 정의한다. 그렇다면,

[명제6.6.12] $\Gamma\nvdash_{PL}$ A이면, $\Gamma\subseteq\zeta$이고 A$\notin\zeta$인 프라임 이론 ζ가 있다.

[연습6.6.13] [명제6.6.12]를 증명하시오.

따라서 [보조정리6.6.10]와 [명제6.6.12]에 의해 다음의 강한 완전성을 보일 수 있다.

[정리6.6.14] 강한 완전성(strong completeness)

$\Gamma\vDash_{PL}$ A이면, $\Gamma\vdash_{PL}$ A이다.

제 7 장

다치, 퍼지 명제 논리

1. 들어가는 말

다치 논리(many - valued (또는 mutiple - valued) logic)는 양가 원리(law of bivalence, 모든 명제는 참이거나 거짓)로 알려진 고전 논리의 근본 전제에 해당하는 2치를 문제 삼는 데서 구상된 논리이다. 다치 논리에서는 완벽하게 참이거나 거짓이라고 말할 수 없는 문장들에 제3, 제4의 값을 부여한다. 가령 우카세비츠의 3치 논리에서는 "내일 비가 올 것이다."와 같은 미래 우연 명제에, 보흐바(D. A. Bochvar)의 3치 논리에서는 "이 문장은 거짓이다."와 같은 역설 명제에, 그리고 클리니(B. C. Kleene)의 3치 논리에서는 알고리듬에 의해서 그것의 참, 거짓을 알 수 없는 미결정 명제에 제3의 값을 부여한다.

1920년대 우카세비츠, 포스트(E. Post)의 초기 저술 이후 두드러지게 나타난 다치 논리[1]는 이후 n치, 무한 다치 형태로 개발되었고, 이후 이를 모체로 하여 퍼지 논리가 개발되었다. 이러한 논리는 기본적으로 "모호성(vagueness)"을 다루는 것으로 널리 알려져 있다. 즉 (무한) 다치 논리에서는 완벽하게 참, 거짓을 말하기 힘든 (사실) 진술들 예를 들어 "철수는 대머리이다.", "철수는 뚱뚱하다." 등에 중간 값들을 허용한다.

이러한 구상은 프레게, 러셀 같은 초기 논리주의자들의 언어와 논리에 대한 생각과는 상이한 것으로 그러한 차이는 구조적 차원에서 2치 논리의 근본 전제라고 볼 수 있는 배중률, 모순율이 다치 논리에서 일반적으로 타당하지 않다는 데서 잘 드러난다.[2]

독자들은 다치 논리와 관련된 내용들을 다른 저술들 특히 레셔의 『다치 논리(Rescher1969)』를 통해 충분히 확인할 수 있다. 이 장에서는 그

---

1) 물론 다치 논리적인 발상은 그 이전으로 소급된다. 특히 미래 우연 명제는 우리에게 널리 알려진 "해전 사례"를 통해 아리스토텔레스에게서 이미 생각된 것이다.
2) 필자의 『논리와 철학』을 참조할 것.

러한 내용을 다시 진술하기보다는 필자에 의해 연구된 새로운 체계들을 중심으로 몇몇 다치 논리의 완전성을 다룬다. 관련하여 2절에서는 독자들에게는 아직 낯설지도 모르는 크립키 의미론(의 일반화)를 이용한 3치 논리를 다룬다.

위에서 언급한 문맥에 비추어 볼 때 퍼지 논리는 다치 논리의 진리치를 확장한 논리처럼 보인다. 이러한 생각은 부분적으로는 옳고 부분적으로는 그르다. 그 이유는 퍼지 논리가 주요 다치 논리 체계들을 일반화하고 있는 것은 맞지만 퍼지 논리의 확장을 허용하지 않는 다치 논리 체계들이 있기 때문이다. 일반적으로 퍼지 논리는 선형적으로 순서지어진 구조를 갖는 즉 그러한 순서에 바탕을 둔 (대수적) 의미론에 대하여 완전한 체계들을 가리키는 반면(Běhounek & Cintula(2006)와 Cintula(2006) 참조), 다치 체계들이 반드시 선형적으로 순서지어질 필요는 없다. 이 점은 앞 장 6절에서 소개한 부분적으로 순서지어지지만 선형적으로 순서지어지는 것은 아닌 다치 체계를 통해 확인할 수 있다.

3절에서는 퍼지 논리로 간주될 수 있는 다치 체계들 특히 최근의 퍼지 논리 흐름을 반영한 논리 체계들을 소개하고 그러한 체계들의 대수적 완전성을 보인다. 4절에서는 그러한 체계들 중 일부 체계의 표준 완전성(standard completeness), 즉 단위 실수 [0, 1] 위에서의 완전성을 다룬다. 특히 우카세비츠와 더밋의 무한 다치 논리처럼 우리에게 널리 알려진 무한 다치 논리를 퍼지 논리로 소개하고 그러한 논리의 완전성을 다룬다.

2. 가(pseudo) 그리고 약(weak) 불 논리
: (*—)크립키형 3치 논리[3)]

2.1 가-불 대수 대 약-불 대수

여기서 먼저 언급할 것은 직관주의 명제 논리와 그것의 확장인 더밋 혹은 괴델의 무한 다치 논리를 특징짓는 대수(의 일부)인 가-불 대수(pseudo-Boolean algebras)의 쌍인 약-불 대수(weak-Boolean algebras)이다. 필자의 저술 Yang(2004)서 정의된 약-불 대수는 부정 접속사에 상응하는 여(complement) 연산에 있어서 가-불 대수의 가-여(pseudo-complement) 내지 하이팅 여(Heyting complement)와 쌍을 이룬다. 그 점은 약-여 조건에 해당하는 아래 (1), (2)와 우리에게 널리 알려진 하이팅 여 조건에 해당하는 (1'), (2')을 각각 비교함으로써 보다 분명해질 수 있다.

(1) $\forall a \in A,\ --a \wedge a = --a$, 즉 $--a \leq a$.
(2) $\forall a \in A,\ a \vee -a = 1$.

(1') $\forall a \in A,\ a \wedge \neg\neg a = a$, 즉 $a \leq \neg\neg a$.
(2') $\forall a \in A,\ a \wedge \neg a = 0$.

(1), (2) 각각은 정확히 (1'), (2')의 쌍이다. 이는 논리적으로 가-불 대수를 바탕으로 한 논리가 (이중부정도입으로 불리는) 구성적인 이중부정(constructive double negation)과 모순율을 받아들이는 반면, 약-불 대수를 바탕으로 한 논리는 (이중부정제거로 불리는) 고전적인 이중 부정(classical double negation)과 배중률을 받아들인다는 것을

3) 이 절의 내용은 필자의 Yang(2012a)의 일부이다. 여기서 소개되는 약-불 논리 체계들은 6장에서 소개된 초일관 논리로 간주될 수 있다.

필함한다.

크립키가 (양상 논리뿐만 아니라) 직관주의 논리 H를 위한 의미론 소위 크립키 의미론(Kripke semantics)을 제시한 이후, 그것을 일반화한 여러 의미론이 제시되었다. 이러한 의미론을 크립키형 의미론(Kripke - style semantics)이라고 하자. 토마슨은 Thomason(1969)에서 부분 값 매김("틈새(gaps)" (N))을 허용함으로써, 구성할 수 있는 거짓의 넬슨 체계 N을 위한 크립키형 의미론을 제공했다. 던은 Dunn(1976b; 2000)에서 비 - 함수 값 매김("과잉(gluts)" (B))을 허용함으로써, 연관 논리 R - mingle(RM)을 위한 크립키형 의미론을 제공했다. 특히 던은 Dunn(2000)에서 여러 연관 논리들을 위한 (N, B를 모두 포함한) 몇몇 크립키형 의미론을 제공했다.

가 - 불 부정과 약 - 불 부정을 갖는 논리를 각각 가 - 불 논리(pseudo - Boolean logics)와 약 - 불 논리(weak Boolean logics)라고 하자. 우리는 이 두 논리를 위한 크립키형 3치 의미론을 제공하기를 원한다. 우리는 가 - 불 부정을 갖는 체계로 괴델 - 더밋 3치 논리 G_3와 양상 논리 S5의 부정 대신 가 - 불 부정을 갖는 3치 논리 $S5^{pB}_3$를 소개한다. 그리고 약 - 불 부정을 갖는 체계로 G_3의 부정 대신 약 - 불 부정을 갖는 3치 논리 G^{wB}_3와 양상 논리 S5의 부정 대신 약 - 불 부정을 갖는 3치 논리 $S5^{wB}_3$를 소개한다. 우리는 각 체계를 위한 크립키형 (3치) 의미론(Kripke - style (three - valued) semantics)과 *연산을 갖는 크립키형 (3치) 의미론(* - Kripke - style (three - valued) semantics)을 제공할 것이다. 그리고 우리는 이를 통해 각 체계를 위한 건전성과 완전성을 보인다.

편의상 특별히 각 체계를 구별할 필요가 없다면 우리는 pB - L에 의해 G_3와 $S5^{pB}_3$를 함께, 그리고 wB - L에 의해 G^{wB}_3와 $S5^{wB}_3$를 함께 표현할 것이다. 그리고 (* -)크립키형 의미론에 의해 * 연산을 갖는 의미론과 그렇지 않은 의미론을 함께 표현할 것이다. 우리는 던과 필자의 Dunn(2000), Yang(2012a)과 비슷한 기호법과 용어법, 그리고 거기서 발견되는 결과들을 채택하고, 그것들에 대한 친근함을 가정한다.[4]

2.2 pB - L과 wB - L을 위한 공리 도식과 규칙들

pB - L과 wB - L은 명제 변항과 연결사 ㄱ, -, ∧, ∨, →로부터 귀납적으로 형성된 식들을 갖는 가부번의 명제 언어로 이루어진다. pB - L과 wB - L은 다음의 정의된 연결사를 갖는다.

(df1) $A \leftrightarrow B := (A \rightarrow B) \land (B \rightarrow A)$.

편의상 우리는 이 절에서 pB - L과 wB - L을 위한 공리 도식과 추론 규칙들만 제시한다. 나머지 것들에 대해서는 통상의 기호법과 용어법을 따른다. 우리가 구문 체계로 귀결 관계를 위한 공리 체계를 생각하고 있다는 데 주목하기 바란다. pB - L과 wB - L은 다음의 정의, 공리 도식과 추론 규칙들을 통해 형식화될 수 있다.

[공리 도식7.2.1] pB - L과 wB - L의 정의, 공리 도식, 추론 규칙은 다음의 형식으로 주어진다.

(i) G_3는 다음의 정의, 공리 도식, 추론 규칙으로 이루어진다.

(df2) $A \lor B := ((A \rightarrow B) \rightarrow B) \land ((B \rightarrow A) \rightarrow A)$

A1. $A \rightarrow A$ (자기 - 함의)

A2. $A \rightarrow (B \rightarrow A)$ (긍정역설)

A3. $(A \rightarrow (B \rightarrow C)) \rightarrow ((A \rightarrow B) \rightarrow (A \rightarrow C))$ (자기배분)

A4. $A \land B \rightarrow A$, $A \land B \rightarrow B$ (∧ - 제거)

---

4) 이 절에서의 보다 자세한 논의를 위해서는 필자의 Yang(2012a)을 참조할 것.

A5. ((A → B)∧(A → C)) → (A → (B∧C)) (∧ - 도입)

A6. A → A∨B, B → A∨B (∨ - 도입)

A7. ((A → C)∧(B → C)) → ((A∨B) → C) (∨ - 제거)

A8. (A∧(B∨C)) → ((A∧B)∨(A∧C)) (배분)

A9. (A → B)∨(B → A) (체인)

A10. A → ¬¬A (구성적 이중부정)

A11. ¬(A∧B) → (¬A∨¬B), (¬A∨¬B) → ¬(A∧B) (부정연언)

A12. ¬(A∨B) → (¬A∧¬B), (¬A∧¬B) → ¬(A∨B) (부정선언)

A13. A → (¬A → B) (부정역설)

A14. (¬A → B) → (((B → A) → B) → B)

긍정식(MP): A와 A → B로부터 B를 추론할 수 있다.

연접(AD): A와 B로부터 A∧B를 추론할 수 있다.

(ii) $S5_3^{wB}$는 (i)의 A1, A3 - A14, 긍정식, 연접과 다음의 공리 도식으로 이루어진다.

A15. (A → B) → (C → (A → B)) (제한긍정역설)

A16. (((A → B) → C) → (A → B)) → (A → B) (제한퍼스원리).

(iii) G_3^{wB}는 (i)의 (df2), A1 - A9, 긍정식, 연접과 다음의 공리 도식과 추론 규칙으로 이루어진다.

A10'. - - A → A (고전이중부정)

A11'. - (A∧B) → (- A∨ - B), (- A∨ - B) → - (A∧B) (부정연언)

A12'. - (A∨B) → (- A∧ - B), (- A∧ - B) → - (A∨B) (부정선언)

A13'. A → (B∨ - B) (사소화)

A17. ((A → - (C∨ - C)) → B) → (((B → A) → B) → B)

A18. ((A → B)∧ - (A → B)) → (- - A∧ - B)

A → B⊢ - B → - A (대우).

(iv) $S5_3^{wB}$는 (i)의 (df2), A1, A3 - A9, A15, A16, A10' - A13', A17, 긍정식, 연접과 다음의 공리 도식으로 이루어진다.

A19. (A → B) → (- A∨ - - B).

정의 (df2)에 의해 G_3와 G_3^{wB}에서는 연결사로 ¬, ∧, →만 취하면 된다. ¬A, A → ¬B와 같은 식들을 가-불 식이라고 하고, -A, A→-B와 같은 식들을 약-불 식이라고 하자. 아래 [표 7-1]에서 보여주듯이 이러한 식들은 B → C형식의 엄밀 식(strict formula) A와 더불어 고전 논리식들의 성질을 갖는다. 따라서 앞으로 우리는 별다른 언급 없이 이러한 식들에 대하여 고전 논리의 성질을 사용한다.

우리는 쉽게 다음을 증명할 수 있다.

[명제7.2.2] (i) G_3와 $S5_3^{pB}$는 각각 다음을 증명한다.

(1) ¬A ↔ ¬¬¬A
(2) ¬(A∧¬A)
(3) ¬A∨¬¬A
(4) (A → B) → (¬B → ¬A)
(5) (A → ¬B) → (B → ¬A)
(6) (A∧¬A) → B
(7) A → (¬B∨¬¬B)
(8) (¬¬A∧¬B) → ¬(A → B)
(9) (A → B) → ((C → A) → (C → B))

(ii) G_3는 A15과 다음을 증명한다.
(1) (A → (B → C)) ↔ ((A∧B) → C)
(2) ¬(A → B) → (¬¬A∧¬B)

(iii) $S5_3^{wB}$는 다음을 증명한다.
(1) ¬(A → B) ↔ ((A → B) → (¬¬A∧¬B))
(2) (A → B)∨¬(A → B)

(iv) G_3^{wB}와 $S5_3^{wB}$는 각각 다음을 증명한다.
(1) A∨-A

(2) $(A \rightarrow B) \rightarrow (-A \vee B)$
(3) $(--A \wedge -B) \rightarrow -(A \rightarrow B)$
(4) $-A \rightarrow B \vdash -B \rightarrow A$

(v) $S5_3^{wB}$는 다음을 증명한다.
(1) $(A \rightarrow B) \rightarrow (-B \rightarrow -A)$
(2) $(-A \rightarrow B) \rightarrow (-B \rightarrow A)$.

[연습7.2.3] [명제7.2.2]의 각 정리를 증명하시오.

논리 pB-L에서 우리는 A12 대신에 [명제7.2.2] (i) (4)를 공리 도식으로 취할 수 있다.[5] 구분할 필요가 없을 경우 앞으로 L에 의해 위 네 논리 체계를 애매하게 지시하도록 하겠다. L 위에서 이론(theory)은 식들의 집합 T이다. L 위에서 이론 T에서의 증명은 각 원소가 공리이거나 T의 원소이거나 L의 규칙에 의해 앞선 원소들로부터 도출되는 식들의 열이다. $T \vdash A$, 좀 더 정확히 $T \vdash_L A$는 L에 관한 한 T에서 A가 증명될 수 있다는 것을 의미한다. 모든 문장 A에 대하여 $T \vdash A$일 때 이론 T가 사소하다(trivial)고 한다. 그렇지 않을 경우 사소하지 않다(non-trivial)고 한다. 이론 T의 모든 식들이 엄밀 식들일 때 이론 T가 엄밀하다(strict)고 한다.

L-이론에 의해 우리는 추론 규칙들에 의해 닫힌 이론 T를 의미한다. 정규(regular) L-이론에 의해 모든 정리를 포함하는 L-이론을 의미한다. L에서 모든 정리는 임의의 식들로부터 함의될 수 있기 때문에 임의의 L-이론 T는 L의 모든 정리를 포함한다. 따라서 이 이론은 정규 이론이다. 그러므로 L-이론에 의해 앞으로 정규 이론을 의미한다.

---

5) 양상 연결사 □대신 엄밀 함의 →을 사용한 양상 논리를 위한 공리화에 대해서는 핵킹(I. Hacking)의 Hacking(1963)을 참조할 것.

$G_3^{(wB)}$에 의해 G_3와 G_3^{wB}를, $S5_3^{(pwB)}$에 의해 $S5_3^{pB}$와 $S5_3^{wB}$를 함께 표현한다. 연역 정리는 다음과 같다.

[명제7.2.4] T를 L 위에서 이론이라고 하고 A, B를 식들이라고 하자.

(i) (CDT) $T \cup \{A\} \vdash_{G_3^{(wB)}} B$ iff $T \vdash_{G_3^{(wB)}} A \rightarrow B$.

(ii) (MDT) T가 엄밀하다고 하자. $T \cup \{A\} \vdash_{S5_3^{(pwB)}} B$ iff $T \vdash_{S5_3^{(pwB)}} A \rightarrow B$.

증명; (i)과 (ii)를 위하여 던 Dunn(1986)을 참조할 것. □

편의상 문맥이 분명할 경우 "¬", "-", "→", "∧"와 "∨"는 애매하게 명제 연결사와 대수 연산자로 사용한다.

2.3 pB-L을 위한 크립키형 의미론

논리 pB-L을 위한 크립키형 의미론을 소개한 후 pB-L을 위한 건전성과 완전성을 다루도록 하겠다. 값 매김(evaluation)은 문장들로부터 진리 값을 갖지 않는 과소 결정(underdetermination)에 해당하는 집합을 포함한 참 1, 거짓 0의 두 값 매김의 집합들로의 함수이다. 우리는 3치 행렬을 속으로 간주하고, 이를 속 3_N으로 명명한다. 우리는 값 매김들의 각 집합 {0}, {1}, { }을 F, T, N으로 각각 표현한다. ¬, ∧, ∨, →를 위한 각 행렬은 아래 표와 같이 정의될 수 있다. (+는 지시값(designated value)을 나타낸다.)

[표 7-1] 3치 행렬

$\neg$	
T+	F
N	F
F	T

$\wedge$	T	N	F
T+	T	N	F
N	N	N	F
F	F	F	F

$\vee$	T	N	F
T+	T	T	T
N	T	N	N
F	T	N	F

$\to_G$	T	N	F
T+	T	N	F
N	T	T	F
F	T	T	T

$\to_{S5}$	T	N	F
T+	T	F	F
N	T	T	F
F	T	T	T

[표 7-1]에서 함의에 관한 한 G_3와 $S5_3^{pB}$ 각각을 위해 $\to_G$와 $\to_{S5}$를 취한다는 데 유의하기 바란다.

다음으로 던의 Dunn(2000)에서처럼 값 매김을 정의해보자. 속 3_N으로의 값 매김은 문장들로부터 $v(\neg A) = \neg v(A)$, $v(A \wedge B) = v(A) \wedge v(B)$, $v(A \vee B) = v(A) \vee v(B)$, $v(A \to B) = v(A) \to v(B)$인 속 3_N으로의 함수이다. $T = \{1\}$, $N = \{\ \}$, $F = \{0\}$이기 때문에 우리는 속 3_N이 일반적인 두 진리값의 부분 집합들로 구성되는 것으로 간주할 수 있다. 따라서 동등하게 값 매김은 문장들로부터 {0, 1}의 멱집합으로의 함수 v로 간주될 수 있다. 함수적 값 매김(functional evaluation)에 대하여 우리는 0, 1 ($\in v(A)$) 모두를 갖지는 않는다. 우리는 $1 \in v(A)$에 대하여 $\Vdash_1^v A$로, $0 \in v(A)$에 대하여 $\Vdash_0^v A$로 쓴다. 식 A가 그 변항에 모든 값의 할당에 대해 지시 값(들)을 가질 때 그것이 증명 가능할 경우, 우리는 행렬이 계산(calculus)에 대해 특징적인(characteristic) 행렬이라고 한다. 그리고 $v(A, \alpha)$, $\Vdash_1^v A$, $\Vdash_0^v A$를 사용하여 양상 논리에 친숙한 방식으로 값 매김을 매개한다(parameterize).

우리는 $\zeta \in U$이고 $\sqsubseteq$이 U 위에서 부분 순서인 구조 $S = (\zeta, U, \sqsubseteq)$를

프레임(frame)으로 정의한다. 던의 Dunn(2000)을 따라, 우리는 U를 "정보 상태들"의 집합으로 간주한다. α, $\beta \in$U에 대하여, $\alpha \sqsubseteq \beta$는 α의 정보가 β의 정보에 포함된다는 것을 의미한다. ζ는 가장 기본이 되는 정보 상태로 U에서 $\sqsubseteq$ 아래 가장 작은 원소로 간주해도 별 해가 없다. Σ에 의해 우리는 모든 프레임들의 집합을 지시한다. pB-L을 위해 우리는 임의의 α, $\beta \in$U에 대하여, $\alpha \sqsubseteq \beta$이거나 $\beta \sqsubseteq \alpha$라는 의미에서 $\sqsubseteq$이 연관된(connected) 프레임을 고려할 필요가 있다. 선형 순서(linear order)는 연관된 부분 순서이다. 그렇다면 선형-프레임은 $\zeta \in$U, $\sqsubseteq$이 U 위에서 선형 순서인 구조 S=(ζ, U, $\sqsubseteq$)이다.

이제 가부번의(denumerably) 문장들이 있고, 문장들의 집합이 연결사 ¬, ∧, ∨, →를 사용해서 일반적인 방법으로 문장들로부터 귀납적으로 정의된다고 하자. 선형 프레임 S 위에서 pB-L-값 매김은 문장들 × U로부터 다음의 조건에 한정된 속 3_N으로의 함수 v(A, α)이다. 우리는 $Val_{pB\text{-}L}$에 의해 이러한 값 매김들의 집합을 지시한다. 그리고 1 $\in$v(A, α)를 $\alpha \Vdash^{v}_{1}$ A로 0$\in$v(A, α)를 $\alpha \Vdash^{v}_{0}$ A로 나타낸다. 문맥에 따라 편의상 우리는 위 첨자 v를 종종 생략할 것이다.

(임의의 원자 문장 p에 대하여,)

(HC_1) $\alpha \Vdash^{v}_{1}$ p이고 $\alpha \sqsubseteq \beta$이면, $\beta \Vdash^{v}_{1}$ p이다.

(HC_0) $\alpha \Vdash^{v}_{0}$ p이고 $\alpha \sqsubseteq \beta$이면, $\beta \Vdash^{v}_{0}$ p이다.

복합 문장을 위한 진리 조건은 다음과 같다.

($\neg_1$) $\alpha \Vdash_1 \neg$A $\Leftrightarrow$ $\alpha \Vdash_0$ A.

($\neg_0$) $\alpha \Vdash_0 \neg$A $\Leftrightarrow$ $\forall \beta \sqsupseteq \alpha$, $\beta \nVdash_0$ A.

($\wedge_1$) $\alpha \Vdash_1$ A$\wedge$B $\Leftrightarrow$ $\alpha \Vdash_1$ A 그리고 $\alpha \Vdash_1$ B.

($\wedge_0$) $\alpha \Vdash_0$ A$\wedge$B $\Leftrightarrow$ $\alpha \Vdash_0$ A 또는 $\alpha \Vdash_0$ B.

($\vee_1$) $\alpha \Vdash_1 A \vee B \Leftrightarrow \alpha \Vdash_1 A$ 또는 $\alpha \Vdash_1 B$.

($\vee_0$) $\alpha \Vdash_0 A \vee B \Leftrightarrow \alpha \Vdash_0 A$ 그리고 $\alpha \Vdash_0 B$.

($\rightarrow_1$) $\alpha \Vdash_1 A \rightarrow B \Leftrightarrow \forall \beta \sqsupseteq \alpha$ (i) ($\beta \Vdash_1 A$이면 $\beta \Vdash_1 B$), 그리고
(ii) ($\beta \Vdash_0 B$이면 $\beta \Vdash_0 A$).

($\rightarrow_{0G}$) $\alpha \Vdash_0 A \rightarrow B \Leftrightarrow \alpha \Vdash_0 \neg A$ 그리고 $\alpha \Vdash_0 B$.

($\rightarrow_{0S5}$) $\alpha \Vdash_0 A \rightarrow B \Leftrightarrow \forall \beta \sqsupseteq \alpha$ (i) $\beta \Vdash_1 A$ 그리고 $\beta \nVdash B$, 또는
(ii) $\beta \Vdash_0 \neg A$이면 $\beta \Vdash_0 B$.

함의에 관한 한, G_3와 $S5_3^{pB}$ 모두를 위해 ($\rightarrow_1$)를 취한다는 데 유의하기 바란다. G_3을 위해 ($\rightarrow_{0G}$)를, $S5_3^{pB}$를 위해 ($\rightarrow_{0S5}$)를 취한다는 데도 유의하기 바란다.

임의의 식 A가 프레임 S=(ζ, U, $\sqsubseteq$)에서 pB-L-타당하다(pB-L-valid)는 것은 $\forall v \in Val_{pB\text{-}L}$, $\zeta \Vdash_1^v A$와 동치(iff)이다. T가 선형 프레임들의 집합이라고 하자. 임의의 식 A가 pB-L-타당하다는 것, 즉 기호로 $\vDash_{pB\text{-}L} A$는 모든 S($\in$T)에 대하여, A가 S에서 pB-L-타당하다는 것과 동치(iff)이다.

pB-L을 위하여 주어진 모델들의 집합 $M_{wB\text{-}Ls}$에 대하여, $\vDash$에 상응하는 귀결을 다음과 같이 정의한다.

[정의7.2.5] $\Gamma \vDash_{pB\text{-}L} A$는 모든 모델 m,=($\zeta$, U, $\sqsubseteq$, v),$\in$T에 대하여, 모든 B$\in$$\Gamma$에 대하여 $\zeta \Vdash_1^v B$이면, $\zeta \Vdash_1^v A$라는 것과 동치(iff)이다.

$\vdash_{pB\text{-}L} A$를 pB-L에서 A가 정리인 것이라고 하자. 먼저 우리는 건전성 정리에서 공리 도식의 각 사례를 입증하는 데 유용한 다음의 보조정리에 주목한다.

[보조정리7.2.6] 세습(hereditary) 보조정리

임의의 문장 A에 대하여,

(i) $\alpha \Vdash^{v}_{1}$ A이고 $\alpha \sqsubseteq \beta$이면, $\beta \Vdash^{v}_{1}$ A이고,

(ii) $\alpha \Vdash^{v}_{0}$ A이고 $\alpha \sqsubseteq \beta$이면, $\beta \Vdash^{v}_{0}$ A이다.

증명; A의 길이(length) 위에서의 귀납에 의해 이 보조정리는 즉각 따라 나온다. 예로 우리는 pB-L에 대하여 (i) A = $\neg$B이고 $\alpha \Vdash^{v}_{0}$ A인 경우와 (ii) A = B→ C이고 $\alpha \Vdash^{v}_{0}$ A인 경우를 고려한다.

(i)을 위하여 $\alpha \Vdash^{v}_{0}$ $\neg$B이고 $\alpha \sqsubseteq \beta$라고 하자. 그렇다면 ($\neg_0$)에 의해 $\beta \Vdash^{v}_{0}$ $\neg$B이다

(ii)를 위하여 $\alpha \Vdash^{v}_{0}$ B → C이고 $\alpha \sqsubseteq \beta$라고 하자. $S5^{pB}_{3}$에 관한 한 ($\to_{0S5}$)에 의해 $\beta \Vdash^{v}_{0}$ B → C이다. G_3에 관한 한 ($\to_{0G}$)에 의해 $\alpha \Vdash^{v}_{0}$ ¬B 그리고 $\alpha \Vdash^{v}_{0}$ C이다. 따라서 (i)과 귀납 가정(IH)에 의해 $\beta \Vdash^{v}_{0}$ ¬B 그리고 $\beta \Vdash^{v}_{0}$ C이다. 그렇다면 ($\to_{0G}$)에 의해 $\beta \Vdash^{v}_{0}$ B → C이다.

□

[정리7.2.7] (Yang(2012a)) 약한 건전성(weak soundness)

$\vdash_{pB\text{-}L}$ A이면, $\vDash_{pB\text{-}L}$ A이다.

증명; pB-L의 규칙들이 진리를 보존한다는 것은 분명하다. 긍정식에 대해서는 ($\to_1$)에 주목하고 $\sqsubseteq$이 반사적(reflexive)이라는 것을 상기하는 것으로 충분하다. 연접을 위해서는 ($\wedge_1$)에 주목하라. 따라서 증명은 pB-L을 위한 공리들의 입증으로 환원된다.

G_3를 위해 우리는 A2와 A14을 입증한다.

(A2) $\zeta \Vdash_1$ A → (B → A)를 점검하기 위하여 다음을 보이는 것으로

충분하다. 만약 $\zeta \sqsubseteq \alpha$라면, (i) $\alpha \Vdash_1 A$일 경우 $\alpha \Vdash_1 B \rightarrow A$이고 (ii) $\alpha \Vdash_0 B \rightarrow A$일 경우 $\alpha \Vdash_0 A$이다.

(i)을 위해, $\alpha \Vdash_1 B \rightarrow A$를 보이기 위해, 우리는 먼저 $\alpha \sqsubseteq \beta$와 $\beta \Vdash_1 B$를 가정하고 $\beta \Vdash_1 A$를 보인다. 가정에 의해 $\alpha \sqsubseteq \beta$이고 $\alpha \Vdash_1 A$이기 때문에, [보조정리7.2.6]에 의해 $\beta \Vdash_1 A$이 즉각 따라 나온다.

(ii)를 위해, $\alpha \Vdash_0 B \rightarrow A$라고 하자. ($\rightarrow_{0G}$)에 의해, $\alpha \Vdash_0 \neg B$이고 $\alpha \Vdash_0 A$이다. 그렇다면 원하던 대로 $\alpha \Vdash_0 A$이다.

(A14) [명제7.2.2] (ii) (1)과 긍정식 때문에 우리는 대신 다음을 보일 수 있다. $\zeta \Vdash_1 ((\neg A \rightarrow B) \wedge ((B \rightarrow A) \rightarrow B)) \rightarrow B$. 그렇다면 우리는 다음을 보여야 한다. (i) $\alpha \Vdash_1 (\neg A \rightarrow B) \wedge ((B \rightarrow A) \rightarrow B)$이면 $\alpha \Vdash_1 B$, 그리고 (ii) $\alpha \Vdash_0 B$이면 $\alpha \Vdash_0 (\neg A \rightarrow B) \wedge ((B \rightarrow A) \rightarrow B)$이다.

(i)을 위하여, ($\wedge_1$)에 의해 우리는 $\alpha \Vdash_1 \neg A \rightarrow B$와 $\alpha \Vdash_1 (B \rightarrow A) \rightarrow B$를 가정하고 $\alpha \Vdash_1 B$를 보인다. 모순을 일으키기 위해 $\alpha \Vdash_1 \neg A \rightarrow B$, $\alpha \Vdash_1 (B \rightarrow A) \rightarrow B$, 그리고 $\alpha \nVdash_1 B$라고 하자. $\alpha \nVdash_1 B$이기 때문에, $\alpha \nVdash_1 \neg A$이고 따라서 ($\neg_1$)에 의해, $\alpha \nVdash_0 A$이다. 그렇다면 $\alpha \Vdash_1 A$이거나 $\alpha \nVdash_1 A$이다. $\alpha \Vdash_1 A$이라고 하자. 그렇다면 $\alpha \Vdash_1 B \rightarrow A$이다. 따라서 $\alpha \Vdash_1 (B \rightarrow A) \rightarrow B$이기 때문에 $\alpha \Vdash_1 B$이다. 이는 모순이다. $\alpha \nVdash_1 A$라고 하자. 그렇다면 $\alpha \nVdash_1 B \rightarrow A$이고 $\alpha \nVdash_0 A$이기 때문에, $\alpha \nVdash_0 B$이다. 그러나 $\alpha \nVdash_0 A$와 $\alpha \nVdash_1 B$는 $\alpha \Vdash_1 B \rightarrow A$를 함의하기 때문에, $\alpha \Vdash_1 B$이고 이는 모순이다.

(ii)를 위하여, 우리는 대신 $\alpha \nVdash_0 (\neg A \rightarrow B) \wedge ((B \rightarrow A) \rightarrow B)$를 가정하고 $\alpha \nVdash_0 B$를 보인다. 가정과 ($\wedge_0$)로부터, $\alpha \nVdash_0 \neg A \rightarrow B$와 $\alpha \nVdash_0 (B \rightarrow A) \rightarrow B$가 따라 나온다. 이제 ($\rightarrow_{0G}$), ($\neg_1$), 그리고 A10을 사용하여, 우리는 $\alpha \nVdash_1 \neg A$나 $\alpha \nVdash_0 B$, 그리고 $\alpha \nVdash_1 B \rightarrow A$나 $\alpha \nVdash_0 B$를 얻는다. 모순을 일으키기 위해 $\alpha \Vdash_0 B$라고 하자. 그렇다면 $\alpha \nVdash_1 \neg A$이고 $\alpha \nVdash_1 B \rightarrow A$이다. 그러나 $\alpha \nVdash_1 B$이기 때문에 $\alpha \Vdash_1 B \rightarrow A$ 또한 성립하고 이는 모순이다.

$S5^{pB}_{3}$에 관한 한 우리는 A3와 A16을 입증한다.

(A3) 우리는 다음을 보여야 한다. (i) $\alpha \Vdash_1 A \rightarrow (B \rightarrow C)$라면 $\alpha \Vdash_1 (A \rightarrow B) \rightarrow (A \rightarrow C)$이고, (ii) $\alpha \Vdash_0 (A \rightarrow B) \rightarrow (A \rightarrow C)$라면 $\alpha \Vdash_0 A \rightarrow (B \rightarrow C)$이다.

(i)을 위하여, $\alpha \Vdash_1 (A \rightarrow B) \rightarrow (A \rightarrow C)$를 보이기 위해, 우리는 만약 $\beta \sqsupseteq \alpha$라면, $\beta \Vdash_1 A \rightarrow B$일 경우 $\beta \Vdash_1 A \rightarrow C$라는 것을 증명한다. 이를 위하여 우리는 만약 $\gamma \sqsupseteq \beta$라면, $\gamma \Vdash_1 A$일 경우 $\gamma \Vdash_1 C$라는 것을 보인다. 우리는 $\alpha \sqsubseteq \beta \sqsubseteq \gamma$, $\alpha \Vdash_1 A \rightarrow (B \rightarrow C)$, $\beta \Vdash_1 A \rightarrow B$와 $\gamma \Vdash_1 A$를 가정하고 $\gamma \Vdash_1 C$를 보일 수 있다. [보조정리7.2.6]에 의해 $\gamma \Vdash_1 A \rightarrow B$이기 때문에 $\gamma \Vdash_1 B$이다. 유사하게 $\gamma \Vdash_1 A \rightarrow (B \rightarrow C)$이고 따라서 $\gamma \Vdash_1 B \rightarrow C$이기 때문에 $\gamma \Vdash_1 C$이다.

(ii)를 위하여, $\alpha \Vdash_0 (A \rightarrow B) \rightarrow (A \rightarrow C)$라고 하자. 그렇다면 ($\neg_1$)에 의해 $\alpha \Vdash_1 \neg((A \rightarrow B) \rightarrow (A \rightarrow C))$이다. 따라서 (i)과 대우를 사용하여, 우리는 $\alpha \Vdash_1 \neg(A \rightarrow (B \rightarrow C))$를 얻을 수 있다. 그렇다면 ($\neg_1$)에 의해 우리가 원하던 대로 $\alpha \Vdash_0 A \rightarrow (B \rightarrow C)$이다.

(A16) 우리는 (i) $\alpha \Vdash_1 ((A \rightarrow B) \rightarrow C) \rightarrow (A \rightarrow B)$이면 $\alpha \Vdash_1 A \rightarrow B$이고, (ii) $\alpha \Vdash_0 A \rightarrow B$이면 $\alpha \Vdash_0 ((A \rightarrow B) \rightarrow C) \rightarrow (A \rightarrow B)$라는 것을 보여야 한다. (i)을 위하여 $\alpha \Vdash_1 A \rightarrow B$를 보이기 위해, 우리는 (ia) $\beta \sqsupseteq \alpha$이면, $\beta \Vdash_1 A$일 경우 $\beta \Vdash_1 B$라는 것과, (ib) $\beta \sqsupseteq \alpha$이면, $\beta \Vdash_0 B$일 경우 $\beta \Vdash_0 A$라는 것을 보일 필요가 있다. $\alpha \Vdash_1 ((A \rightarrow B) \rightarrow C) \rightarrow (A \rightarrow B)$가 $\beta \Vdash_1 ((A \rightarrow B) \rightarrow C) \rightarrow (A \rightarrow B)$를 함의하기 때문에, (ia)를 위해 우리는 $\beta \Vdash_1 ((A \rightarrow B) \rightarrow C) \rightarrow (A \rightarrow B)$와 $\beta \Vdash_1 A$를 가정하고 $\beta \Vdash_1 B$를 보인다. 모순을 일으키기 위해 $\beta \nVdash_1 B$라고 하자. 그렇다면 $\beta \Vdash_1 A$이고 $\beta \nVdash_1 B$이기 때문에, ($\rightarrow_1$)에 의해 $\beta \nVdash_1 A \rightarrow B$이다. 이제 우리는 임의의 문장 C를 취할 수 있기 때문에 $\beta \Vdash_1 (A \rightarrow B) \rightarrow C$이다. 그렇다면 $\beta \Vdash_1 A \rightarrow B$이고 따라서 $\beta \Vdash_1 B$이다. 이는 모순이다. (A3) (ii)의 증명에서처럼, 우리는

(ib)와 (ii)를 (ia), 대우, 그리고 ($\neg_1$)을 사용해 증명할 수 있다.

다른 공리 도식의 증명은 관심 있는 독자들의 몫이다. □

우리는 이제 잘 알려진 양상 논리를 위한 헨킨 유형의 증명을 사용하여 pB-L을 위한 완전성을 보이도록 한다. 식들의 쌍 A, B에 대하여 $T\vdash A\lor B$일 때, $T\vdash A$이거나 $T\vdash B$일 경우 이론 T가 프라임(prime)이라고 하자. 추가로 T가 프라임 pB-L-이론인 데서 T에 의해 결정된 표준적인 pB-L-프레임을 다음의 구조로 정의한다. 구조 $S_{,}=(\zeta_{can}, U_{can}, \sqsubseteq_{can})$,는 ζ_{can}이 이론 T이고, U_{can}이 ζ_{can}을 확장하는 프라임 pB-L-이론들의 집합이고, $\sqsubseteq_{can}$이 U_{can}에 제약된 ⊆인 구조이다. 기초 ζ_{can}이 pB-L의 정리가 아닌 것들을 배제하는 즉 $\nvdash_{pB\text{-}L} A$인 A들을 배제하는 프라임 pB-L-이론으로 구성된다는 데 주목하자. 표준 pB-L-프레임의 부분 순서와 선형 순서는 U_{can}에 제약된 ⊆에 의존한다. 따라서 우선 다음은 분명하다.

[명제7.2.8] 표준 pB-L-프레임은 선형적으로 순서지어진다.

증명; 던 Dunn(2000)의 [명제26]에 의해. □

이제 표준 값 매김(canonical evaluation)을 다음으로 정의한다.

(3) $1\in V_{can}(A, \alpha) \Leftrightarrow A\in\alpha$.
(4) $0\in V_{can}(A, \alpha) \Leftrightarrow \neg A\in\alpha$.

이로부터 우리는 pB-L의 완전성을 위한 다음의 표준 값 매김 보조정리를 얻을 수 있다.

[보조정리7.2.9] (표준 값 매김 보조정리) V_{can}은 값 매김이다.

증명; 우선 세습 조건 (HC_1), (HC_0)은 분명하다. 따라서 우리는 표준 값 매김 V_{can}이 위의 참, 거짓 조건을 만족한다는 것을 보인다.

($\neg_1$)을 위해 우리는

$$\alpha \Vdash^{v_{can}}_{1} \neg A \text{ iff } \alpha \Vdash^{v_{can}}_{0} A$$

를 보여야한다.

$\alpha \Vdash^{v_{can}}_{1} \neg A$라고 하자. 그렇다면 (3)과 (4)에 의해 $\alpha \Vdash^{v_{can}}_{1} \neg A$는 $\neg A \in \alpha$와 동치(iff)이고 $\alpha \Vdash^{v_{can}}_{0} A$와 동치이다.

($\neg_0$)을 위해 우리는

$$\alpha \Vdash^{v_{can}}_{0} \neg A \text{ iff } \forall \beta \sqsupseteq \alpha,\ \beta \nVdash_0 A$$

를 보여야한다.

왼쪽에서 오른쪽으로의 증명을 위해 $\alpha \Vdash^{v_{can}}_{0} \neg A$라고 하자. (4)에 의해, $\alpha \Vdash^{v_{can}}_{0} \neg A$는 $\neg\neg A \in \alpha$와 동치이다. 그렇다면 $\neg A \notin \alpha$이다. 왜냐하면 그렇지 않다면 $\neg\neg A \wedge \neg A \in \alpha$이고 따라서 [명제7.2.2] (i) (6)에 의해 임의의 식 B에 대하여 $B \in \alpha$이기 때문에 α는 사소하게 된다. 그러므로 (4)에 의해 $\alpha \nVdash^{v_{can}}_{0} A$이다. 나아가 $\beta \sqsupseteq \alpha$라면, $\neg\neg A \in \beta$이다. 따라서 유사하게 우리는 $\neg A \notin \beta$를 보일 수 있다. 그러므로 $\beta \nVdash^{v_{can}}_{0} A$이다.

오른쪽에서 왼쪽으로의 증명을 위해 먼저 만약 $\forall \beta \sqsupseteq \alpha$, $\neg A \notin \beta$라

면, $\neg\neg A \in \alpha$라는 것을 보이는 것으로 충분하다는 데 주목하기 바란다. 대우에 의해 우리는 이를 증명한다. [명제7.2.2] (i) (3), 정상성, 그리고 프라임 성질에 의해, $\neg\neg A \notin \alpha$일 경우 $\neg A \in \alpha$라는 것은 분명하다. 그렇다면 $\neg\neg A \notin \beta$인 프라임 이론 $\beta(\sqsupseteq \alpha)$를 구성함으로써, 우리는 $\neg A \in \beta$를 얻을 수 있다.

($\wedge_1$)과 ($\vee_1$)은 즉각 따라 나온다.

($\wedge_0$)을 위해 우리는

$$\alpha \Vdash^{v_{can}}_{0} A \wedge B \quad \text{iff} \quad \alpha \Vdash^{v_{can}}_{0} A \text{ 또는 } \alpha \Vdash^{v_{can}}_{0} B$$

를 보여야 한다.

$\alpha \Vdash^{v_{can}}_{0} A \wedge B$라고 하자. 그렇다면 (4)에 의해 $\alpha \Vdash^{v_{can}}_{0} A \wedge B$는 $\neg(A \wedge B) \in \alpha$와 동치이다. 그러므로 A11을 사용해서 $\neg A \vee \neg B \in \alpha$와 동치이고, 따라서 프라임 성질에 의해 $\neg A \in \alpha$이거나 $\neg B \in \alpha$이다. 그러므로 (4)에 의해 $\alpha \Vdash^{v_{can}}_{0} A$이거나 $\alpha \Vdash^{v_{can}}_{0} B$이다.

($\vee_0$)을 위해 우리는

$$\alpha \Vdash^{v_{can}}_{0} A \vee B \quad \text{iff} \quad \alpha \Vdash^{v_{can}}_{0} A \text{ 그리고 } \alpha \Vdash^{v_{can}}_{0} B$$

를 보여야 한다. 이는 ($\wedge_0$)과 유사하게 증명된다.

($\rightarrow_1$)을 위해 우리는

$$\alpha \Vdash^{v_{can}}_{1} A \rightarrow B \text{ iff } \forall \beta \sqsupseteq \alpha \text{ (i) } (\beta \Vdash^{v_{can}}_{1} A\text{이면 } \beta \Vdash^{v_{can}}_{1} B)\text{, 그리고}$$
$$\text{(ii) } (\beta \Vdash^{v_{can}}_{0} B\text{이면 } \beta \Vdash^{v_{can}}_{0} A)$$

를 보여야 한다. 이는 던 Dunn(2000)의 [보조정리26]에서처럼 증명된다.

($\rightarrow_{0G}$)를 위해 우리는

$$\alpha \Vdash^{v_{can}}_{0} A \rightarrow B \quad \text{iff} \quad \alpha \Vdash^{v_{can}}_{0} \neg A\text{이고 } \alpha \Vdash^{v_{can}}_{0} B$$

를 보여야 한다. $\alpha \Vdash^{v_{can}}_{0} A \rightarrow B$라고 하자. (4)에 의해, $\alpha \Vdash^{v_{can}}_{0} A \rightarrow B$ 는 $\neg(A \rightarrow B) \in \alpha$와 동치이다. 그렇다면 [명제7.2.2] (i) (9)와 (ii) (2)에 의해 $\neg\neg A \wedge \neg B \in \alpha$와 동치이다. (3)과 ($\wedge_1$)에 의해, $\neg\neg A \wedge \neg B \in \alpha$는 $\neg\neg A \in \alpha$ 그리고 $\neg B \in \alpha$와 동치이고, 따라서 (4)에 의해, $\alpha \Vdash^{v_{can}}_{0} \neg A$와 $\alpha \Vdash^{v_{can}}_{0} B$와 동치이다.

($\rightarrow_{0S5}$)를 위해 우리는

$$\alpha \Vdash^{v_{can}}_{0} A \rightarrow B \quad \text{iff} \quad \forall \beta \sqsupseteq \alpha \text{ (i) } (\beta \Vdash^{v_{can}}_{1} A\text{이고 } \beta \nVdash^{v_{can}}_{1} B)\text{, 또는}$$
$$\text{(ii) } (\beta \Vdash^{v_{can}}_{0} \neg A\text{이고 } \beta \Vdash^{v_{can}}_{0} B)$$

를 보여야한다. 이는 대신 다음을 보이는 것으로 충분하다.

$$\neg(A \rightarrow B) \in \alpha \quad \text{iff} \quad \forall \beta \sqsupseteq \alpha,\ A \in \beta\text{가 } B \in \beta\text{를 함의한다면,}$$
$$\neg\neg A \in \beta\text{이고 } \neg B \in \beta.$$

왼쪽으로부터 오른쪽으로의 증명을 위하여 $\neg(A \rightarrow B) \in \alpha$라고 하자. [명제7.2.2] (iii) (1)을 사용해서 우리는 $(A \rightarrow B) \rightarrow (\neg\neg A \wedge \neg B) \in \alpha$를 얻을 수 있다. $\beta \sqsupseteq \alpha$이고, $A \in \beta$라면 $B \in \beta$라고 하자. 그렇다면 $A \rightarrow B \notin \alpha$가 A, $\alpha \nVdash$ B를 함의하고, 그로 인해 우리는 $B \notin \beta$이고 $\beta \sqsupseteq \alpha \cup \{A\}$인 프라임 이론 β를 구성할 수 있기 때문에 $A \rightarrow B \in \alpha$이다. 그렇다면 긍

정식에 의해, $\neg\neg A \wedge \neg B \in \alpha$이고, 그로 인해 $\neg\neg A \in \alpha$ 그리고 $\neg B \in \alpha$이다. 그렇다면 $\beta \sqsupseteq \alpha$이기 때문에, $\neg\neg A \in \beta$이고 $\neg B \in \beta$라는 것을 확신할 수 있다. (사실, $A \rightarrow B \notin \alpha$이다. 왜냐하면 그렇지 않다면 $\neg(A \rightarrow B) \in \alpha$이기 때문에, α는 사소한 이론이 된다.)

오른쪽으로부터 왼쪽으로 증명하기 위해 우리는 대우를 사용한다. 먼저 $A \rightarrow B \in \alpha$가 $\forall \beta \sqsupseteq \alpha$에 대해, $A \in \beta$이면 $B \in \beta$인 것을 함의한다는데 주목하자. 이제 $\neg(A \rightarrow B) \notin \alpha$라고 하자. 그렇다면 [명제7.2.2] (iii) (2)와 프라임 성질에 의해, $A \rightarrow B \in \alpha$이다. 나아가 [명제7.2.2] (i) (8)에 의해, $\neg\neg A \wedge \neg B \notin \alpha$이고 따라서 $\neg\neg A \notin \alpha$이거나 $\neg B \notin \alpha$이다. 이는 우리가 $\neg\neg A \notin \beta$이거나 $\neg B \notin \beta$인 사실 $\neg B \notin \beta$인 프라임 이론 $\beta(\sqsupseteq \alpha)$를 구성할 수 있다는 것을 함의한다. 그러므로 이 프라임 이론 β에서, $A \in \beta$이면 $B \in \beta$이고, 또 $\neg\neg A \notin \beta$이거나 $\neg B \notin \beta$이다.

□

pB-L을 위한 모델 $m_i = (\zeta, U, \sqsubseteq, v)_i$을 pB-L 모델이라고 부르자. 그렇다면, [보조정리7.2.9]에 의해 표준적으로 정의된 $(\zeta_{can}, U_{can}, \sqsubseteq_{can}, V_{can})$은 pB-L 모델이다. 따라서 헨킨 유형 구성에 의해 ζ_{can}이 우리가 선택한 정리가 아닌 A를 배제하고 $\vDash$의 표준적 정의가 속함(membership)과 일치하기 때문에, 우리는 각각의 pB-L의 정리가 아닌 A에 대하여 A가 $\zeta_{can} \nvDash A$인 pB-L 모델 A가 있다고 할 수 있다. 이는 우리가 다음과 같은 pB-L을 위한 약한 완전성(weak completeness)을 얻도록 한다.

[정리7.2.10] 약한 완전성(weak completeness)

$$\vDash_{pB\text{-}L} A\text{이면, } \vdash_{pB\text{-}L} A\text{이다.}$$

다음으로 pB-L을 위한 강한 완전성(strong completeness)을 증명해보자. 우리는 A가 식들의 집합 Γ의 pB-L 귀결을 다음과 동치인 것으로 정의한다. 모든 pB-L 모델에 대하여, 모든 B$\in\Gamma$에 대해 $\alpha\models$B일 때마다 모든 $\alpha\in$U에 대해 $\alpha\models$A이다. 우리는 A가 Γ로부터 pB-L-연역될 수 있다(deducible)는 것이 A가 Γ를 포함하는 모든 이론에 속하는 것을 의미하는 것으로 정의한다. 그렇다면 다음이 성립한다.

[명제7.2.11] Γ가 pB-L 위에서 이론 특히 $S5_3^{pB}$의 경우 엄밀 이론이라고 하자. $\Gamma \nvdash_{pB\text{-}L}$ A이면, $\Gamma\subseteq\zeta$이고 A$\notin\zeta$인 사소하지 않은 프라임 이론 ζ가 있다.

증명; pB-L이 G_3라고 하자. pB-L의 정합식들의 열거 $\{A_n: n\in\omega\}$를 취하자. 우리는 집합들의 열을 귀납에 의해 다음처럼 정의한다.

$\zeta_0 = \{A': \Gamma \vdash_{pB\text{-}L} A'\}$

$\zeta_{i+1} = Th(\zeta_i \cup \{A_{i+1}\})$, $\quad\zeta_i, A_{i+1} \vdash_{pB\text{-}L}$ A가 아닐 경우,

ζ_i, $\quad$그 외.

이제 ζ를 이러한 ζ_n들 모두의 합이라고 하자. ζ가 A를 포함하지 않는 이론이라는 것은 분명하다. 우리는 그것이 프라임이라는 것을 보인다. (모순을 일으키기 위해) B$\vee$C$\in\zeta$이고 B, C$\notin\zeta$라고 하자. 그렇다면 $\zeta\cup$B와 $\zeta\cup$C로부터 얻어진 이론들은 모두 A를 포함해야 한다. 이로부터 D$\wedge$B$\vdash_{pB\text{-}L}$A이고 D$\wedge$C$\vdash_{pB\text{-}L}$A인 ζ의 원소들의 연언 D가 있다. $\vdash_{pB\text{-}L}$ A $\rightarrow$ B이면 A$\vdash_{pB\text{-}L}$B라는 데 주목하자. 그렇다면 공리 A7과 긍정식에 의해 (D$\wedge$B)$\vee$(D$\wedge$C)$\vdash_{pB\text{-}L}$A를 얻는다. 그리고 [명제7.2.2] (i)(9), A8, 긍정식에 의해, D$\wedge$(B$\vee$C)$\vdash_{pB\text{-}L}$A이다. 이로부터 A$\in\zeta$이고 이는 가정에 모순을 일으킨다.

5^{pB}_{3}를 위한 증명은 유사하다. 우리가 엄밀 이론을 취하고 귀납에 의해 그러한 이론들의 열을 정의하는 것이 필요하다는 데만 주의한다. 그렇다면 나머지 증명은 G_3와 거의 유사하다. □

따라서 [보조정리7.2.9]와 [명제7.2.11]에 의해 다음의 강한 완전성을 보일 수 있다.

[정리7.2.12] 강한 완전성(strong completeness)

$$\Gamma \vDash_{pB\text{-}L} A\text{이면, } \Gamma \vdash_{pB\text{-}L} A\text{이다.}$$

2.4 pB-L을 위한 ∗-크립키형 의미론

논리 pB-L을 위한 크립키형 의미론에서처럼, 우리는 pB-L을 위한 ∗ 연산을 갖는 크립키형 의미론 즉 ∗-크립키형 의미론을 제공한다. 우리는 여기서 공리 A12 대신 대우 즉 $(A \rightarrow B) \rightarrow (\neg B \rightarrow \neg A)$를 공리 도식으로 취한다. (대우를 공리 도식으로 취하고 A12를 증명할 수 있고 그 역도 성립한다는 데 주목하라.) ∗-크립키형 의미론이 크립키형 의미론에 ∗ 연산을 더하여 얻어지기 때문에, 우리는 이제 pB-L을 위한 크립키형 의미론에서와 다른 몇몇 정의를 제공한다.

우리는 $\zeta \in U$이고 ⊑이 U 위에서 부분 순서이고 ∗가 다음 공준을 만족하는 U 위에서 일항 연산인 구조 $S = (\zeta, U, \sqsubseteq, *)$를 프레임(frame)으로 정의한다.

p1. $\alpha \sqsubseteq \alpha^{**}$
p2. $\alpha \sqsubseteq \beta \Rightarrow \beta^{*} \sqsubseteq \alpha^{*}$

연관 논리를 위한 루트리 - 마이어 의미론으로부터 * 연산을 빌려왔다는 데 주의하기 바란다. 선형 - 프레임은 $\zeta \in U$, ⊑이 U 위에서 선형 순서 *가 p1, p2를 만족하는 U 위에서 일항 연산인 구조 S = (ζ, U, ⊑, *)이다.

선형 프레임 S 위에서 pB - L - 값 매김에 대하여 (원자) 세습 조건들은 2.3절에서와 같다. * - 크립키형 의미론을 위한 복합 문장에 대한 참, 거짓 조건은 2.3절에서처럼 주어진다. 단 ($\neg_1$), ($\neg_0$), ($\rightarrow_{0G}$), ($\rightarrow_{0S5}$) 대신에 아래 ($\neg'_1$), ($\neg'_0$), ($\rightarrow'_{0G}$), ($\rightarrow'_{0S5}$) 조건을 갖는다.

($\neg'_1$) $\alpha \Vdash_1 \neg A \Leftrightarrow \alpha \Vdash_0 A \Leftrightarrow \alpha^* \nVdash_1 A\ (\Leftrightarrow \alpha^* \Vdash_0 A)$.

($\neg'_0$) $\alpha \Vdash_0 \neg A \Leftrightarrow \alpha \nVdash_0 A \Leftrightarrow \alpha^* \nVdash_0 A\ (\Leftrightarrow \alpha^* \Vdash_1 A)$.

($\rightarrow'_{0G}$) $\alpha \Vdash_0 A \rightarrow B \Leftrightarrow \alpha \nVdash_0 A$ 그리고 $\alpha \Vdash_0 B$.

($\rightarrow'_{0S5}$) $\alpha \Vdash_0 A \rightarrow B \Leftrightarrow \forall \beta \sqsupseteq \alpha$ (i) $\beta \Vdash_1 A$ 그리고 $\beta \nVdash_1 B$, 또는
(ii) $\beta \nVdash_0 A$ 그리고 $\beta \Vdash_0 B$이다.

나머지 정의는 2.3절에서와 거의 같다.

pB - L의 건전성을 보이기에 앞서 이를 위한 세습 보조정리를 먼저 증명한다.

[보조정리7.2.13] 세습(hereditary) 보조정리

임의의 문장 A에 대하여,

(i) $\alpha \Vdash^v_1 A$이고 $\alpha \sqsubseteq \beta$이면, $\beta \Vdash^v_1 A$이고,

(ii) $\alpha \Vdash^v_0 A$이고 $\alpha \sqsubseteq \beta$이면, $\beta \Vdash^v_0 A$이다.

증명; A 위에서의 귀납에 의해 이 보조정리는 즉각 따라 나온다. 예로 우리는 pB - L에 대하여 (i) A = ¬B이고 $\alpha \Vdash^v_0 A$인 경우와 (ii) A = B →

C이고 $\alpha \Vdash^{v}_{0}$ A인 경우를 고려한다.

(i)을 위하여 $\alpha \Vdash^{v}_{0} \neg$B이고 $\alpha \sqsubseteq \beta$라고 하자. 그렇다면 ($\neg'_0$)에 의해 $\alpha^* \nVdash^{v}_{0}$B이다. 따라서 p2와 귀납 가정에 의해 $\beta^* \nVdash^{v}_{0}$ B이다. 그러므로 ($\neg_0$)에 의해 $\beta \Vdash^{v}_{0} \neg$B이다.

(ii)를 위하여 $\alpha \Vdash^{v}_{0}$ B → C이고 $\alpha \sqsubseteq \beta$라고 하자. 그렇다면 $S5^{pB}_{3}$에 관한 한 ($\rightarrow'_{0S5}$)에 의해 $\beta \Vdash^{v}_{0}$ B → C이다. G_3에 관한 한 ($\neg'_0$)과 ($\rightarrow'_{0G}$)에 의해 $\alpha \Vdash^{v}_{0} \neg$B이고 $\alpha \Vdash^{v}_{0}$ C이다. 따라서 (i)과 귀납 가정에 의해 $\beta \Vdash^{v}_{0} \neg$ B이고 $\beta \Vdash^{v}_{0}$C이다. 그렇다면 ($\neg'_0$)에 의해 $\beta \nVdash^{v}_{0}$ B이다. 따라서 ($\rightarrow'_{0G}$)에 의해 $\beta \Vdash^{v}_{0}$ B →C이다. □

[정리7.2.14] **약한 건전성**(weak soundness)

$\vdash_{pB\text{-}L}$ A이면, $\vDash_{pB\text{-}L}$ A이다.

증명; 약한 건전성 증명을 위하여 우리는 A10을 한 예로 입증한다. A10을 위하여, 우리는 (i) $\alpha \Vdash_1$ A이면 $\alpha \Vdash_1 \neg\neg$A와 (ii) $\alpha \Vdash_0 \neg\neg$A이면 $\alpha \Vdash_0$ A를 보여야 한다. 먼저, (i)을 위하여 $\alpha \Vdash_1$ A를 가정하자. 조건 p1과 [보조정리7.2.13]에 의해 $\alpha^{**} \Vdash_1$ A이다. 그렇다면 ($\neg'_1$)을 두 번 사용하여 $\alpha^* \nVdash_1$ A이고 (바라던 대로) $\alpha \Vdash_1 \neg\neg$A이다. (ii)는 ($\neg'_0$)을 두 번 사용하여 얻어진다. □

이제 우리는 T가 프라임 pB - L - 이론인 데서 T에 의해 결정된 표준

pB-L-프레임(canonical pB-L-frame)이 ζ_{can}이 T 이론이고, U_{can}이 ζ_{can}을 확장하는 프라임 pB-L-이론들의 집합이라고 하고, $\sqsubseteq_{can}$이 U_{can}에 제약된 ⊆, $^*_{can}$이 U_{can}에 제약된 ∗인 구조 $S=(\zeta_{can}, U_{can}, \sqsubseteq_{can}, {}^*_{can})$라고 하자. 우리는 pB-L의 각 부정 공리 도식 A10과 대우에 대하여 그에 상응하는 의미론적 공준 p1, p2가 성립할 때, 우리는 프레임이 pB-L에 적합하다(fitting)고 한다. α가 프라임 이론인 데서 α^*가 ¬A가 α에 속하지 않는 즉,

(5) $\alpha^* = \{A: \neg A \notin \alpha\}$

인 모든 식 A의 집합이라고 하자.

그렇다면 표준 pB-L-프레임이 부분적으로 순서지어져 있고 연결되어서 그로 인해 선형적으로 순서지어져 있다는 것은 분명하다. 우리는 대신 다음을 증명한다.

[명제7.2.15] 표준적으로 정의된 pB-L-프레임은 pB-L에 적합한 프레임이다.

증명; p1을 위하여 우리는 $A \in \alpha$를 가정한다. 그렇다면 A10에 의해 $\neg\neg A \in \alpha$이다. 그렇다면 (5)에 의해 $\neg\neg A \in \alpha$는 $\neg A \notin \alpha^*$와 동치이고 이는 다시 $A \in \alpha^{**}$와 동치이다.

p2를 위해 우리는 먼저 $\sqsubseteq_{can}$이 아래 U_{can}에 제약된 ⊑로 간주한다.

(6) $\alpha \sqsubseteq \beta$는 pB-L의 임의의 식 A, B에 대하여 $A \rightarrow B \in \zeta_{can}$이고 $A \in \alpha$이면, $B \in \beta$인 것과 동치이다.

다음으로 $\alpha \sqsubseteq_{can} \beta$라고 하자. 우리는 $A \rightarrow B \in \zeta_{can}$과 $A \in \beta^*$를 가정하고 $B \in \alpha^*$를 보인다. 모순을 끌어내기 위해 $B \notin \alpha^*$라고 하자. 그렇다면

(5)에 의해 $\neg B \in \alpha$이다. 따라서 정리 $(A \rightarrow B) \rightarrow (\neg B \rightarrow \neg A)$와 가정에 의해 $\neg B \rightarrow \neg A \in \zeta_{can}$이고 $\alpha \sqsubseteq_{can} \beta$이기 때문에, (6)에 의해 $\neg A \in \beta$이다. 그러므로 (5)에 의해 $A \notin \beta^*$이다. 이는 가정에 모순된다. □

표준 값 매김은 위에서처럼 정의된다. 이를 사용하여 우리는 다음의 표준 값 매김 보조정리를 얻을 수 있다.

[보조정리7.2.16] (표준 값 매김 보조정리) V_{can}은 값 매김이다.

증명; 우리는 표준 값 매김 V_{can}이 참, 거짓 조건 $(\neg'_1)$, $(\neg'_0)$, $(\rightarrow'_{0G})$, $(\rightarrow'_{0S5})$를 만족한다는 것을 보인다.

$(\neg'_1)$을 위해 우리는

$$\alpha \Vdash^{v_{can}}_{1} \neg A \text{ iff } \alpha \Vdash^{v_{can}}_{0} A \text{ iff } \alpha^* \nVdash^{v_{can}}_{1} A \text{ (iff } \alpha^* \Vdash^{v_{can}}_{0} A)$$

를 보여야 한다.

$\alpha \Vdash^{v_{can}}_{1} \neg A$라고 하자. 그렇다면 (3)과 (4)에 의해 $\alpha \Vdash^{v_{can}}_{1} \neg A$는 $\neg A \in \alpha$와 동치(iff)이고 $\alpha \Vdash^{v_{can}}_{0} A$와 동치이다. 그렇다면 (5)와 (3)에 의해 $A \notin \alpha^*$와 동치이고 $\alpha^* \nVdash^{v_{can}}_{1} A$와 동치이다. 이제 우리는 $\alpha \Vdash^{v_{can}}_{1} \neg A$ iff $\alpha^* \Vdash^{v_{can}}_{0} A$를 증명한다. $\alpha \Vdash^{v_{can}}_{1} \neg A$라고 하자. 먼저 (4), A10, 그리고 (5)에 의해, $\neg A \in \alpha$이면 $\neg\neg\neg A \in \alpha$이고 이는 $\neg\neg A \notin \alpha^*$와 동치이다. 그렇다면 [명제7.2.2] (3), 정상성, 그리고 프라임 성질은 $\neg\neg A \notin \alpha^*$이면 $\neg A \in \alpha^*$라는 것과 (4)에 의해 이는 $\alpha^* \Vdash^{v_{can}}_{0} A$와 동치라는 것을 보장한다. 이제 역으로 $\alpha^* \Vdash^{v_{can}}_{0} A$라고 하자. 그렇다면 (3)과 (4)에 의해,

$\alpha^* \Vdash^{v_{can}}_{0}$ A는 $\neg A \in \alpha^*$와 그리고 $\neg A \in \alpha^*$는 $\neg\neg A \notin \alpha$와 동치이다. 그렇다면 [명제7.2.2] (3), 정상성, 그리고 프라임 성질은 $\neg\neg A \notin \alpha$이면 $\neg A \in \alpha$라는 것을 보장한다. 그렇다면 (3)에 의해 $\alpha \Vdash^{v_{can}}_{1} \neg A$이다.

($\neg'_0$)을 위해 우리는

$$\alpha \Vdash^{v_{can}}_{0} \neg A \text{ iff } \alpha \nVdash^{v_{can}}_{0} A \text{ iff } \alpha^* \Vdash^{v_{can}}_{1} A \text{ (iff } \alpha^* \nVdash^{v_{can}}_{0} A)$$

를 보여야 한다. 이의 증명은 ($\neg'_1$)의 증명과 유사하다.

($\rightarrow'_{0G}$)를 위해 우리는

$\alpha \Vdash^{v_{can}}_{0} A \rightarrow B$ iff $\alpha \nVdash^{v_{can}}_{0} A$이고 $\alpha \Vdash^{v_{can}}_{0} B$, 그리고

($\rightarrow'_{0S5}$)를 위해 우리는

$\alpha \Vdash^{v_{can}}_{0} A \rightarrow B$ iff $\beta \sqsupseteq \alpha$ (i) ($\beta \Vdash^{v_{can}}_{1} A$이고 $\beta \nVdash^{v_{can}}_{1} B$), 또는

(ii) ($\beta \nVdash A$이고 $\beta \Vdash^{v_{can}}_{0} B$)

를 보여야 한다. 이 둘의 증명은 [보조정리7.2.9]에서와 거의 같다.

□

그렇다면 [보조정리7.2.16]을 사용하여 2.3절에서처럼 pB-L을 위한 완전성 정리를 보일 수 있다.

[정리7.2.17] 강한 완전성(strong completeness)

이론 T는 pB-L 위에서 ($S5^{pB}_{3}$에 관한 한 엄밀한) 이론이라고 하자. $\Gamma \vDash_{pB\text{-}L}$ A이면, $\Gamma \vdash_{pB\text{-}L}$ A이다.

2.5 wB-L을 위한 (*-)크립키형 의미론

먼저 '-' 기호에 의해 wB-L의 부정을 표현한다는 데 유의하자. 이로 인하여 우리는 wB-L을 위한 공리 도식 A11과 A12에서 ㄱ 대신 -을 취한다. 논리 체계 wB-L는 pB-L과 같은 연역 정리를 갖는다([명제7.2.4]를 참조할 것).

이제 값 매김(evaluation)은 문장들로부터 참, 거짓 두 진리 값을 모두 갖는 과잉 결정(overdetermination)에 해당하는 집합을 포함한 참 1, 거짓 0의 두 진리 치 집합들로의 함수이다. 우리는 3치 행렬을 속으로 간주하고, 이를 속 3_B로 명명한다. 우리는 진리 치들의 각 집합 {0}, {1}, {0, 1}을 F, T, B로 각각 표현한다. 속 3_B는 중간 값으로 N을 B로 대치한 것을 제외하고 2.3절에서 속 3_N과 같다는 데 유의하자.

∧, ∨, →를 위한 각 행렬은 N 대신에 B를 취한 것을 제외하고 나머지는 [표 7-1]에서의 ∧, ∨, →를 위한 각 행렬과 같다. 부정 -을 위한 행렬은 [표 7-2]와 같다.

[표 7-2] 약-불 부정을 위한 3치 행렬

-	
T+	F
B	T
F	T

다음으로 2.3절에서처럼 값 매김을 정의할 수 있다. 속 3_B로의 값 매김은 문장들로부터 $v(-A) = -v(A)$, $v(A \wedge B) = v(A) \wedge v(B)$, $v(A \vee B) = v(A) \vee v(B)$, $v(A \rightarrow B) = v(A) \rightarrow v(B)$인 속 3_B로의 함수이다. 이 정의는 2.3절에서 속 3_N으로의 값 매김과 거의 같다. 다만 wB-L은 pB-L의 함수적 값 매김 대신 총 값 매김(total evaluation)을 갖는다는 데 유의

하자. 총 값 매김에 대하여 우리는 항상 적어도 0, $1 \in v(A)$를 갖는다. pB - L을 위한 프레임 정의와 유사하게 우리는 wB - L을 위한 (* -)크립키형 의미론을 위한 프레임을 정의한다. 우리는 단지 wB - L이 A10 대신 A10'을 갖기 때문에 * - 크립키형 의미론에서 연산 *는 (p2뿐만 아니라) p1 대신,

$$\text{p1'}.\ \alpha^{**} \sqsubseteq \alpha$$

를 만족한다.

선형 프레임 S 위에서 wB - L - 값 매김은 $G^{wB}{}_3$를 위해 참, 거짓 조건 $(\rightarrow_{1G})$와 $(\rightarrow_{0G})$를 제외하고 나머지는 pB - L과 같다. 단, 약 - 불 부정의 표현으로 ¬ 대신 ⁻을 사용하고, 이에 따라 부정에 관한 참, 거짓 조건들은 $(\neg_1)$, $(\neg_0)$, $(\neg'_1)$, $(\neg'_0)$ 대신 $(^-{}_1)$, $(^-{}_0)$, $(^-{}'_1)$, $(^-{}'_0)$에 의해 표현되어야 한다.

$(\rightarrow_{1G})$ $\alpha \Vdash_1 A \rightarrow B \Leftrightarrow \forall \beta \sqsupseteq \alpha$ ($\beta \Vdash_1 A$이면 $\beta \Vdash_1 B$).

$(\rightarrow_{0S5})$ $\alpha \Vdash_0 A \rightarrow B \Leftrightarrow$ (i) $\alpha \nVdash_0 A$ 그리고 $\alpha \Vdash_0 B$, 또는

(ii) $\alpha \nVdash_1 A \rightarrow B$.

wB - L을 위한 (프레임 S에서) 타당성과 귀결 관계에 대한 다른 정의는 pB - L에서와 거의 같다. 우리는 단지 그러한 정의가 pB - L 대신 wB - L을 위한 것이란 데 주목한다.

$\vdash_{wB\text{-}L} A$가 wB - L에서 A의 정리를 나타낸다고 하자. 우리는 먼저 wB - L을 위한 세습 보조정리와 건전성을 증명한다.

[보조정리7.2.18] 세습(hereditary) 보조정리

임의의 문장 A에 대하여,

(i) $\alpha \Vdash^v_1 A$이고 $\alpha \sqsubseteq \beta$이면, $\beta \Vdash^v_1 A$이고

(ii) $\alpha \Vdash^{v}_{0}$ A이고 $\alpha \sqsubseteq \beta$이면, $\beta \Vdash^{v}_{0}$ A이다.

증명; [보조정리7.2.6]을 보라. □

[정리7.2.19] (Yang(2012a)) 약한 건전성(weak soundness)

$$\vdash_{\mathbf{wB\text{-}L}} A\text{이면, } \vDash_{\mathbf{wB\text{-}L}} A\text{이다.}$$

증명; pB-L에서처럼 wB-L의 규칙들이 진리를 보존한다는 것은 분명하다. 우리는 wB-L을 위한 공리 도식들의 각 사례가 모든 프레임에서 타당하다는 즉 wB-L-타당하다는 것을 보인다. 이를 위하여 우리는 G^{wB}_{3}를 위해 A18을 그리고 $S5^{wB}_{3}$를 위해 A19를 예를 들어 입증한다.

(A18) 우리는 다음을 보여야 한다. (i) $\alpha \Vdash_0 (A \to B) \wedge -(A \to B)$ 이거나 $\alpha \nVdash_0 --A \wedge -B$, 그리고 (ii) $\alpha \Vdash_1 ((A \to B) \wedge -(A \to B)) \to (--A \wedge -B)$이다.

(ii)를 위하여, 우리는 $\beta \sqsupseteq \alpha$와 $\beta \Vdash_1 (A \to B) \wedge -(A \to B)$를 가정하고 $\beta \Vdash_1 --A \wedge -B$를 보인다. $\beta \Vdash_1 (A \to B) \wedge -(A \to B)$라고 하자. ($\wedge_1$)과 ($-_1$)에 의해, 우리는 $\beta \Vdash_1 --A \to B$ 그리고 $\beta \Vdash_0 A \to B$를 얻는다. 그렇다면, ($\to_{0G}$)와 가정에 의해, $\beta \nVdash_0 A$와 $\beta \Vdash_0 B$를 얻게 된다. 따라서, $\beta \Vdash_0 -A$이고 이로 인해 ($-_1$)에 의해, 우리는 $\beta \Vdash_1 --A$와 $\beta \Vdash_1 -B$를 얻는다. 그러므로 ($\wedge_1$)에 의해 바라던 대로 우리는 $\beta \Vdash_1 --A \wedge -B$를 얻는다. 즉 (ii)가 성립한다. 그렇다면 $\alpha \Vdash_1 (A \to B) \wedge -(A \to B)$가 $\alpha \Vdash_1 --A \wedge -B$를 함의하기 때문에, 우리는 약-불 식들의 불 대수 성질을 이용하여 (i)을 얻을 수 있다.

(A19) 우리는 다음을 보여야 한다. (i) $\alpha \Vdash_1 A \rightarrow B$이면 $\alpha \Vdash_1 -A \vee --B$이고, (ii) $\alpha \Vdash_0 -A \vee --B$이면 $\alpha \Vdash_0 A \rightarrow B$이다.

(i)을 위하여, 우리는 대신 $\alpha \Vdash_1 A \rightarrow B$와 $\alpha \nVdash_1 --B$를 가정하고 $\alpha \Vdash_1 -A$를 보일 수 있다. 이제 $\alpha \Vdash_1 A \rightarrow B$이고 $\alpha \nVdash_1 --B$라고 하자. 배중률 즉 [명제7.2.2] (iv) (1)에 의해, 우리는 $\alpha \Vdash_1 -B$ 그리고 $(-_1)$에 의해 $\alpha \Vdash_0 B$를 얻을 수 있다. 그렇다면 $\alpha \Vdash_1 A \rightarrow B$이고 $\alpha \Vdash_0 B$이기 때문에, 우리는 $\alpha \Vdash_0 A$를 얻는다. 따라서 $(-_1)$에 의해 바라던 대로 $\alpha \Vdash_1 -A$를 얻는다. (ii)는 (i), 대우, 그리고 $(-_1)$에 의해 따라 나온다.

wB-L을 위한 다른 공리 도식들의 입증은 독자들의 몫이다. □

wB-L을 위한 완전성 증명을 제공하기 위하여 우리는 앞서와 마찬가지로 잘 알려진 헨킨 유형의 증명을 사용한다. 우리는 이론과 표준적인 프레임에 대하여 앞에서와 같은 정의를 갖는다. 다만 우리는 여기서 이러한 정의가 pB-L이 아닌 wB-L을 위한 정의라는 데 유의한다. 하지만 우리는 *-크립키형 의미론에서 표준적으로 정의된 wB-L-프레임이 wB-L에 대하여 적합한 프레임이라는 것을 보일 필요가 있다. (이와 관련하여 wB-L-프레임이 p1 대신 p1'을 갖는다는 데 유의하자.)

[명제7.2.20] 표준적으로 정의된 wB-L-프레임은 wB-L을 위한 프레임이다.

증명; 조건 p1'을 위하여 우리는 $A \in \alpha^{**}$를 가정한다. 그렇다면 (5)에 의해, $A \in \alpha^{**}$는 $-A \notin \alpha^{*}$와 동치이고 이는 다시 $-A \in \alpha$와 동치이다. 따라서 A10'에 의해 우리는 $A \in \alpha$를 얻는다. □

다음으로 우리는 wB－L의 완전성을 위하여 표준 값 매김(canonical evaluation) 보조정리를 증명한다. 다만 wB－L이 약－불 부정의 표현으로 ㄱ 대신 －을 사용한다는 것을 제외하고 나머지는 2.3, 2.4절에서의 표준 값 매김의 정의와 같다는 데 주의하다.

[보조정리7.2.21] (표준 값 매김 보조정리) V_{can}은 값 매김이다.

증명; 우리는 표준 값 매김 V_{can}이 참 조건 $(-'_1)$, $(\rightarrow_{1G})$와 거짓 조건 $(-'_0)$, $(\rightarrow_{0G})$를 만족시킨다는 것을 보일 필요가 있다. $(-'_1)$과 $(-'_0)$를 위한 증명은 [보조정리7.2.16]에서 $(\neg''_1)$을 위한 증명과 유사하기 때문에, 우리는 $(\rightarrow_{1G})$와 $(\rightarrow_{0G})$만 증명한다.

$(\rightarrow_{1G})$를 위해 우리는

$$\alpha \Vdash^{v_{can}}_{1} A \rightarrow B \text{ iff } \forall \beta \sqsupseteq \alpha \ (\beta \Vdash^{v_{can}}_{1} A\text{이면 } \beta \Vdash^{v_{can}}_{1} B)$$

를 보여야 한다. 이는 던 Dunn(2000)의 [보조정리29]에서처럼 증명된다.

$(\rightarrow_{0G})$를 위해 우리는

$$\alpha \Vdash^{v_{can}}_{0} A \rightarrow B \text{ iff (i) } \alpha \nVdash_0 A \text{ 그리고 } \alpha \Vdash_0 B, \text{ 또는 (ii) } \alpha \nVdash_1 A \rightarrow B$$

를 보여야 한다. 그렇다면 다음을 보이는 것으로 충분하다.

$$-(A \rightarrow B) \in \alpha \text{ iff (i) } --A \wedge -B \in \alpha \text{ 또는 (ii) } A \rightarrow B \notin \alpha.$$

왼쪽에서 오른쪽의 증명을 위하여 $--(A \rightarrow B) \in \alpha$라고 하자. 그렇다면 우리는 대신 $A \rightarrow B \in \alpha$이면 $--A \wedge -B \in \alpha$라는 것을 보일 수 있다. 추가로 이제 $A \rightarrow B \in \alpha$를 가정하자. 그렇다면, $-(A \rightarrow B) \wedge (A \rightarrow B) \in \alpha$이고, 따라서 A18에 의해 바라던 대로 $--A \wedge -B \in \alpha$이다.

오른쪽에서 왼쪽으로의 증명을 위하여 $--A \wedge -B \in \alpha$라고 하자. 그렇다면 [명제7.2.2] (iv) (3)에 의해, 우리는 $-(A \rightarrow B) \in \alpha$를 얻을 수 있다. $A \rightarrow B \notin \alpha$라고 하자. 그렇다면 배중률, 정상성, 그리고 프라임 성질은 $-(A \rightarrow B) \in \alpha$라는 것을 보장한다.

□

pB-L을 위한 모델에서와 유사하게 wB-L을 위한 모델 m을 wB-L 모델이라고 부르자. 그렇다면 [보조정리7.2.21]에 의해 표준적으로 정의된 (ζ_{can}, U_{can}, $\sqsubseteq_{can}$, ($*_{can}$,) v_{can})은 wB-L 모델이다. 나아가 pB-L에서처럼 우리는 wB-L 귀결에 대한 정의를 줄 수 있다. 그렇다면 [보조정리7.2.21]을 이용하여, 우리는 2.3, 2.4절에서처럼 wB-L을 위한 완전성 증명을 제공할 수 있다.

[정리7.2.22] 강한 완전성(strong completeness)

이론 T는 wB-L 위에서 ($S5_3^{pB}$에 관한 한 엄밀한) 이론이라고 하자. $\Gamma \vDash_{wB\text{-}L}$ A이면, $\Gamma \vdash_{wB\text{-}L}$ A이다.

[연습7.2.23] [정리7.2.22]를 증명하시오.

3. 퍼지 논리 : 유니놈에 기초한 체계들

3.1 들어가는 말

무한 다치 논리로 우리에게 널리 알려진 체계는 우카세비츠의 ŁC와 괴델과 더밋에 의해 소개된 체인 원리 (c)를 갖는 직관주의 명제 계산 H의 확장 LC이다. 한 가지 흥미로운 사실은 이러한 체계들은 최근 퍼지 논리로 연구되고 있고 또 그러한 논리로 소개되고 있다는 것이다. 퍼지 논리는 넓은 의미로 선형적으로 순서 지어질 수 있는 체계들을 가리킨다. 이러한 체계들 중 단위 실수 [0, 1] 위에서 완전할 수 있는 체계들은 핵심(core) 퍼지 논리로 불린다(Cintula et al.(2009) 참조). 이 절에서 특별히 소개할 체계들은 핵심 퍼지 논리로 간주될 수 있는 체계들이다. (여기서는 퍼지 논리에서 많이 사용되는 기호법에 따라 ŁC와 LC를 각각 Ł, G로 표현한다.)

최근에 이루어진 퍼지 논리 연구에 대한 독자들의 이해를 돕기 위하여 먼저 그 흐름을 간단히 소개하기로 하겠다. 무한 다치 체계들로 가장 잘 알려진 사례들은 우카세비츠의 논리 Ł, 괴델-더밋 논리 G, 그리고 곱 논리(Product logic)로 불리는 Π이다. 1990년대 후반 하엑(P. Hájek)은 Hájek(1998)에서 기본 퍼지 논리(Basic fuzzy logic) BL을 소개하였고, 동시에 Ł, G, Π이 이의 공리적 확장으로 간주될 수 있다는 것을 보였다. BL 체계는 연속인 t-규범(continuous t-norms)에 의해 특징지어질 수 있는 논리로 오늘날 소개되고 있다. 이후 에스테바와 고도(F. Esteva & L. Godo)는 Esteva & Godo(2001)에서 BL을 더 일반화 한 논리로 모노이드 t-규범 논리(Monoidal t-norm logic) MTL을 소개하였고, 예네이와 몬테그나(S. Jenei & F. Montagna)는 이 논리가 좌-연속 t-규범(left-continuous t-norms)에 의해 특징지어질 수 있다는 것을 증명하였다(Jenei & Montagna(2002)).

t - 규범은 단위 실수 [0, 1] 위에서 교환, 결합, 단조성 성질을 만족하는 1을 항등원으로 갖는 이항 연산이다. t - 규범이 퍼지 논리(이론)에서 중요한 역할을 하는 것은 맞지만 이 연산은 보상 행위(compensating behavior)를 인정하지 않는다. 데티니엑키(Detyniecki)가 Detyniecki(2001)에서 언급하듯, t - 규범들은 낮은 값들(low values)이 높은 값들(high values)에 의해 보상되는 것을 허용하지 않는다. 이러한 이유로 예거와 라이발로프(R. R. Yager and A. Rybalov)는 Yager & Rybalov(1996)에서 유니놈(uninorms)을 t - 규범의 일반화로 소개했다. 이 연산은 [0, 1]의 어느 곳에서든 항등원을 가질 수 있다. 유니놈의 소개 이후, 최근 이에 의해 특징지어질 수 있는 논리 체계들이 멧칼페(G. Metcalfe), 멧칼페와 몬테그나(G. Metcalfe & F. Montagna) 등에 의해 소개되었다(Metcalfe(2004), Metcalfe & Montagna(2007) 등 참조).[6)]

t - 규범에 기반 한 논리는 유니놈에 의해 기반한 논리이기도 하기 때문에 여기서는 유니놈에 기반 한 논리로 몇몇 주요 퍼지 논리 체계들을 소개한다. 이를 위하여 3.2절에서는 가장 기본이 되는 유니놈 논리 UL의 공리적 확장(extension)에 해당하는 체계들을 소개한다. 그리고 다음으로 3.3절에서는 UL의 공리적 확대(expansion)에 해당하는 체계들을 소개한다. 참고로 공리적 확대에 해당하는 체계들은 일반적으로 그것의 기초가 되는 논리에서 허용하지 않는 새로운 연결사를 갖는 체계들이다. 가령 고전 명제 논리와 양상 논리의 관계가 그러하다. (양상 논리 체계들은 필연성과 가능성에 상응하는 양상 연결사 □, ◇와 이에 상응하는 공리를 고전 논리에 덧붙여 얻어진다.) 우리는 퍼지 논리에서 가장 많이 사용되는 소위 바즈(M. Baaz) 연결사로 불리는 Δ를 갖는 확대 체계들을 고려한다.

6) 유니놈은 기본적으로 교환, 결합 법칙을 만족한다. 아주 최근에는 교환 법칙, 결합 법칙도 만족하지 않는 체계들이 연구되고 있다. 이에 관한 소개는 다음 기회로 미룬다.

3.2 유니놈에 기초한 체계들 (I) : 확장 체계들

우리는 명제 변항들의 집합 *VAR*, 이항 연결사 →, &, ∧, ∨, 그리고 상항 T, F, f, t와 다음으로 정의된 이항 연결사들로부터 귀납적으로 구성된 식들 *FOR*을 갖는 가부번의(countable) 명제 언어 위에서 유니놈(에 기반 한) 논리를 정초한다.

(df1) $\sim\varphi := \varphi \to f$.

(df2) $\varphi \leftrightarrow \psi := (\varphi \to \psi) \wedge (\psi \to \varphi)$.

추가로 우리는 φ^n_t을 $\varphi_t := \varphi \wedge t$인 n개의 구성요소를 갖는 φ_t & ⋯ & φ_t로 정의한다. 나머지에 대해서는 통상의 기호법과 용어법을 따른다. 아울러 귀결 관계를 제공하기 위하여 공리 체계를 사용한다.

우리는 가장 기본적인 퍼지 논리로 다음의 유니놈 논리 UL의 공리화로 시작한다.

[정의7.3.1] UL은 다음의 공리 도식과 추론 규칙으로 이루어진다.

A1. $\varphi \to \varphi$ (자기 - 함의)

A2. $(\varphi \wedge \psi) \to \varphi$, $(\varphi \wedge \psi) \to \psi$ (∧ - 제거)

A3. $((\varphi \to \psi) \wedge (\varphi \to \chi)) \to (\varphi \to (\psi \wedge \chi))$ (∧ - 도입)

A4. $\varphi \to (\varphi \vee \psi)$, $\psi \to (\varphi \vee \psi)$ (∨ - 도입)

A5. $((\varphi \to \chi) \wedge (\psi \to \chi)) \to ((\varphi \vee \psi) \to \chi)$ (∨ - 제거)

A6. $\varphi \to T$

A7. $F \to \varphi$

A8. $(\varphi \ \&\ \psi) \to (\psi \ \&\ \varphi)$ (& - 교환)

A9. $(\varphi \ \&\ t) \leftrightarrow \varphi$ (항등)

A10. $(\varphi \to \psi) \to ((\psi \to \chi) \to (\varphi \to \chi))$ (접미화)

A11. $(\varphi \to (\psi \to \chi)) \leftrightarrow ((\varphi \ \&\ \psi) \to \chi)$ (잔여)

A12. $(\varphi \to \psi)_t \vee (\psi \to \varphi)_t$ (t - 전선형(prelinearity))

$\varphi \rightarrow \psi, \ \varphi \vdash \psi$ (긍정식)

$\varphi, \ \psi \vdash \varphi \wedge \psi$ (연접).

체계 UL은 곱셈과 덧셈 형태의 직관주의 선형 논리(Multiplicative additive intuitionistic linear logic) MAILL에 A12를 덧붙임으로써 얻어진 체계이다. 유니놈(에 기반한) 논리들은 다음처럼 적절한 공리 도식이 추가된 UL의 확장으로 정의된다.

[정의7.3.2] 한 논리가 L의 공리적 확장 (간단히 확장(extension))이라는 것은 그것이 L로부터 공리 도식을 추가함으로써 얻어진다는 것과 동치이다. 특별히 다음은 UL을 확장한 잘 알려진 유니놈 논리 체계들이다.

IUL: UL + (이중부정제거) $\sim\sim\varphi \rightarrow \varphi$

UML: UL + (멱등) $(\varphi \& \varphi) \leftrightarrow \varphi$

IUML: IUL + (멱등) , (고정점) $t \leftrightarrow f$

MTL: UL + (약화) $\varphi \rightarrow (\psi \rightarrow \varphi)$

BL: MTL + (분리) $(\varphi \wedge \psi) \rightarrow (\varphi \& (\varphi \rightarrow \psi))$

Ł: BL + (이중부정제거)

G: BL (또는 MTL) + (멱등)

Π: BL + (Π1) $\neg\neg\chi \rightarrow ((\varphi \& \chi \rightarrow \psi \& \chi) \rightarrow (\varphi \rightarrow \psi))$, (Π2) $(\varphi \wedge \neg\varphi) \rightarrow F$.

위에서 소개된 체계들에서 우리는 다음을 쉽게 증명할 수 있다.

[명제7.3.3]

(i) MAILL은 다음을 증명한다.

(1) $(\varphi_t \& \varphi_t) \rightarrow \varphi_t$

(ii) UL은 다음을 증명한다.

(1) $(\varphi \& (\psi \& \chi)) \leftrightarrow ((\varphi \& \psi) \& \chi)$ (& - 결합)

(2) 각 n에 대하여, $(\varphi \rightarrow \psi)^n_t \vee (\psi \rightarrow \varphi)^n_t$ (^n_t - 전선형)

(3) $(\varphi \rightarrow \psi) \vee (\psi \rightarrow \varphi)$ (전선형)

(iii) IUL은 다음을 증명한다.

(1) $(\varphi \,\&\, \psi) \leftrightarrow \sim(\varphi \rightarrow \sim\psi)$

(2) $(\varphi \rightarrow \psi) \leftrightarrow \sim(\varphi \,\&\, \sim\psi)$

(3) $\sim\sim\varphi \leftrightarrow \varphi$ (이중부정).

[연습7.3.4] [명제7.3.3]에서 소개된 정리들을 증명하시오.

구분할 필요가 없을 경우 앞으로 L에 의해 [정의7.3.1]과 [정의7.3.2]에서 소개된 유니놈 논리 체계를 애매하게 지시하도록 하겠다. L 위에서 이론(theory)은 식들의 집합 T이다. L 위에서 이론 T에서의 증명은 각 원소가 공리이거나, T의 원소이거나, L의 규칙에 의해 앞선 원소들로부터 도출되는 식들의 열이다. $T \vdash \varphi$, 좀 더 정확히 $T \vdash_L \varphi$는 L에 관한 한 T에서 φ가 증명될 수 있다는 것을 의미한다. $T \vdash F$일 경우 우리는 이론 T가 비일관적(inconsistent)이라고 한다. 그렇지 않을 경우 일관적(consistent)이라고 한다.

L을 위한 (준(local)) (t -)연역 정리는 다음과 같다.

[명제7.3.5] T를 L 위에서 이론이라고 하고 φ, ψ를 식들이라고 하자.

(i) (LDT_t) $T \cup \{\varphi\} \vdash_L \psi$ iff $T \vdash_L \varphi^n_t \rightarrow \psi$인 n이 있다.

(ii) (DT_t) (멱등)을 갖는 L에 대하여,

$T \cup \{\varphi\} \vdash_L \psi$ iff $T \vdash_L \varphi_t \rightarrow \psi$.

(iii) ((L)DT) (약화)를 갖는 L에 대하여,

$T \cup \{\varphi\} \vdash_L \psi$ iff $T \vdash_L \varphi^n \rightarrow \psi$인 n이 있다.

(iv) (DT) (약화)와 (멱등)을 갖는 L에 대하여,

$T \cup \{\varphi\} \vdash_L \psi$ iff $T \vdash_L \varphi \rightarrow \psi$.

[연습7.3.6] [명제7.3.5]를 증명하시오.

편의상 문맥이 분명할 경우 "~", "→", "∧"와 "∨"는 애매하게 명제 연결사와 대수 연산자로 사용한다.

L을 위한 적절한 대수적 구조들은 갈라토스(외) Galatos et al.(2007)의 의미에서의 교환 잔여 속들(commutative residuated lattices)의 버라이어티의 부분버라이어티(subvariety)로 얻어진다. (연관 논리에서 소개된 연산자 ○은 퍼지 논리에서는 ∗로 많이 표현된다. 여기서는 퍼지 논리의 기호법을 따라 ∗로 표시한다.)

[정의7.3.7] 강조된 닫힌 교환 잔여 속(pointed bounded commutative residuated lattice)은 아래와 같은 구조 A = (A, ⊤, ⊥, t, f, ∧, ∨, ∗, →)이다.

(Ⅰ) (A, ⊤, ⊥, ∧, ∨)은 최대, 최소 원소 ⊤, ⊥를 갖는 닫힌 속(bounded lattice)이다.

(Ⅱ) (A, ∗, t)는 다음을 만족한다. 어떤 t와 모든 x, y, z∈A에 대하여,

(a) $x * y = y * x$ (교환(commutativity))

(b) $t * x = x$ (항등(identity))

(c) $x * (y * z) = (x * y) * z$ (결합(associativity))

(Ⅲ) 모든 x, y, z∈A에 대하여,

$y \leq x \rightarrow z$ iff $x * y \leq z$ (잔여(residuation)).

강조된 닫힌 교환 잔여 속들의 집합(class)은 체계 MAILL을 특징짓는다. 따라서 우리는 앞으로 그러한 속을 MAILL-대수로 명명한다.

(II-b, c)를 만족하는 (A, ∗, t)는 *모노이드(monoid)*이다. 따라서 (II-a, b, c)를 만족하는 (A, ∗, t)는 교환 모노이드이다. 위 속을 정의하기 위해 (III) 대신에 하옉의 Hájek(1998)에서처럼 여러 등식들을 취할 수 있다. 그렇다면 UL을 특징짓는 UL-대수는 다음으로 정의된다.

[정의7.3.8] (UL - 대수) $x_t := x \wedge t$라고 하자. UL - 대수는 다음을 만족하는 강조된 닫힌 교환 잔여 속이다.

$$(pl_t)\ t \leq (x \rightarrow y)_t \vee (y \rightarrow x)_t.$$

[정의7.3.8]과 유사하게 우리는 위에서 소개된 나머지 체계들에 상응하는 대수들을 정의할 수 있다.

MAILL - 대수의 순서가 선형적일 때 즉 각각의 쌍 x, y에 대하여, $x \leq y$이거나 $y \leq x$ (동치로, $x \wedge y = x$이거나 $x \wedge y = y$)일 때, 그 대수는 선형적으로 순서지어진다(linearly ordered)고 한다.

앞에서 L 체계란 명명처럼 앞으로 우리가 특별히 구분할 필요가 없다면 L - 대수에 의해 L 체계에 상응하는 대수를 애매하게 표현한다.

값 매김, 항진, 모델, 귀결 등에 대한 정의는 다음과 같다.

[정의7.3.9] (값 매김) A가 L - 대수라고 하자. A - 값 매김은 다음을 만족하는 함수 $v : FOR \rightarrow A$이다. $v(\varphi \rightarrow \psi) = v(\varphi) \rightarrow v(\psi)$, $v(\varphi \wedge \psi) = v(\varphi) \wedge v(\psi)$, $v(\varphi \vee \psi) = v(\varphi) \vee v(\psi)$, $v(\varphi \ \&\ \psi) = v(\varphi) * v(\psi)$, $v(F) = \bot$, $v(f) = f$, (그리고 $v(\sim\varphi) = \sim v(\varphi)$, $v(T) = \top$, $v(t) = t$).

[정의7.3.10] A는 L - 대수, T는 이론, φ는 식, **K**는 A - 대수들의 집합(class)이라고 하자.

(i) (항진(Tautology)) 각각의 A - 값 매김 v에 대하여, $v(\varphi) \geq t$일 때, φ는 A에서 *t - 항진* 간단히 *A - 항진*이다 (또는 *A - 타당*하다).

(ii) (모델(Model)) 임의의 $\varphi \in T$에 대하여, $v(\varphi) \geq t$일 때, φ는 T의 *A - 모델*이다. *Mod(T, A)*에 의해 우리는 T의 A - 모델들의 집합(class)을 지시한다.

(iii) (의미론적 귀결) 각각의 $A \in \mathbf{K}$에 대하여, $Mod(T, A) = Mod(T \cup \{\varphi\}, A)$일 때, φ는 **K**에 관한 한 T의 *의미론적 귀결*이다. $T \vDash_{\mathbf{K}} \varphi$에 의해 우리는 이러한 귀결을 지시한다.

[정의7.3.11] (L-대수) **L**은 퍼지 체계, T는 이론, φ는 식, A는 대수라고 하자. φ가 T에서 L-증명 가능 할 때마다 즉 $T \vdash_L \varphi$일 때, A의 집합에 관한 한 φ가 의미론적 귀결일 때 우리는 A를 **L**-대수라고 부른다. $MOD^{(l)}(L)$에 의해 우리는 (선형적으로 순서지어진) **L**-대수들의 집합을 지시한다. 아울러 $T \models_{MOD^{(l)}(L)} \varphi$ 대신 $T \models^{(l)}_{L} \varphi$라고 쓴다.

L-대수를 위한 각 조건이 등식 형태를 갖고 있거나 등식으로 정의될 수 있기 때문에 모든 L-대수들의 집합이 버라이어티라는 것을 확신할 수 있다. 그렇다면 6장 5절에서와 유사한 방식으로 우리는 체계 L이 주어진 정의를 이용하여 L-대수들의 버라이어티에 의해 특징지어질 수 있다는 것을 보일 수 있다.

[연습7.3.12] L이 대수적으로 완전하다는 것을 보이시오.

L의 대수적 완전성에 대한 표준적 증명 방식이 앞에서 이미 소개되었기 때문에 우리는 대신 L이 약한 함의 퍼지 논리(weakly implicative fuzzy logic)라는 것을 보인다. 이 또한 L의 완전성을 함의한다.

[정의7.3.13] 각 이론 T와 식 φ에 대하여, φ가 T에서 L-증명 가능할 때마다 즉 $T \vdash_L \varphi$일 때, $T' \vdash_L \varphi$를 만족하는 유한 이론 $T'(\subseteq T)$가 존재하는 것이 성립할 때 논리 L이 유한적(finitary)이라고 한다.

한 논리가 유한하다는 것은 그것이 유한한 방식으로 표현될 수 있다는 것과 동치라는 것을 보일 수 있다. 따라서 우리는 L이 유한적이라는 것을 쉽게 보일 수 있다. (우리는 이미 유한한 방식으로 L을 표현하였다.) 각 식들의 쌍 φ, ψ에 대하여, $T \vdash \varphi \to \psi$이거나 $T \vdash \psi \to \varphi$일 때 우리는 이론 T가 선형적(linear)이라고 한다. 신툴라는 Cintula(2006)에서 약한 함의 논리(weakly implicative logic)를 A1, 긍정식, 이행성 ($\varphi \to \psi$, $\psi \to \chi \vdash \varphi \to \chi$), 그리고 연결사들에 관한 합동(congruence)인 성질을 만족하는 논리로 정의한다. 그리고 약한 함의 논리 L이 선형적으로 순서지어진 (상응하는) 행렬이나 대수에 관해 완전할 때, 그 논리를 퍼지 논리라 부른다. 이와 관련하여 다음은 잘 알려진 사실이다.

[사실7.3.14] 논리 L이 유한한 약한 함의 논리라고 하자.

(i) (Cintula(2006))
다음은 서로 동치이다.

(1) L은 퍼지 논리이다.
(2) L은 선형 확장 성질(Linear Extension Property)을 갖는다. 즉 L 위에서의 각 이론 T에 대하여, $T \nvdash \varphi$일 경우, $T' \nvdash \varphi$인 일관적인 선형 이론 $T' \supseteq T$가 있다.
(3) L은 전선형 성질(Prelinearity Property)을 갖는다. 즉 L 위에서의 각 이론 T에 대하여, T, $\varphi \to \psi \vdash \chi$이고 T, $\psi \to \varphi \vdash \chi$일 경우, $T \vdash \chi$이다.
(4) L은 부분직 분해 성질(Subdirect Decomposition Property)을 갖는다. 즉 각 순서지어진 L-행렬은 선형적으로 순서지어진 L-행렬의 부분직 적(subdirect product)이다.

(ii) (Cintula(2006))
논리 L이 사례에 의한 증명 성질(Proof by Cases Property)을 갖는다. 즉 L 위에서의 각 이론 T에 대하여, T, $\varphi \vdash \chi$, T, $\psi \vdash \chi$, 그리고 $\vdash (\varphi \to \psi) \vee (\psi \to \varphi)$일 때, 우리가 T, $\varphi \vee \psi \vdash \chi$를 갖는다.

(iii) (Wang & Cintula(2008))
주어진 퍼지 논리의 모든 공리적 확대(expansions)[7]는 퍼지 논리이다.

공리적 확장(extension)은 공리적 확대(expansion)의 특수한 경우 즉 같은 언어 내에서의 확대이기 때문에 [사실7.3.14] (iii)은 L이 퍼지

7) 공리적 확대는 다음 절에서 자세히 설명될 것이다.

논리라는 것을 보장한다. 체계 MAILL을 확장하는 논리를 곱셈과 덧셈 형태의 직관주의 선형 논리 간단히 한 MAILL이라고 하자. 우리는 여기서 임의의 MAILL에 대하여, L이 MAILL을 확장하는 가장 약한 퍼지 논리라는 것을 증명한다. 먼저 일단 체계 MAILL이 약한 함의 논리라는 것을 쉽게 증명할 수 있다는 데 주의하자. 임의의 MAILL인 L에 대하여, [명제7.3.3] (ii) (2)는 L이 퍼지 논리이기 위한 조건이다.

[정리7.3.15] 체계 L이 한 MAILL이라고 하자. L이 퍼지 논리라는 것은 각 n에 대하여, $\vdash_{L} (\varphi \to \psi)^{n}_{t} \vee (\psi \to \varphi)^{n}_{t}$이 성립한다는 것과 동치(iff)이다.

증명; 왼쪽에서 오른쪽 방향이 성립한다는 것은 분명하다. 오른쪽에서 왼쪽 방향이 성립한다는 것을 보이기 위하여, 우리는 L이 전선형 성질을 갖는다는 것을 보인다. T, $\varphi \to \psi \vdash \chi$이고 T, $\psi \to \varphi \vdash \chi$ 라고 하자. 준 t-연역 정리 즉 (LDT_t)에 의해 우리는 어떤 n, m에 대하여, $T \vdash_{L} (\varphi \to \psi)^{n}_{t} \to \chi$와 $T \vdash_{L} (\psi \to \varphi)^{m}_{t} \to \chi$를 얻는다. 이제 $m \leq n$이라고 하자. [명제7.3.3] (i) (1)은 우리가 $T \vdash_{L} (\varphi \to \psi)^{n}_{t} \to \chi$와 $T \vdash_{L} (\psi \to \varphi)^{n}_{t} \to \chi$를 얻을 수 있다는 것을 보장한다. 따라서 공리 A5를 사용하여 우리는 $T \vdash_{L} ((\varphi \to \psi)^{n}_{t} \vee (\psi \to \varphi)^{n}_{t}) \to \chi$를 얻을 수 있다. 그러므로 [명제7.3.3] (ii) (2)와 긍정식에 의해 우리는 바라던 대로 $T \vdash \chi$를 얻는다. □

[귀결7.3.16] 강한 완전성(strong completeness)

T는 L 위에서의 이론이라고 하자. $T \vdash_{L} A$는 $T \models^{l}_{L} A$와 동치이다.

[연습7.3.17] [귀결7.3.16]의 대수적 완전성을 증명하시오.

3.3 유니놈에 기초한 체계들 (II): 확대 체계들[8)]

t - 규범에 기초한 논리학에 대한 저술에서 체계 MTL의 공리적 확장뿐만 아니라 새로운 연결사를 도입하여 언어를 확대한 공리적 확대 체계들이 꾸준히 소개되어 왔다. 확대 체계들 중 가장 널리 알려진 것은 다음의 진리 함수에 의해 표현될 수 있는 바즈(M. Baaz)의 델타 연결사 Δ를 갖는 확대이다.

$\Delta x = 1,$ $x = 1$일 경우,
$0,$ 그 외.

이러한 해석 즉 바즈의 1 - 0 사영(projection)은 t - 규범에 기초한 논리에서는 매우 자연스럽다. 왜냐하면 그에 상응하는 대수적 의미론이 가장 큰 원소 1을 유일한 지시 값으로 갖기 때문이다. 하지만 유니놈에 기초한 논리에서는 그렇지 않다. 왜냐하면 이러한 논리에서는 가장 큰 원소 1뿐만 아니라 다른 원소들도 지시 값으로 가질 수 있기 때문이다.

여기서는 바즈의 해석을 일반화하여 t - 규범이 아닌 유니놈에 기초한 논리에 적용될 만한 확대 체계들 중 몇몇을 간단히 소개 한다. 이러한 논리는 Δ 연결사를 갖는 약화로부터 자유로운(weakening-free) 퍼지 논리에 해당한다.

우리는 여기서 유니놈 논리 UL을 양상 논리의 필연성 □에 상응하는 Δ 연결사를 덧붙여 확대한 UL_{Δ}에 대한 다음의 공리화로 시작한다.[9)]

[정의7.3.18] UL_{Δ}는 UL에 다음의 공리 도식들과 추론 규칙이 추가된 논리이다.

---

8) 이 절의 내용은 필자 Yang(2012b)의 내용의 일부이다.

9) 여기서 소개하는 UL_{Δ}는 필자 Yang(2012b)의 $L_{\Delta\mathbf{x}}$의 한 체계에 해당한다.

AΔ1. $\Delta(\varphi\vee\psi)\to(\Delta\varphi\vee\Delta\psi)$ ($\Delta\vee$ - 분배, $\Delta\vee$ - D)
AΔ2. $(\Delta\varphi\wedge\Delta\psi)\to\Delta(\varphi\wedge\psi)$ ($\Delta\wedge$ - D)
AΔ3. $\Delta\varphi\to\varphi$ (Δ - 재귀성, ΔRF)
AΔ4. $\Delta\varphi\to\Delta\Delta\varphi$ (Δ - 이행성, ΔTRS)
AΔ5. $\Delta(\varphi\to\psi)\to(\Delta\varphi\to\Delta\psi)$ (Δ - 단조성, ΔMN)
AΔ6. $(\Delta\varphi)_t\vee(\Delta\varphi\to F)$
AΔ7. $(\Delta\varphi)_t\to(\varphi\to\Delta\varphi)$
AΔ8. $(\Delta\varphi\ \&\ \Delta\varphi)_t\to((\Delta\varphi)_t\ \&\ (\Delta\varphi)_t)$ ($\Delta\&$ - D_t)
AΔ9. $\Delta\varphi\to(\Delta\varphi\ \&\ \Delta\varphi)$ (Δ평방증가)
AΔ10. $(\Delta(\varphi\ \&\ \varphi))_t\to\Delta\varphi$ (Δ평방감소$_t$)
$\varphi\vdash\Delta\varphi$ (필연성).

체계 MAILL$_\Delta$는 곱셈과 덧셈 형태의 직관주의 선형 논리 MAILL에 위에서 소개한 Δ를 위한 공리 도식들을 덧붙임으로써 얻어진다. 체계 UL$_\Delta$는 MAILL$_\Delta$에 A12를 덧붙임으로써 얻어진 체계이다.

우리는 쉽게 다음을 증명할 수 있다.

[명제7.3.19] UL$_\Delta$는 다음을 증명한다.

(1) $(\varphi\ \&\ (\psi\ \&\ \chi))\leftrightarrow((\varphi\ \&\ \psi)\ \&\ \chi)$ (& - 결합)
(2) $(\varphi\to(\psi\to\chi))\to(\psi\to(\varphi\to\chi))$ (순열)
(3) $(\Delta\varphi)_t\to(\psi_t\to\varphi)$ (Δ약화$_t$)
(4) 각각의 n에 대하여, $(\Delta(\varphi\to\psi))^n_t\vee(\Delta(\psi\to\varphi))^n_t$ (Δ전선형^n_t)
(5) $(\Delta(\varphi\to\psi))_t\vee(\Delta(\psi\to\varphi))_t$ (Δ전선형$_t$)
(6) $(\Delta(\varphi\to\psi))\vee(\Delta(\psi\to\varphi))$ (Δ전선형)
(7) $(\Delta\varphi\to F)\to(\Delta\varphi\leftrightarrow F)$
(8) $(T\to\Delta\varphi)\to(\Delta\varphi\leftrightarrow T)$
(9) $(\Delta\varphi\ \&\ \Delta\psi)\to\Delta(\varphi\ \&\ \psi)$
(10) $(\Delta(\varphi\ \&\ \varphi))_t\leftrightarrow(\Delta\varphi)_t\leftrightarrow((\Delta\varphi)_t\ \&\ (\Delta\varphi)_t)\leftrightarrow(\Delta\varphi\ \&\ \Delta\varphi)_t$ ($\Delta\&$ - 멱등$_t$)
(11) 각각의 n에 대하여, $(\Delta\varphi)^n_t\leftrightarrow\Delta(\varphi^n_t)$, i.e., $((\Delta\varphi)_t)^n\leftrightarrow\Delta((\varphi_t)^n)$

(12) $(\Delta\varphi)_t \to (\Delta\varphi \leftrightarrow \varphi)$

(13) $\Delta(\varphi \to (\psi \to \chi) \leftrightarrow \Delta((\varphi \& \psi) \to \chi)$

(14) $\Delta(\varphi \to \psi) \to \Delta((\psi \to \chi) \to (\varphi \to \chi))$

(15) $\Delta(\psi \to \chi) \to \Delta((\varphi \to \psi) \to (\varphi \to \chi))$

(16) $(\Delta(\varphi \to (\psi \to \chi)))_t \leftrightarrow (\Delta((\varphi \& \psi) \to \chi))_t$

(17) $(\Delta(\varphi \to \psi))_t \to \Delta((\psi \to \chi) \to (\varphi \to \chi))$

(18) $(\Delta(\psi \to \chi))_t \to \Delta((\varphi \to \psi) \to (\varphi \to \chi))$

(19) $(\Delta(\varphi \to \psi))_t \to ((\psi \to (\Delta\chi)_t) \to (\varphi \to (\Delta\chi)_t))$ (Δ접미화$_t$)

(20) $((\Delta\varphi)_t \to ((\Delta\varphi)_t \to \psi))_t \to ((\Delta\varphi)_t \to \psi)$ (Δ축약$_t$)

(21) $\varphi \vee \psi \vdash \Delta\varphi \vee \psi$.

[연습7.3.20] [명제7.3.19]에서 소개된 정리들을 증명하시오.

UL_Δ 위에서 이론과 증명은 앞 절에서와 거의 유사하다. UL_Δ를 위한 연역 정리는 다음과 같다.

[명제7.3.21] T를 UL_Δ 위에서 이론이라고 하고 φ, ψ를 식들이라고 하자.

$T \cup \{\varphi\} \vdash_{UL_\Delta} \psi$ iff $T \vdash_{UL_\Delta} (\Delta\varphi)_t \to \psi$.

[연습7.3.22] [명제7.3.21]을 증명하시오.

[정의7.3.23] (UL_Δ - 대수) UL_Δ - 대수는 다음을 만족하는 일항 연산 Δ에 의해 확대된 UL - 대수이다. 모든 x, y에 대하여,

Δ1. $\Delta(x \vee y) \leq (\Delta x \vee \Delta y)$

Δ2. $(\Delta x \wedge \Delta y) \leq \Delta(x \wedge y)$

Δ3. $\Delta x \leq x$

Δ4. $\Delta x \leq \Delta\Delta x$

Δ5. $\Delta(x \to y) * \Delta x \leq \Delta y$

Δ6. $t \leq (\Delta x)_t \vee (\Delta x \to \bot)$

Δ7. $(\Delta x)_t \leq x \rightarrow \Delta x$

Δ8. $(\Delta x * \Delta x)_t \leq ((\Delta x)_t * (\Delta x)_t)$

Δ9. $\Delta x \leq \Delta x * \Delta x$

Δ10. $(\Delta(x \& x))_t \leq \Delta x$

Δ11. $t = \Delta t$.

UL - 대수들의 집합이 버라이어티를 형성하고, 연산 Δ를 위한 각 조건이 등식 형태를 갖고 있거나 등식으로 정의될 수 있기 때문에 모든 UL_Δ - 대수들의 집합은 대수들의 버라이어티를 형성한다. 그렇다면 앞서의 표준적인 방식을 이용하여, 우리는 UL_Δ를 위한 대수적 완전성을 제공할 수 있다.

[연습7.3.24] 체계 UL_Δ가 대수적으로 완전하다는 것을 보이시오.

대신 우리는 앞 절에서와 유사하게 L이 퍼지 논리라는 것을 보인다. 먼저 우리는 연결사 Δ를 위한 진리 조건이 다음으로 주어질 수 있다는데 주목한다.

(Δ)	$\Delta x = x$,	$t \leq x$일 경우,
	$\perp$,	그 외.

AΔ6와 [명제7.3.19]의 (7), (12)가 UL_Δ의 정리이기 때문에, 우리는 선형적으로 순서지어진 UL_Δ - 대수에서 (Δ)가 성립한다는 것을 확신할 수 있다.

[연습7.3.25] 체계 UL_Δ가 대수적으로 완전하다는 것을 보이시오.

원소 e가 [0, 1] 위에서 항등원이고 *id*가 항등 함수(identity function)

라고 하자. 바즈의 1 - 0 사영(projection)처럼, 우리는 (Δ)를 id - 0 사영이라고 부를 수 있다. 이러한 사영은 $e \neq 1$일 때 바즈 사영과 다르지만 $e = 1$일 때는 바즈 사영과 같다. 따라서 (Δ)는 바즈 사영의 일반화로 간주될 수 있다.

체계 $MAILL_\Delta$를 확장하는 논리를 한 $MAILL_\Delta$라고 하자.

[사실7.3.26] (Wang & Cintula(2008))

(필연성)을 유일한 다른 연역 규칙으로 갖는 퍼지 논리의 공리적 확장은 그것이 $\varphi \vee \psi \vdash \Delta\varphi \vee \psi$ 즉 [명제7.3.18] (21)을 증명한다는 것과 동치이다.

이 사실은 UL_Δ가 퍼지 논리라는 것을 보장한다. 앞 절에서처럼, 우리는 한 $MAILL_\Delta$인 L에 대하여 L_Δ가 L을 확장하는 가장 약한 퍼지 논리라는 것을 증명한다. 한 $MAILL_\Delta$인 L에 대하여, [명제7.3.19] (5)가 L이 퍼지 논리이기 위한 조건이다.

[정리7.3.27] 체계 L이 한 $MAILL_\Delta$라고 하자. L이 퍼지 논리라는 것은 $\vdash_L (\Delta(\varphi \rightarrow \psi))_t \vee (\Delta(\psi \rightarrow \varphi))_t$가 성립한다는 것과 동치(iff)이다.

증명; 앞서에서 처럼 우리는 L이 전선형 성질을 갖는다는 것을 보인다. T, $\varphi \rightarrow \psi \vdash_L \chi$이고 T, $\psi \rightarrow \varphi \vdash_L \chi$라고 하자. [명제7.3.21]의 연역 정리에 의하여 우리는 $T \vdash_L (\Delta(\varphi \rightarrow \psi))_t \rightarrow \chi$와 $T \vdash_L (\Delta(\psi \rightarrow \varphi))_t \rightarrow \chi$를 얻는다. 따라서 A5(와 연접, 긍정식)을 사용하여 우리는 $T \vdash_L ((\Delta(\varphi \rightarrow \psi))_t \vee (\Delta(\psi \rightarrow \varphi))_t) \rightarrow \chi$를 얻을 수 있다. 그러므로 [명제7.3.19] (5)에 의해 우리는 바라던 대로 $T \vdash_L \chi$를 얻는다. □

[귀결7.3.28] 강한 완전성(strong completeness)

이론 T는 UL 위에서 이론이라고 하자. $T \vdash_{UL_\Delta} A$는 $T \vDash^{1}_{UL_\Delta}$와 동치이다.

[연습7.3.29] [귀결7.3.28]의 대수적 완전성을 증명하시오.

4. 핵심 퍼지 논리를 위한 표준 완전성 (I)++
: 모노이드 t-규범 논리를 위한 표준 완전성

이 절에서는 좌-연속 t-규범들을 특징짓는 논리로 널리 알려진 모노이드 t-규범 논리(Monoidal t-norm logic) MTL을 위한 표준 완전성 즉 단위 실수 [0, 1] 위에서의 완전성을 보인다. 이 체계를 위한 표준 완전성은 2002년 예네이와 몬테그나(S. Jenei & F. Montagna)에 의해 증명되었다. 우리는 이 절에서 예네이와 몬테그나 Jenei & Montagna (2002)의 증명의 변형된 형태를 취하여 체계 MTL을 위한 표준 완전성을 보인다.

4.1. t-규범들과 t-규범들의 잔여

우리는 이 절에서 1, 0을 사용하여 단위 실수 [0, 1] 위에서 ⊤, ⊥를 각각 표현한다.

[정의7.4.1] 임의의 MTL-대수가 표준적(standard)이라는 것은 그것의 속 환원(reduct)이 [0, 1]이라는 것과 동치(iff)이다.

[정의7.4.2] 임의의 t-규범은 다음을 만족하는 함수 ○ : $[0, 1]^2 \rightarrow [0, 1]$이다. 임의의 x, y, z∈[0, 1]에 대하여,

(a) x○y=y○x (교환)
(b) x○(y○z)=(x○y)○z (결합)

(c) x≤y라면, x○z≤y○z이다 (단조성)

(d) 1○x=x (항등).

연산 ○이 잔여화 된다(*residuated*)는 것은 [0, 1] 위에서 잔여(residuation) 성질을 만족하는 함의 → : $[0, 1]^2$ → [0, 1]이 있다는 것을 의미한다.

체계 MTL의 표준 완전성과 관련하여 임의의 t-규범의 가장 중요한 성질은 *좌-연속(left-continuity)*이다. 임의의 t-규범 ○이 주어졌을 때, ○에 의해 결정된 *잔여화된 함의(residuated implication)* →는 모든 x, y ∈[0, 1]에 대하여, x→y := sup{z∈[0, 1] : x○z≤y}로 정의된다. 이와 관련하여 우리는 다음을 보일 수 있다.

[명제7.4.3] (Gottwald(2001))

임의의 t-규범은 ○에 대하여, ○과 그것의 잔여화 된 함의 →이 잔여화 쌍(residuated pair)이라는 것은 ○이 두 독립변항(arguments)에서 좌-연속이라는 것과 동치이다.

[연습7.4.4] [명제7.4.3]을 증명하시오.

4.2. 표준 완전성

우리는 먼저 유한한 혹은 셀 수 있는(countable) 선형적으로 순서지어진 MTL-대수들이 표준 대수(standard algebra)로 삽입될 수 있다는 것(embeddable)을 보인다. (편의상 우리는 이러한 대수에 작거나 같은 관계 ≤를 덧붙인다.)

[명제7.4.5] 임의의 유한한 혹은 셀 수 있는 선형적으로 순서지어진 MTL-

대수 $\mathbf{A} = (A, \leq_A, \top, \bot, \wedge, \vee, *, \rightarrow)$에 대하여, 다음 조건들을 만족하는 셀 수 있게 순서지어진 X, 이항 연산 ○ 그리고 A로부터 X로의 함수가 있다

(Ⅰ) X는 조밀하게 순서지어지고(densely ordered), 극대 값 Max, 극소 값 Min을 갖는다.

(Ⅱ) (X, ○, ≤, Max)는 선형적으로 순서지어진 단조 교환 모노이드이다.

(Ⅲ) ○은 (X, ≤) 위에서 순서 토폴로지(topology)에 관한 한 좌 - 연속이다.

(Ⅳ) f는 구조 $(A, \leq_A, \top, \bot, \wedge, \vee, *)$의 (X, ≤, Max, Min, min, max, ○)으로의 삽입(embedding)이고, 모든 $m, n \in A$에 대하여, $f(m \rightarrow n)$은 (X, ≤, Max, Min, max, min, ○)에서 f(m)과 f(n)의 잔여(residuum)이다.

증명; 편의상 우리는 A를 거기서 1, 0이 ⊤, ⊥에 각각 상응하는 극대, 최대 원소인 유한하거나 셀 수 있는(countable) 원소를 갖는 $Q \cap [0, 1]$의 부분 집합으로 가정한다. 이제

$$X = \{(m, x): m \in A \setminus \{0 (= \bot)\}\text{이고 } x \in Q \cap (0, m]\} \cup \{(0, 0)\}$$

이라고 하자.

$(m, x), (n, y) \in X$에 대하여, 우리는 ≤를 다음과 같이 정의한다.

$$(m, x) \leq (n, y)\text{는 } m <_A n\text{이거나 } m =_A n\text{이고 } x \leq y\text{이다.}$$

순서 ≤이 극대 값 (1, 1), 극소 값 (0, 0)을 갖는 선형 순서라는 것은 분명하다. 아울러 ≤은 다음의 이유로 조밀하다. $(m, x) < (n, y)$이라고 하자. 그렇다면 $m <_A n$이거나 $m =_A n$이고 $x < y$이다. 전자의 경우라면, $(m, x) < (n, \frac{y}{2}) < (n, y)$이다. 그렇지 않다면, $(m, x) < (n, \frac{x+y}{2}) < (n, y)$이다. 따라서 ≤이 조밀하기 때문에 (I)이 성립한다.

편의상 우리는 지금부터 $<_A$와 $=_A$에서 첨자 A를 특별히 구별할 필요가 없다면 생략할 것이다. 그렇지만 문맥적으로 우리가 의미하는 것은

분명할 것이다.

이제 $(m, x), (n, y) \in X$에 대하여 다음을 정의하자.

$$(m, x) \bigcirc (n, y) = \begin{cases} \min\{(m, x), (n, y)\}, & m*n = \min\{m, n\}\text{이라면,} \\ (m*n, m*n), & \text{그렇지 않을 경우.} \end{cases}$$

우리는 $\bigcirc$이 (II)를 만족한다는 것을 증명한다.

(1) 교환. $\bigcirc$이 교환적이기 때문에 이는 분명하다.

(2) 항등. 우리는 $(1, 1)$이 항등원이라는 것을 보인다. $(m, x) \preceq (1, 1)$이라고 하자. $\top * m = m$이기 때문에, $(1, 1) \bigcirc (m, x) = \min\{(1, 1), (m, x)\} = (m, x)$이다.

(3) 단조성. $\bigcirc$이 교환적이기 때문에, 만약 $(l, x) \preceq (m, y)$이라면, 모든 $(n, z) \in X$에 대하여, $(l, x) \bigcirc (n, z) \preceq (m, y) \bigcirc (n, z)$를 보이는 것으로 충분하다. 우리는 다음처럼 몇 가지 경우를 구분한다.

- $l*n = l \wedge n$이고 $m*n = m \wedge n$인 경우:
  $(l, x) \bigcirc (n, z) = \min\{(l, x), (n, z)\} \preceq \min\{(m, y), (n, z)\} \preceq (m, y) \bigcirc (n, z)$.

- $l*n = l \wedge n$이고 $m*n \neq m \wedge n$인 경우:
  $l*n \leq m*n$은 $\min\{(l, x), (n, z)\} \preceq (m*n, m*n) \preceq (m, y) \bigcirc (n, z)$를 함의한다.

- $l*n \neq l \wedge n$이고 $m*n = m \wedge n$인 경우:
  $l*n < \min\{l, n\} \leq \min\{m, n\} = m*n$이기 때문에, $(l, x) \bigcirc (n, z) \preceq (m, y) \bigcirc (n, z)$라는 것이 즉각 따라 나온다.

- $l*n \neq l \wedge n$이고 $m*n \neq m \wedge n$인 경우:

$l*n \leq m*n$이기 때문에, $(l, x)\bigcirc(n, z) \leq (m, y)\bigcirc(n, z)$라는 것이 즉각 따라 나온다.

(4) 결합. 모든 $(l, x), (m, y), (n, z) \in X$에 대하여,

$$(l, x)\bigcirc((m, y)\bigcirc(n, z)) = ((l, x)\bigcirc(m, y))\bigcirc(n, z).$$

이의 증명은 예네이와 몬테그나 Jenei & Montagna(2002)의 [명제 3.1]에서의 증명과 유사하다.

우리는 다음으로 (III)을 증명한다. ○의 좌-연속성을 보이기 위하여, 우리는 만약 $<(m_i, x_i): i \in N>$이 $\sup\{(m_i, x_i): i \in N\} = (m, x)$인 X 원소들의 ($\leq$에 관한 한) 임의의 증가 수열(increasing sequence)이라면, 모든 $(n, y) \in X$에 대하여, $\sup\{(m_i, x_i)\bigcirc(n, y): i \in N\} = (m, x)\bigcirc(n, y)$이라는 것을 증명한다. 거의 모든 i에 대하여, $m_i = m$이라는 데 주의하자. (그렇지 않다면 $(m, \frac{x}{2}) < (m, x)$이 수열 $<(m_i, x_i): i \in N>$의 상계(upper bound)가 될 것이다.) 수열 $<(m_i, x_i): i \in N>$의 유한한 원소를 제거함으로써, 우리는 모든 i에 대하여 $m_i = m$이고 $x = \sup\{x_i: i \in N\}$이라고 가정할 수 있다. 이제 우리가 고려해야 할 경우들은 다음이다.

$m*n = m \wedge n$일 경우, $(m, x)\bigcirc(n, y) = \min\{(m, x), (n, y)\}$이고 $(m_i, x_i)\bigcirc(n, y) = \min\{(m_i, x_i)\bigcirc(n, y)\}$이다. 그리고 좌-연속성은 min의 (좌-)연속성으로부터 따라 나온다. 그렇지 않다면, $(m, x)\bigcirc(n, y) = (m_i, x_i)\bigcirc(n, y) = (m*n, m*n)$이다. 따라서 (III)이 성립한다.

이제 마지막으로 (IV)를 증명한다. 먼저 모든 $m \in A$에 대하여,

$$f(m) = (m, m)$$

이라고 정의하자.

함수 f가 증가이고 따라서 1 대 1이라는 것은 분명하다. f(1)과 f(0)

은 각각 (X, ≤)의 가장 큰, 가장 작은 원소이다. f(1)은 ○의 항등원이다. 나아가 f(m)○ f(n) = f(m * n)이다. 따라서 f는 부분적으로 순서지어진 모노이드들의 삽입이다. 이제 남은 것은 모든 l, m, n∈A에 대하여, f(l → m)이 ○에 관한 한 f(l)과 f(m)의 잔여라는 것 즉 (i) f(l)○f(l → m)≤f(m)과 (ii) 만약 f(l)○(n, z)≤f(m)이라면, (n, z)≤f(l → m)임을 증명하는 것이다.

(i) l≤m이라고 하자. f(l)○f(l → m) = (l, 1)○(l → m, l → m) = (l*(l → m), l*(l →m))≤(m, m) = f(m). 나머지 경우는 유사하게 증명된다.

(ii) 대우를 사용해서 우리는 (ii)를 증명한다. f(l → m)<(n, z) 즉 (l → m, l → m)<(n, z)이라고 하자. l → m이 A에서 l과 m의 잔여이기 때문에, m <l * n이다. 따라서 (m, m)<(l, l)○(n, z)이다.

□

[명제7.4.6] 모든 셀 수 있는 선형적으로 순서지어진 MTL - 대수는 표준 대수로 삽입될 수 있다.

증명; 이의 증명은 예네이와 몬테그나 Jenei & Montagna(2002)의 [정리3.2]의 증명과 유사하다. □

[연습7.4.7] [명제7.4.6]을 증명하시오.

표준 완전성은 다음처럼 증명될 수 있다.

[정리7.4.8] 강한 표준 완전성(strong standard completeness)

MTL에 대하여, 다음은 동치이다.

(1) $T \vdash_{MTL} \varphi$.

(2) 모든 표준 **MTL** - 대수와 값 매김 v에 대하여, $\varphi \in T$에 대하여 $v(\varphi) = 1$이라면, $v(\varphi) = 1$이다.

증명; (1)로부터 (2)는 정의로부터 따라 나온다. 우리는 (2)로부터 (1)을 증명한다. φ가 $T \nvdash_{MTL} \varphi$인 식이고, A가 선형적으로 순서지어진 **MTL** - 대수이고, v가 모든 $\varphi \in T$에 대하여 $v(\varphi) = \top$이고 $v(\varphi) < \top$인 값 매김이라고 하자. 이제 f'을 A의 표준 **MTL** - 대수로의 삽입이라고 하자. 그렇다면 f'○v는 f'○v(φ) = 1이지만 f'○v(φ) < 1인 표준 **MTL** - 대수로의 값 매김이다. □

5. 핵심 퍼지 논리를 위한 표준 완전성(II)++ : IUML을 위한 표준 완전성

널리 알려진 Ł, G와 같은 퍼지 논리의 표준 완전성 증명은 MTL의 표준 완전성보다 훨씬 간단하다. 실제로 이들 체계를 위한 표준 완전성은 많은 다치, 퍼지 논리 저술에서 소개되어 있다. 여기서는 같은 방식의 증명 방법을 사용하면서 보다 일반적인 구조에서 성립하는 유니놈 논리 IUML의 표준 완전성을 보인다.

5.1 유니놈들과 유니놈들의 잔여

우리는 먼저 다음을 정의한다.

[정의7.5.1] 임의의 UL - 대수가 표준적(standard)이라는 것은 그것의 속 환원(reduct)이 [0, 1]이라는 것과 동치(iff)이다.

[정의7.5.2] 임의의 유니놈은 다음을 만족하는 함수 ○ : $[0, 1]^2 \rightarrow [0, 1]$이다.

$\forall x, y, z \in [0, 1]$,

(a) $x \bigcirc y = y \bigcirc x$ (교환)

(b) $x \bigcirc (y \bigcirc z) = (x \bigcirc y) \bigcirc z$ (결합)

(c) $x \leq y$라면, $x \bigcirc z \leq y \bigcirc z$이다 (단조성)

(d) $t \bigcirc x = x$ (항등).

$t = 1$인 유니놈은 t-규범이라는 데 유의하자. 이 경우 t-규범에서와 마찬가지로 연산 ○이 잔여화 된다(*residuated*)는 것은 [0, 1] 위에서 잔여(residuation) 성질을 만족하는 함의 →: $[0, 1]^2 \rightarrow [0, 1]$가 있다는 것을 의미한다.

유니놈 ○의 *좌-연속(left-continuity)* 성질은 t-규범에서와 마찬가지로 정의된다. 즉 임의의 유니놈 ○이 주어졌을 때, ○에 의해 결정된 *잔여화된 함의(residuated implication)* →는 모든 $x, y \in [0, 1]$에 대하여, $x \rightarrow y := \sup\{z \in [0, 1]: x \bigcirc z \leq y\}$로 정의된다. IUML과 관련하여 우리는 다음을 보일 수 있다.

[사실7.5.3] (Metcalfe & Montagna(2007))

대수 **A** = (A, 1, 0, ½, ½, min, max, ○, →)가 다음을 만족한다고 하자.

$$x \bigcirc y = \begin{cases} \min(x, y), & x+y \leq 1\text{일 경우}, \\ \max(x, y), & \text{그렇지 않을 경우}. \end{cases}$$

φ가 모든 표준 IUML-대수에서 타당하다는 것은 φ가 IUML-대수 **A**에서 타당하다는 것과 동치이다.

[연습7.5.4] [사실7.5.3]을 증명하시오.

유니놈이 x○x = x를 만족할 때, 멱등적(idempotent)이라고 한다. 우리는 n(0) = 1을 만족하는 부정 n을 연언적(conjunctive)이라고 한다. 표준 부정은 연언적이며 다음을 만족한다.

[사실7.5.5] (Metcalfe & Montagna(2007))

표준 부정 n(x) = 1 - x를 고려하자. 연언적인 좌 - 연속 멱등 유니놈에 상응하는 잔여 함의는 다음에 의해 주어진다.

x → y = max(1 - x, y), x≤y 일 경우,
min(1 - x, y), 그렇지 않을 경우.

[연습7.5.6] [사실7.5.5]를 증명하시오.

5.2. 표준 완전성

우리는 먼저 유한한 혹은 셀 수 있는(countable) 선형적으로 순서지어진 UL - 대수를 UL - 체인이라고 부른다. 우리는 먼저 주어진 부정 n에 대하여, 잔여 쌍을 다음처럼 정의할 수 있다는 데 주목한다.

[명제7.5.7] 표준 부정 n 즉 모든 x (∈ [0, 1])에 대하여, n(x) = 1 - x인 n에 대하여 우리는 ([0, 1], 1, 0, ½, ½, min, max, ○, →)이 부정 n을 갖는 IUML - 체인인 연산의 잔여 쌍 ○, →를 정의할 수 있다.

증명; [0, 1] 위에서 표준 부정 n에 대하여, 유니놈은 [사실7.5.3]에서처럼 정의된다. 이의 잔여화 된 함의는 [사실7.5.5]에서처럼 주어진다. 나아가 우리는 ([0, 1], 1, 0, ½, ½, min, max, ○, →)이 IUML - 대수이고, 이에 상응하는 부정이 표준적이라는 것을 쉽게 보일 수 있다. □

$n(n(x)) = x$인 부정 n을 강한 부정(strong negation)이라고 한다.

[사실7.5.8] (Esteva & Godo(2001))

단위 실수 [0, 1] 위에서 강한 부정은 모두 동형적(isomorphic)이다.

[사실7.5.8]로 인해 우리는 다음을 말할 수 있다.

[명제7.5.9] [0, 1] 위에서 강한 부정이 모두 동형적이어서 IUML - 유니놈에 의해 정의되는 **IUML** - 체인 또한 동형적이다.

[정리7.5.10] **약한 표준 완전성**(weak standard completeness)

다음은 서로 동치이다.

(1) $\vdash_{\text{IUML}} \varphi$.

(2) 모든 표준 **IUML** - 대수에서 φ는 타당하다.

(3) 표준 **IUML** - 대수 ([0, 1], 1, 0, ½, ½, min, max, ○, →)에서 φ는 타당하다.

증명; 건전성은 분명하다. 완전성 증명을 위하여 $\nvdash_{\text{IUML}} \varphi$라고 하자. 그렇다면 **IUML** - 체인 C와 $v(\varphi) < e$인 C 위에서의 값 매김 v가 있다. n_c가 C에서 강한 부정이라고 하고, X를 다음을 만족하는 C의 유한 부분 집합으로 취하자. C의 원소의 수는 홀수이고, φ의 모든 부분식 ψ에 대하여 $v(\psi)$와 $n_c(v(\psi))$인 모든 값들과 0_c, 1_c, 그리고 e_c (= ∂_c)로 이루어진다. X가 m+1의 원소를 갖고, $e_c = a_{\frac{m}{2}}$이고 m은 양수인 $X = \{0_c = a_0 < a_1 < \cdots < e_c = \partial_c < \cdots < a_m = 1_c\}$라고 하자. 이제 $f(a_i) = \frac{i}{m}$, $0 \leq i \leq m$, 이라고 하자. X로부터 집합 $\{\frac{i}{m} : 0 \leq i \leq m\}$으로 함수로서 f가 min, max, 함의, 부정에 관한 한 동형함수(morphism)라는 것은 분명하다. 우리는

$e = f(e_c)$를 취한다. 따라서 φ에서 발생하는 임의의 명제 변항 p에 대하여 $v'(p) = v(f(p))$로 정의함으로써, 우리는 원하던 대로 $v'(\varphi) = v(f(\varphi)) < e$를 얻는다. 따라서 (1)과 (2)는 동치이다. [명제7.5.9]는 (2)와 (3)이 동치라는 것을 보장한다. □

아울러 4절에서와 마찬가지 방식으로 다음의 표준 완전성을 증명할 수 있다.

[정리7.5.11] **강한 표준 완전성**(strong standard completeness)

IUML에 대하여, 다음은 동치이다.

(1) $T \vdash_{IUML} \varphi$.

(2) 모든 표준 **IUML** - 대수와 값 매김 v에 대하여, $\varphi \in T$에 대하여 $v(\varphi) = 1$이라면, $v(\varphi) = 1$이다.

[연습7.5.12] [정리7.5.11]을 증명하시오.

참고로 이 절에서 소개한 표준 완전성과 비슷한 방식으로 널리 알려진 퍼지 논리 Ł, G 등의 표준 완전성을 증명할 수 있다. 하지만 이러한 표준 완전성은 일반적으로 적용될 수 있는 방식이 아닌 특수한 방식에 해당한다는 점에 주의하기 바란다.

[연습7.5.13] Ł, G의 표준 완전성을 증명하시오.

제 8 장

준구조 명제 논리

1. 들어가는 말

최근 많이 각광받고 있는 논리 분야 중 하나는 준구조 논리(substructural logic)이다. 이 논리가 각광 받는 가장 중요한 이유는 서로 다른 많은 종류의 논리들 가령 고전 논리, 직관주의 논리, 연관 논리, 선형 논리(linear logic), 퍼지 논리 등이 모두 준구조 논리로 간주될 수 있기 때문이다. 실제로 준구조 논리는 철학적 논리학, 컴퓨터 과학, 이론 언어학, 수학 등 다양한 영역에서 연구되고 있다.

준구조 논리는 약화(weakening), 축약(contraction), 교환(exchange) 등의 구조 규칙의 현전과 부재 즉 그러한 구조 규칙이 있고 없는 데 따른 작용에 초점을 맞추고 있다. 정규 람벡 논리(Full Lambek logic) FL은 위에서 언급한 세 구조 규칙을 모두 결여한 논리이고, 고전 논리와 직관주의 논리는 세 규칙을 모두 수용한 논리이다. 선형 논리는 약화와 축약을 결여한 논리로 잘 알려져 있고, 연관 논리는 약화를 결여한 논리로 널리 알려져 있다.

구조 규칙은 전제 결합의 성질들을 지시하는 규칙들로 널리 알려져 있다. 약화는 새로운 전제의 추가가 결론에 영향을 미치지 않을 때 성립한다. 그렇지 않을 경우, 이를 결여한다. 약화의 결여는 개연적 추론에서 쉽게 발견될 수 있다. 가령 철수가 인디애나주에 거주한다면, 그는 아마도 미국인일 것이다. 하지만 철수가 인디애나주에 거주하고 한국에서 공부를 했고 미국에 박사후 연수를 왔다면, 그는 아마도 미국인이 아닐 것이다. 이는 새로운 전제의 추가가 결론을 강화하지 않음을 보여준다. 교환의 결여는 일상어의 “그리고 난 다음”을 의미하는 ‘그리고’에서 쉽게 발견될 수 있다. 가령 ‘철수가 밥을 먹고 학교에 갔다’는 것은 ‘철수가 학교에 갔고 밥을 먹었다’는 것과는 다르다. 축약은 한 전제의 반복된 사용을 허용하는 규칙에 해당한다. 일반 집합이 아닌 다중 집합(multi set)을 전제로 취하는 경우를 생각하면, 축약 원리가 결여될 수 있다는 것을 쉽게 알 수 있다.

아주 최근에는 위에서 언급한 구조 규칙뿐만 아니라 결합(associativity) 규칙을 결여한 준구조 논리가 연구되고 있다(Galatos & Ono(2010), Cintula et al.(201+)). 하지만 이와 관련된 성질들은 아직 충분히 연구되지 않은 상황이다.

준구조 논리 체계를 소개하는 방식으로 널리 사용되는 것은 힐버트 방식(Hilbert-style)의 공리 연역 체계가 아니라 겐첸 방식(Gentzen-style)의 귀결식 계산(sequent calculus)이다. 귀결식 계산은 전제와 결론 각각을 귀결 관계 형식으로 취함으로써 직관주의 명제 논리 부분에서 소개한 자연 연역을 더 일반화한 것이다. 2절에서는 귀결식 계산 방식으로 FL과 구조 규칙을 포함한 이의 몇몇 확장/확대 논리 체계들을 간단히 소개하고, 3절에서는 이에 상응하는 대수들을 간단히 소개한다. 4절에서는 몇몇 체계의 완전성과 더불어 귀결식 계산을 통해 많이 증명되는 자름(원리의) 제거(cut elimination) 증명을 소개한다. 참고로 여기서 소개될 내용들은 갈라토스(외) Galatos et al.(2007)에 소개된 내용들을 부분적으로 발췌하거나 이 책의 저술 문맥에 맞게 수정, 보완한 것이다.

2. 준구조 논리 : FL과 확장/확대 체계들을 위한 귀결식 계산

체계 FL과 이에 구조 규칙이 추가된 공리적 확대 체계는 겐첸 방식(Gentzen- style)으로 많이 소개된다. 각 체계를 소개하기에 앞서 대부분의 독자들은 하나의 함의와 부정을 갖는 체계에 익숙하기 때문에 FL은 교환 법칙을 만족하지 않아서 두 함의와 두 부정을 갖는다는 사실을 먼저 지적한다. 이후 잔여의 성질을 설명하는 부분에서 알 수 있듯이 이는 잔여가 좌 잔여와 우 잔여를 갖기 때문이다. 무엇보다도 일단 두 함의와 부정을 소개하는 아래 기호법에 혼란이 없기를 바란다.

우리는 명제 변항들의 집합 *VAR*, 이항 연결사 →, ←, &, ∧, ∨, 그리고 상항 f, t와 다음으로 정의된 이항 연결사들로부터 귀납적으로 구성된 식들 *FOR*을 갖는 가부번의(countable) 명제 언어 위에서 (잔여 속(residuated lattices)에 기반 한) 논리를 정초한다.

(df1) $\sim\varphi := \varphi \rightarrow \mathrm{f}$.
(df2) $\urcorner\varphi := \mathrm{f} \leftarrow \varphi$.

우선 (FL의) *귀결식*(sequent)에 의해 우리는 $\alpha_1, \cdots, \alpha_m$이 $m \geq 0$인 식들이고 β가 식이거나 공집합 귀결(sequence)인 $\alpha_1, \cdots, \alpha_m \Rightarrow \beta$ 형식의 목록을 의미한다. 다음에서 Σ, Ξ, Γ, Δ와 같은 희랍어 대문자는 쉼표에 의해 분리되는 식들의 (공집합일 수도 있는) 유한 열을 지시한다. 귀결식 $\Gamma \Rightarrow \alpha$에서 전건은 Γ이고 후건은 α이다.

체계 FL은 다음의 초기 귀결식과 자름 규칙 그리고 연결사를 위한 규칙들로 이루어진다.

[정의8.2.1] (Galatos et al.(2007))

FL은 다음의 초기 귀결식과 자름 규칙 그리고 연결사를 위한 규칙들로 이루어진다.

〈초기 귀결식〉

$$\frac{}{\Rightarrow \mathrm{t}} \qquad \frac{}{\mathrm{f} \Rightarrow} \qquad \frac{}{\alpha \Rightarrow \alpha}$$

<자름 규칙>

$$\frac{\Gamma \Rightarrow \alpha \quad \Sigma, \alpha, \Xi \Rightarrow \varphi}{\Sigma, \Gamma, \Xi \Rightarrow \varphi} \ (\text{자름})$$

<논리적 연결사를 위한 규칙들>

$$\frac{\Gamma,\ \Delta \Rightarrow \varphi}{\Gamma,\ \mathrm{t},\ \Delta \Rightarrow \varphi}\ (\text{t 약화}) \qquad \frac{\Gamma \Rightarrow}{\Gamma \Rightarrow \mathrm{f}}\ (\text{f 약화})$$

$$\frac{\Gamma,\ \alpha,\ \Delta \Rightarrow \varphi \quad \Gamma,\ \beta,\ \Delta \Rightarrow \varphi}{\Gamma,\ \alpha \vee \beta,\ \Delta \Rightarrow \varphi}\ (\vee\Rightarrow)$$

$$\frac{\Gamma \Rightarrow \alpha}{\Gamma \Rightarrow \alpha \vee \beta}\ (\Rightarrow\vee) \qquad \frac{\Gamma \Rightarrow \beta}{\Gamma \Rightarrow \alpha \vee \beta}\ (\Rightarrow\vee)$$

$$\frac{\Gamma,\ \alpha,\ \Delta \Rightarrow \varphi}{\Gamma,\ \alpha \wedge \beta,\ \Delta \Rightarrow \varphi}\ (\wedge\Rightarrow) \qquad \frac{\Gamma,\ \beta,\ \Delta \Rightarrow \varphi}{\Gamma,\ \alpha \wedge \beta,\ \Delta \Rightarrow \varphi}\ (\wedge\Rightarrow)$$

$$\frac{\Gamma \Rightarrow \alpha \quad \Gamma \Rightarrow \beta}{\Gamma \Rightarrow \alpha \wedge \beta}\ (\Rightarrow\wedge)$$

$$\frac{\Gamma,\ \alpha,\ \beta,\ \Delta \Rightarrow \varphi}{\Gamma,\ \alpha \& \beta,\ \Delta \Rightarrow \varphi}\ (\&\Rightarrow) \qquad \frac{\Gamma \Rightarrow \alpha \quad \Delta \Rightarrow \beta}{\Gamma,\ \Delta \Rightarrow \alpha \& \beta}\ (\Rightarrow\&)$$

$$\frac{\Gamma \Rightarrow \alpha \quad \Xi,\ \beta,\ \Delta \Rightarrow \varphi}{\Xi,\ \Gamma,\ \alpha \rightarrow \beta,\ \Delta \Rightarrow \varphi}\ (\rightarrow\Rightarrow) \qquad \frac{\alpha,\ \Gamma \Rightarrow \beta}{\Gamma \Rightarrow \alpha \rightarrow \beta}\ (\Rightarrow\rightarrow)$$

$$\frac{\Gamma \Rightarrow \alpha \quad \Xi,\ \beta,\ \Delta \Rightarrow \varphi}{\Xi,\ \beta \leftarrow \alpha,\ \Gamma,\ \Delta \Rightarrow \varphi}\ (\rightarrow\Rightarrow) \qquad \frac{\alpha,\ \Gamma \Rightarrow \beta}{\Gamma \Rightarrow \beta \leftarrow \alpha}\ (\Rightarrow\leftarrow)$$

위 추론 규칙들에서 수평선 위의 귀결식들을 위 귀결식(upper sequents)이라고 하고, 아래 부분의 귀결식을 아래 귀결식(lower sequent)이라고 한다. 희랍어 대문자들에 의해 지시된 열에서 발생하는 식들을 부차 식들(side formulas)이라고 하고, 희랍어 소문자를 포함하는 아래 귀결식의 규칙의 주된 식(main formula)이라고 한다. 자름 규칙이 적용된 식 가령 위 경우 α를 주어진 자름 규칙의 적용에서 자름 식(cut formula)이라고 한다.

귀결식 체계로서의 FL에서의 증명은 공리 연역적 체계에서의 증명과 거의 같다. 이의 정의는 다음과 같다.

초기 귀결식은 그것의 마지막 귀결식이 바로 그 초기 귀결식인 증명 그 자체이다.

P와 Q가 그것의 마지막 귀결식이 각각 s, r인 증명이라고 하자. 그리고 위 귀결식들이 s, r이고, 그것의 아래 귀결식이 u인 규칙의 예가 존재한다고 하자. 그렇다면 다음은 마지막(end) 귀결식이 u인 증명이다.

$$\frac{P \quad Q}{u}$$

마지막 귀결식이 s인 증명을 FL에서 s의 증명이라고 한다. s의 증명이 있을 때, 우리는 s가 FL에서 *증명될 수 있다*고 하고 기호로 $\vdash^{seq}_{FL}$ s로 표현한다. 가정들 S로부터 귀결식 s의 증명이 있을 때, 우리는 기호로 S $\vdash^{seq}_{FL}$ s로 표현한다. FL의 초기 귀결식으로부터 FL의 추론 규칙들을 반복적으로 적용해서 귀결식 $\Gamma \Rightarrow \alpha$를 얻을 수 있을 때, 이 귀결식이 FL에서 증명될 수 있다고 한다. 특히 귀결식 $\Rightarrow \alpha$가 증명 가능할 때, 우리는 단순히 식 α가 증명될 수 있다고 한다.

체계 FL의 몇몇 확장은 구조 규칙들, 즉 교환, 축약, 좌, 우 약화 규칙들의 조합을 FL의 규칙들의 집합에 덧붙임으로써 정의될 수 있다. 좌, 우 약화 규칙들은 함께 묶일 수 있고 우리는 그것을 약화라고 한다.

이제 교환, 축약, 좌 약화, 우 약화 규칙들을 각각 (e), (c), (i), (o)로 표현하자. 각 규칙은 다음과 같다.

$$\frac{\Gamma,\ \alpha,\ \beta,\ \Delta \Rightarrow \varphi}{\Gamma,\ \beta,\ \alpha,\ \Delta \Rightarrow \varphi}\,(e) \qquad \frac{\Gamma,\ \alpha,\ \alpha,\ \Delta \Rightarrow \varphi}{\Gamma,\ \alpha,\ \Delta \Rightarrow \varphi}\,(c)$$

$$\frac{\Gamma,\ \Delta \Rightarrow \varphi}{\Gamma,\ \alpha,\ \Delta \Rightarrow \varphi}\,(i) \qquad \frac{\Gamma \Rightarrow}{\Gamma \Rightarrow \alpha}\,(o)$$

이제 S를 {e, c, i, o}의 임의의 부분 집합이라고 하자. 약화 (w)는 (i) + (o)에 해당한다. FL_S는 S로부터 구조 규칙들을 더해 얻어진 체계를 나타낸다. 가령 FL_e는 FL에 교환 규칙을 더해 얻어진 겐첸 체계이다. 참고로 위 규칙들을 모두 더해 얻어진 체계 즉 FL_{ecw}는 직관주의 명제 논리 체계이다.

우리는 FL에 구조 규칙들을 더한 확장 체계뿐만 아니라 확대 체계들도 고려할 수 있다. 가장 쉽게 고려할 수 있는 것은 체계 FL에 상항 T, F와 이에 상응하는 다음의 초기 귀결 규칙을 더한 체계이다.

$$\frac{}{\Gamma,\ F,\ \Delta \Rightarrow \varphi}\,(F) \qquad \frac{}{\Gamma \Rightarrow T}\,(T)$$

일반적으로 이러한 체계는 $FL_{\perp}$로 표현된다. 마찬가지로 $FL_{\perp}$에 구조 규칙들을 더함으로써 이의 확대 체계들을 얻을 수 있다.

3. 준구조 체계들의 공리화와 대수적 완전성

여기서는 겐첸 방식으로 소개된 FL과 이의 확장, 확대 체계들을 힐버트의 공리 연역적 방식으로 소개하고 이의 대수적 완전성을 간단히 소개한다. 우리는 편의상 따로 구분할 필요가 없을 경우, 구조 규칙들을 갖는 FL의 확장, 확대 체계들을 애매하게 $FL_{(\bot)}s$로 표현할 것이다.

3.1 FL 그리고 $FL_{(\bot)}s$의 공리화

이 절에서는 2절에서 소개한 FL과 이의 확장, 확대 체계들 $FL_{(\bot)}s$의 공리화를 소개한다.

2절에서 소개한 것처럼 우리는 명제 변항들의 집합 *VAR*, 이항 연결사 →, ←, &, ∧, ∨, 그리고 상항 f, t와 다음으로 정의된 이항 연결사들로부터 귀납적으로 구성된 식들 *FOR*을 갖는 가부번의(countable) 명제 언어 위에서 (잔여 속(residuated lattices)에 기반한) 논리를 정초한다.

(df1) $\sim\varphi \ := \ \varphi \rightarrow \mathrm{f}$.

(df2) $\neg\varphi \ := \ \mathrm{f} \leftarrow \varphi$.

먼저 FL은 다음의 공리 도식과 추론 규칙을 통해 형식화될 수 있다.

[정의8.3.1] (Galatos et al.(2007))

FL은 다음의 공리 도식과 추론 규칙으로 이루어진다.

A1. $\varphi \rightarrow \varphi$ (자기 - 함의)

A2. $(\varphi \wedge \psi) \rightarrow \varphi$, $(\varphi \wedge \psi) \rightarrow \psi$ (∧ - 제거)

A3. $((\varphi \rightarrow \psi) \wedge (\varphi \rightarrow \chi)) \rightarrow (\varphi \rightarrow (\psi \wedge \chi))$ (∧ - 도입)

A4. $\varphi \rightarrow (\varphi \vee \psi)$, $\psi \rightarrow (\varphi \vee \psi)$ (∨ - 도입)

A5. $((\varphi \rightarrow \chi) \wedge (\psi \rightarrow \chi)) \rightarrow ((\varphi \vee \psi) \rightarrow \chi)$ (∨ - 제거)

A6. $(\psi \rightarrow \chi) \rightarrow ((\varphi \rightarrow \psi) \rightarrow (\varphi \rightarrow \chi))$ (접두화)

A7. $\varphi \rightarrow ((\psi \leftarrow \varphi) \rightarrow \psi)$ (주장)

A8. $((\psi \rightarrow \chi) \leftarrow \varphi) \rightarrow (\psi \rightarrow (\chi \leftarrow \varphi))$ (결합)

A9. $((\psi \& (\psi \rightarrow \varphi)) \leftarrow \psi) \rightarrow (\psi \rightarrow \varphi)$ (&→←)

A10. $((\varphi \wedge \mathrm{t}) \& (\psi \wedge \mathrm{t})) \rightarrow (\varphi \wedge \psi)$ (&∧)

A11. $\psi \rightarrow (\varphi \rightarrow (\varphi \& \psi))$ (→&)

A12. $(\psi \to (\varphi \to \chi)) \to ((\varphi\&\psi) \to \chi)$ (&→)

A13. t

A14. $t \to (\varphi \to \varphi)$ (t→)

A15. $\varphi \to (t \to \varphi)$ (→t)

$\varphi,\ \varphi \to \psi \vdash \psi$ (긍정식)

$\varphi \vdash \varphi \wedge t$ (연접)

$\varphi \vdash \psi \to (\varphi\&\psi)$ (→순열)

$\varphi \vdash (\psi\&\varphi) \leftarrow \psi$ (←순열).

[정의8.3.2] 2절에서 소개된 FL의 확장 체계 FL_S, $S \subseteq \{e, c, i, o\}$,는 교환, 축약, 좌 약화, 우 약화 규칙들에 상응하는 다음의 공리 도식들을 추가함으로써 얻어진다.

(Ae) $(\varphi\&\psi) \to (\psi\&\varphi)$

(Ac) $\varphi \to (\varphi\&\varphi)$

(Ai) $\varphi \to t$

(Ao) $f \to \varphi$.

약화 (Aw)는 (Ai)와 (Ao) 모두 추가한 경우에 해당한다. 마찬가지 방식으로 우리는 확대 체계들을 고려할 수 있다.

[정의8.3.3] 2절에서 소개된 FL의 확대 체계 $FL_\perp$는 FL에 상항 T, F와 다음의 공리 도식을 덧붙임으로써 얻어진다.

(AT) $\varphi \to T$

(AF) $F \to \varphi$.

마찬가지로 $FL_{\perp S}$, $S \subseteq \{e, c, i, o\}$, 체계는 [정의8.3.2]에서 소개된 교환, 축약, 좌, 우 약화와 약화 규칙들에 상응하는 공리 도식들을 추가함으로써 얻어진다.

[명제8.3.4] S가 {e, c, i, o}의 부분 집합이라고 하자. $FL_{(\perp)S}$는 FL 위에서 유한하게 공리화될 수 있다.

증명; 이는 [정의8.3.2]와 [정의8.3.3]의 공리화로부터 즉각 따라 나온다. □

구조 규칙들과 (T), (F) 규칙들에 위에서 소개한 공리들이 상응한다는 것은 사실 거의 직관적으로 자명하다. 하지만 일부 독자는 아직까지 위에서 소개한 FL의 겐첸 체계와 힐버트 체계가 동치라는 보장이 없는데 [명제8.3.4]가 어떻게 성립할 수 있는 지에 대해 의문을 가질 것이다. 이 절에서는 마지막으로 갈라토스와 오노의 Galatos & Ono (2010)에서 소개된 두 체계가 동치라는 사실을 소개한다. 이를 위하여 FL의 힐버트 체계를 HFL로 표시하고, 귀결 관계를 기호로 $\vdash_{HFL}$로 표현한다.

$(a_1, \cdots, a_n) \Rightarrow \alpha$ 형식의 모든 귀결식 s에 대하여, 우리는 식 A(s)를 $A(s) = (a_1 \ \& \cdots \& \ a_n) \rightarrow \alpha$로 정의한다. n = 0일 때, $A(s) = \alpha$로 정의한다. S가 귀결식들의 집합일 때, $A[S] = \{A(s) : s \in S\}$로 한다.

[정리8.3.5] (Galatos & Ono(2010))

각 귀결식들의 집합 S∪{s}에 대하여, $S \vdash^{seq}_{FL} s$는 $A[S] \vdash_{HFL} A(s)$를 함의한다.

증명; 우리는 FL의 규칙 도식들과 공리들의 집합 위에서의 귀납에 의해 이를 증명한다. FL의 모든 규칙 도식이 HFL에서 도출될 수 있는 규칙 도식들의 무한 집합을 야기한다는 데 주의하자. 이것은 희랍어 대문자에 의해 지시된 식들의 열의 길이가 자유롭기 때문이다. 여기서는 어떻게 (∨⇒)이 HFL에서 도출될 수 있는지를 보인다.

우리는 규칙

$$\frac{\Gamma,\ \alpha,\ \Delta \Rightarrow \varphi \quad \Gamma,\ \beta,\ \Delta \Rightarrow \varphi}{\Gamma,\ \alpha \vee \beta,\ \Delta \Rightarrow \varphi}(\vee\Rightarrow)$$

의 번역이 HFL에서 도출될 수 있다는 것을 보인다. 즉 $\Gamma=(\gamma_1, \cdots, \gamma_n)$의 길이 n과 $\Delta=(\delta_1, \cdots, \delta_m)$의 길이 m이 임의적(arbitrary)이기 때문에, 우리는 모든 n, m과 임의의 식 $\gamma_1, \cdots, \gamma_n, \delta_1, \cdots, \delta_m$에 대하여, 규칙

$$\frac{\gamma_1 \& \cdots \& \gamma_n \& \alpha \& \delta_1 \& \cdots \delta_m \rightarrow \varphi \quad \gamma_1 \& \cdots \& \gamma_n \& \beta \& \delta_1 \& \cdots \delta_m \rightarrow \varphi}{\gamma_1 \& \cdots \& \gamma_n \& \alpha \vee \beta \& \delta_1 \& \cdots \delta_m \rightarrow \varphi}$$

가 HFL에서 도출될 수 있다는 것을 보인다. $\gamma=\gamma_1 \& \cdots \& \gamma_n$이고 $\delta=\delta_1 \& \cdots \delta_m$이라고 하자. 우리는 다음 규칙들이 HFL에서 도출될 수 있다는 사실을 사용할 것이다.

$$\frac{(\varphi \& \psi) \rightarrow \chi}{\psi \rightarrow (\varphi \rightarrow \chi)}(\text{lr1}) \qquad \frac{\psi \rightarrow (\varphi \rightarrow \chi)}{(\varphi \& \psi) \rightarrow \chi}(\text{lr2})$$

$$\frac{(\varphi \& \psi) \rightarrow \chi}{\varphi \rightarrow (\chi \leftarrow \psi)}(\text{rr1}) \qquad \frac{\varphi \rightarrow (\chi \leftarrow \psi)}{(\varphi \& \psi) \rightarrow \chi}(\text{rr2})$$

$(\gamma \& \alpha \& \delta) \rightarrow \varphi$로부터 우리는 (lr1)을 사용하여 $(\alpha \& \delta) \rightarrow (\gamma \rightarrow \varphi)$를 얻을 수 있다. 그리고 (rr1)을 사용하여 $\alpha \rightarrow ((\gamma \rightarrow \varphi) \leftarrow \delta)$를 얻을 수 있다. 마찬가지로 우리는 $\beta \rightarrow ((\gamma \rightarrow \varphi) \leftarrow \delta)$를 얻는다. 따라서 (연접), (∧-도입), (긍정식)을 사용하여 우리는 $(\alpha \vee \beta) \rightarrow (\delta \rightarrow (\gamma \rightarrow \varphi))$를 얻는다. 그러므로 규칙 (lr2)와 (rr2)를 사용하여 원하던 대로 $(\gamma \& (\alpha \vee$

$\beta)\&\delta) \rightarrow \varphi$를 얻는다.

나머지 것들에 대한 증명은 독자들에게 남겨져 있다. □

[연습8.3.6] [정리8.3.5]의 증명에서 (lr1), (lr2), (rr1), (rr2)를 증명하시오.

[귀결8.3.7] 귀결 관계 $\vdash^{seq}_{FL}$과 $\vdash_{\mathrm{HFL}}$은 같다(equal).

증명; [정리8.3.5]에 의해 우리는 $\vdash^{seq}_{FL} \subseteq \vdash_{\mathrm{HFL}}$을 갖는다. (긍정식)이 $\vdash^{seq}_{FL}$에서 충족될 수 있다는 것과 HFL의 공리들이 $\vdash^{seq}_{FL}$의 정리라는 것은 분명하다. 실제로 FL에서 다음의 증명은 $\vdash^{seq}_{FL} \Rightarrow (\beta \rightarrow \delta) \rightarrow ((\alpha \rightarrow \beta) \rightarrow (\alpha \rightarrow \delta))$라는 것을 보여준다.

$$
\dfrac{\dfrac{\dfrac{\dfrac{\dfrac{\dfrac{\alpha \Rightarrow \alpha \quad \beta \Rightarrow \beta}{\alpha,\ \alpha\rightarrow\beta \Rightarrow \beta}(\rightarrow\Rightarrow) \qquad \delta \Rightarrow \delta}{\alpha,\ \alpha\rightarrow\beta,\ \beta\rightarrow\delta \Rightarrow \delta}(\rightarrow\Rightarrow)}{\alpha\rightarrow\beta,\ \beta\rightarrow\delta \Rightarrow \alpha\rightarrow\delta}(\Rightarrow\rightarrow)}{\beta\rightarrow\delta \Rightarrow (\alpha\rightarrow\beta)\rightarrow(\alpha\rightarrow\delta)}(\Rightarrow\rightarrow)}{\Rightarrow (\beta\rightarrow\delta)\rightarrow((\alpha\rightarrow\beta)\rightarrow(\alpha\rightarrow\delta))}(\Rightarrow\rightarrow)}{}
$$

따라서 $\vdash^{seq}_{FL} \supseteq \vdash_{\mathrm{HFL}}$이다. □

[연습8.3.8] 긍정식이 $\vdash^{seq}_{FL}$에서 충족될 수 있다는 것과 HFL의 공리들이 $\vdash^{seq}_{FL}$의 정리라는 것을 증명하시오.

3.2 FL과 확장/확대 체계들의 대수적 완전성

준구조 체계 FL과 이의 확장/확대 체계들의 대수적 완전성을 보이기 위하여 우리는 이에 상응하는 대수들의 집합(class) **FL**과 $\mathbf{FL}_{(\perp)S}$를 정의한다. 각각의 의미론적 귀결 관계는 $\models_{\mathbf{FL}}$과 $\models_{\mathbf{FL}_{(\perp)S}}$로 기호화될 수 있다.

먼저 **FL**의 원소인 정규 람벡 대수(Full Lambek algebra) FL - 대수를 정의한다.

[정의8.3.9] *FL - 대수*(FL-algebra)는 아래와 같은 구조 A = (A, t, f, ∧, ∨, *, →, ←)이다.

(Ⅰ) (A, ∧, ∨)은 속(lattice)이다.

(Ⅱ) (A, *, t)는 모노이드이다.

(Ⅲ) 모든 x, y, z∈A에 대하여,

$y \leq x \rightarrow z$ iff $x * y \leq z$ iff $x \leq z \leftarrow y$ (잔여)

(Ⅳ) f는 A의 임의의 원소이다.

잔여 속들(residuated lattices)은 FL - 대수들의 f가 없는 환원들이다. 즉 위 정의의 (Ⅰ) - (Ⅲ)을 만족하는 구조 **A** = (A, t, ∧, ∨, *, →, ←)이 잔여 속이다. FL의 확장/확대 체계들을 위한 대수는 구조 규칙과 초기 규칙에 상응하는 등식을 만족하는 FL - 대수이다.

[정의8.3.10] (i) FL_S - 대수, $S \subseteq \{e^A, c^A, i^A, o^A\}$,는 교환, 축약, 좌, 우 약화 규칙들에 상응하는 다음의 등식(부등식)들을 FL - 대수에 추가함으로써 얻어진다.

(e^A) 임의의 x, y∈A에 대하여, $x*y=y*x$.

(c^A) 임의의 x∈A에 대하여, $x \leq x*x$.

(i^A) 임의의 $x \in A$에 대하여, $x \leq t$.
(o^A) 임의의 $x \in A$에 대하여, $f \leq x$.

(ii) $FL_{\perp}$ - 대수는 닫힌 FL - 대수이다. 즉 다음을 만족하는 구조 A = (A, ⊤, ⊥, t, f, ∧, ∨, *, →, ←)이다.
(I) (A, ⊤, ⊥, ∧, ∨)은 최대, 최소 원소 ⊤, ⊥를 갖는 닫힌 속(bounded lattice)이다.
(II) 구조 A = (A, t, f, ∧, ∨, *, →, ←)은 FL - 대수이다.
마찬가지로 $FL_{\perp S}$ - 대수를 정의할 수 있다.

앞으로 우리가 특별히 구분할 필요가 없다면 L - 대수에 의해 [정의8.3.9]와 [정의8.3.10]에서 소개된 FL과 이의 확장/확대 체계들에 상응하는 대수들을 애매하게 표현한다.

값 매김, 항진, 모델, 귀결 등에 대한 정의는 다음과 같다.

[정의8.3.10] (값 매김) A가 L - 대수라고 하자. A - 값 매김은 다음을 만족하는 함수 v : FOR → A이다. $v(\varphi \to \psi) = v(\varphi) \to v(\psi)$, $v(\psi \leftarrow \varphi) = v(\psi) \leftarrow v(\varphi)$, $v(\varphi \wedge \psi) = v(\varphi) \wedge v(\psi)$, $v(\varphi \vee \psi) = v(\varphi) \vee v(\psi)$, $v(\varphi \& \psi) = v(\varphi) * v(\psi)$, $v(f) = f$, $v(t) = t$, (그리고 $FL_{\perp}$에 관한 한 $v(F) = \perp$, $v(T) = \top$).

[정의8.3.11] A는 L - 대수, T는 이론, φ는 식, K는 A - 대수들의 집합(class)이라고 하자.

(i) (항진(Tautology)) 각각의 A - 값 매김 v에 대하여, $v(\varphi) \geq t$일 때, φ는 A에서 *t - 항진* 간단히 *A - 항진*이다 (또는 *A - 타당*하다).
(ii) (모델(Model)) 임의의 $\varphi \in T$에 대하여, $v(\varphi) \geq t$일 때, φ는 T의 *A - 모델*이다. *Mod(T, A)*에 의해 우리는 T의 A - 모델들의 집합(class)을 지시한다.
(iii) (의미론적 귀결) 각각의 $A \in K$에 대하여, Mod(T, A) = Mod($T \cup \{\varphi\}$, A)일 때, φ는 K에 관한 한 T의 *의미론적 귀결*이다. $T \vDash_K \varphi$에 의해 우리는 이러한 귀결을 지시한다.

[정의8.3.12] (**L - 대수**) L은 FL 체계, T는 이론, φ는 식, A는 대수라고 하자. φ가 T에서 L - 증명가능 할 때마다 즉 $T \vdash_L \varphi$일 때, A의 집합에 관한 한 φ가 의미론적 귀결일 때 우리는 A를 **L - 대수**라고 부른다. MOD(L)에 의해 우리는 **L - 대수**들의 집합을 지시한다. 아울러 $T \vDash_{MOD(L)} \varphi$ 대신 $T \vDash_L \varphi$라고 쓴다.

L - 대수를 위한 각 조건이 등식 형태를 갖고 있거나 등식으로 정의될 수 있기 때문에 모든 L - 대수들의 집합이 버라이어티라는 것을 확신할 수 있다. 그렇다면 6장 5절에서와 유사한 방식으로 우리는 체계 L이 주어진 정의를 이용하여 L - 대수들의 버라이어티에 의해 특징지어 질 수 있다는 것을 보일 수 있다.

[연습8.3.13] L이 대수적으로 완전하다는 것을 보이시오.

준구조 논리 FL과 이의 확장/확대 체계들이 대수적으로 완전하다는 것은 *대수화할 수 있음(algebraizability)*을 통해서도 보일 수 있다. '대수화할 수 있음'은 블록과 피고지(W. J. Blok & D. Pigozzi)의 Blok & Pigozzi(1989)에 기인한 것으로, 이들에 따르면 (어떤 언어 $\mathscr{L}$의 식들의 집합 $FOR_{\mathscr{L}}$ 위에서) 귀결 관계 $\vdash$이 대수화될 수 있다(algebraizable)는 것과 집합 **K**가 $\vdash$에 대한 동치 대수 의미론(equivalent algebraic semantics)이라는 것은 다음으로 정의된다. 모든 문장들의 집합 $T \cup \{\varphi\}$와 등식 s = t에 대하여,

(1) $T \vdash \varphi$ iff 모든 $j \in J$에 대하여, $\{\delta_j(\varphi) = \varepsilon_j(\varphi) : j \in J,\ \varphi \in T\} \vDash_K \delta_j(\varphi) = \varepsilon_j(\varphi)$이다. 그리고,

(2) $s = t \dashv\vDash_K \{\delta_j(s \Delta_i t) = \varepsilon_j(s \Delta_i t) : i \in I,\ j \in J\}$

인 $\mathscr{L}$의 이항인 정의될 수 있는 연결사들의 (유한) 집합 $\{\Delta_i : i \in I\}$와 한 변항에서 $\mathscr{L}$-등식들의 (유한) 집합 $\{\delta_j = \varepsilon_j : j \in J\}$가 있다.

$\tau(\varphi)$가 모든 $j \in J$에 대하여, $\delta_j(\varphi) = \varepsilon_j(\varphi)$임을 나타내고, $\tau[T]$가 $\{\tau(\varphi) : \varphi \in T\}$를 나타낸다고 하자. 추가로 등식 $s = t$에 대하여 $\rho(s = t)$가 $\{(s \Delta_i t) : i \in I\}$라고 하고, $\rho[S]$가 $\bigcup\{\rho(u = v) : \{u = v\} \in S\}$라고 하자. ρ는 등식들(의 집합)으로부터 식들(의 집합)으로의 번역으로 간주될 수 있고, τ는 식들(의 집합)으로부터 등식들(의 집합)으로의 번역으로 간주될 수 있다. 이제 위의 (1), (2)는 다음으로 재 진술될 수 있다.

(1′) $T \vdash \varphi$ iff $\tau[T] \vDash_K \tau(\varphi)$이고,
(2′) $s = t \;=\!\!\!\mid\vDash_K \tau[\rho(s = t)]$.

이제 모든 등식들의 집합 $S \cup \{s = t\}$에 대하여, (1′)과 (2′)을 사용하여 다음을 얻을 수 있다.

(3) $S \vDash_K s = t$ iff $\rho[S] \vdash \rho(s = t)$이고,
(4) $\varphi \dashv\vdash \rho[\tau(\varphi)]$.

(2′)과 (4)에 의해, τ와 ρ는 식들의 집합과 등식들의 집합 사이의 상호 역 함수(inverse map)로 이끌어질 수 있고, (1)과 (3)에 의해 구문론적 귀결과 의미론적 귀결 사이의 상응이 이루어지도록 한다. 이 (1)과 (3)의 상응이 강한 완전성을 나타낸다.

이러한 방식을 사용한 보다 자세한 증명을 위해서는 갈라토스(외) Galatos et al.(2007) 2장 2.6절이나 갈라토스와 오노 Galatos & Ono (2006)을 참조하기 바란다.

4. 겐첸식 체계와 자름 규칙 제거++

겐첸식 귀결식 체계의 장점 중의 하나는 자름 (규칙) 제거의 용이성이다. 즉 자름 규칙이 불필요하다는 것을 보이기에 편리한 체계이다. 자름 제거를 위한 증명 방법에는 의미론적, 구문론적, 대수적 방법이 있다. 여기서 소개할 것은 구문론적 방법이다. 다음에서 소개할 내용은 기본적으로 오노와 고모리 Ono & Komori(1985)와 오노 Ono(1990)에서 소개된 내용들이다.

준구조 체계 FL과 이의 몇몇 확장 체계들의 자름 제거는 다음과 같이 보여질 수 있다.

[정리8.4.1] 자름 제거는 R = {c}를 제외한 R⊆{e, c, i, o}인 겐첸 체계 FL_R에서 성립한다.

증명; (개략(sketch)) 여기서는 먼저 체계 FL의 자름 제거를 증명한다. 귀결식 s가 FL에서 증명될 수 있고, P가 s의 증명이라고 하자. 우리는 마지막 귀결식 s의 변화 없이 P에서 자름 규칙의 적용이 제거될 수 있다는 것을 보인다.

우리는 귀납적으로 자름 규칙의 적용을 제거한다. 먼저 다음 형식의 자름 규칙의 적용을 고려하자.

$$\frac{\Gamma \Rightarrow \alpha \quad \Theta,\ \alpha,\ \Xi \Rightarrow \varphi}{\Theta,\ \Gamma,\ \Xi \Rightarrow \varphi}(\text{자름})$$

이것이 P에서 자름 규칙의 가장 윗부분(uppermost) 적용 중 하나라고 하자. 즉 (P의 부분증명으로서) 위 귀결식의 두 증명이 자름을 포함하지 않는 그런 것이라고 하자. 위의 자름 규칙의 식 α는 자름 규칙 적용의 자름식(cut formula)이라고 불린다. 이 자름의 등급(grade)은 자름식의 길이로 정의된다. 이 자름의 사이즈(size)는 k_1과 k_2가 각각 왼쪽 위 귀결식 $\Gamma \Rightarrow \alpha$와 오른쪽 위 귀결식 $\Theta, \alpha, \Xi \Rightarrow \varphi$의 증명에서 나타나는 귀결식들의 총수인 이 두 수의 합 k_1+k_2이다.

이 자름 제거는 그 자름을 1) 밀어 올리거나(push up) 2) 자름식을 더 단순한 식으로 대치하는 방식으로 이루어진다.

1) 밀어 올리기

다음의 자름을 고려하자.

$$\dfrac{\dfrac{\Sigma, \beta, \Gamma \Rightarrow \alpha}{\Sigma, \beta\wedge\gamma, \Gamma \Rightarrow \alpha} \quad \Theta, \alpha, \Xi \Rightarrow \varphi}{\Theta, \Sigma, \beta\wedge\gamma, \Gamma, \Xi \Rightarrow \varphi} \text{ (자름)}$$

이 자름은 같은 마지막 귀결식을 갖는 보다 단순한 다음의 것에 의해 대치될 수 있다.

$$\dfrac{\dfrac{\Sigma, \beta, \Gamma \Rightarrow \alpha \quad \Theta, \alpha, \Xi \Rightarrow \varphi}{\Theta, \Sigma, \beta, \Gamma, \Xi \Rightarrow \varphi} \text{ (자름)}}{\Theta, \Sigma, \beta\wedge\gamma, \Gamma, \Xi \Rightarrow \varphi}$$

오른쪽 위 귀결식이나 왼쪽 위 귀결식이 거기서 자름식이 부차 식(side formula)인 규칙의 아래 귀결식일 때, 같은 논증이 성립한다.

2) 자름식을 더 단순한 식으로 대치

자름의 오른쪽 위 귀결식과 왼쪽 위 귀결식이 자름식 φ가 주된 식(main formula)인 규칙들의 아래 귀결식들이라고 하자. 예를 들어 φ가 $\beta\wedge\gamma$ 형식인 다음 자름 경우를 고려하자.

$$\dfrac{\dfrac{\Gamma \Rightarrow \beta \quad \Gamma \Rightarrow \gamma}{\Gamma \Rightarrow \beta \wedge \gamma} \quad \dfrac{\Theta, \beta, \Xi \Rightarrow \delta}{\Theta, \beta \wedge \gamma, \Xi \Rightarrow \delta}}{\Theta, \Gamma, \Xi \Rightarrow \delta} \text{(자름)}$$

이 자름은 같은 마지막 귀결식을 갖는 자름식이 보다 단순한 다음에 의해 대치될 수 있다.

$$\dfrac{\Gamma \Rightarrow \beta \quad \Theta, \beta, \Xi \Rightarrow \delta}{\Theta, \Gamma, \Xi \Rightarrow \delta} \text{(자름)}$$

이 두 종류의 대치를 반복적으로 적용함으로써, 적어도 위 귀결식들의 하나가 초기 귀결식들의 하나인 자름 규칙의 적용에 이르게 된다. 예를 들어 자름 규칙이 다음의 형식이라면,

$$\dfrac{\Gamma \Rightarrow \alpha \quad \alpha \Rightarrow \alpha}{\Gamma \Rightarrow \alpha} \text{(자름)}$$

우리는 이 증명을 가정에 의해 왼쪽 위 귀결식 $\Gamma \Rightarrow \alpha$의 증명에 의해 대치할 수 있다. 다른 경우는 유사하게 다루어질 수 있다.

이러한 추론을 통해 우리는 FL을 위한 자름 제거 성질을 보일 수 있다.

다른 체계들을 위한 자름 제거는 비슷하게 입증될 수 있다 □

참고문헌

양은석(1997). 「논리적 원리들의 타당성에 관하여」. 『논리연구』 제1집. 117-138쪽.

양은석(1998). 「논리-대수 구조에 관한 연구」. 『논리연구』 제2집. 119-150쪽.

양은석(1999). 『논리와 철학』. 서울: 동과서.

Abbott, J. C., (1967). "Semi-boolean algebra", **Mathematicki Vesnik,** 4. pp. 177-198.

Abbott, J. C., (1969). *Sets, Lattices, and Boolean Algebras.* Boston: Allyn and Bacon.

Abbott, J. C., (1976). "Orthoimplication algebras", **Studia Logica**, 35. pp. 173-177.

Anderson, A. R., (1960). "Entailment shorn of modality (abstract)", **Journal of Symbolic Logic**, 25, p. 388.

Anderson, A. R. and Belnap, N. D., (1961). "Enthymemes", **The Journal of Philosophy,** 58. pp. 713-723.

Anderson, A. R. and Belnap, N. D., (1975). *Entailment: The Logic of Relevance and Necessity,* vol 1. Princeton: Princeton Univ. Press.

Anderson, A. R., Belnap, N. D., and Dunn, J. M., (1992). *Entailment: The Logic of Relevance and Necessity,* vol 2. Princeton: Princeton Univ. Press.

Bandemer, H. and Gottwald, S., (1995). *Fuzzy Sets, Fuzzy Logic Fuzzy Method: with Applications.* Chichester: Johns Wiley & Sons.

Barcan, M. R. C., (1946). "The deduction theorem in functional calculus of first order based on strict implication", **Journal of symbolic Logic,** 11. pp. 115-118.

Batens, D. et al. (eds.), (2000). *Frontiers of Paraconsisten Logic.* Baldock:

Research Studies Press Ltd..

Beavers, M. G., (1993). "Extensions of the 0-Valued Łukasiewicz Propositional Logic", **Notre Dame Journal of Formal Logic**, 34. pp. 251-262.

Beeson, M., Veroff, R., and Wos, L., (2005). "Double-negation elimination in some propositional logics", **Studia Logica,** 80. pp. 195-234.

Běhounek, L. and Cintula, P., (2006). "Fuzzy logics as the logics of chains". **Fuzzy Sets and Systems,** 157. pp. 604-610.

Belnap, N. D., (1967). "Intensional models for first degree formulas", **Journal of Symbolic Logic,** 32. pp. 1-22.

Birkhoff, G., (1935). "On the structure of abstract algebras", **Proceedings of the Cambridge Philosophical Society,** 31. pp. 433-454.

Birkhoff, G., (1960). *Lattice Theory*, revised edition. New York.

Blok, W. J. and Pigozzi, D., (1989). *Algebraizable Logics*. Memoirs of the AMS, American Mathematical Society, Providence, Rhode Island.

Boole, G., (1854). *An Investigation of The Laws of Thought.* New York: Dover Publications, INC.

Brady, R. T., (1990). "The Gentzenization and decidability of RW", **Journal of Philosophical Logic,** 19. pp. 35-73.

Brady, R. T., (1991). "Gentzenization and decidability of some contraction-less relevant logics", **Journal of Philosophical Logic**, 20. pp. 97-117.

Burris, S. and Sankappanaver, H. P., (1981). *A Course in Universal Algebra.* New York: Springer-Verlag.

Chang, C. C., (1958). "Algebraic analysis of many-valued logics", **Translation of the American Mathematical Society**, 88. pp. 467-490.

Chang, C. C., (1959). "A new proof of the completeness of the Łukasiewicz axioms", **Translation of the American Mathematical**

Society, 93. pp. 74-80.

Church, A., (1951). "The weak theory of implication", *Kontrolliertes Denken, Untersuchungen zum Logikkalkül und der Logik der Einzelwissenschaften.* (eds.) Menne-Wilhelmy-Angil. Munich: Kommissions-verlag Karl Alber. pp. 22-37.

Cintula, P., (2006). "Weakly Implicative (Fuzzy) Logics I: Basic properties", **Archive for Mathematical Logic,** 45. pp. 673-704.

Cintula, P., Esteva, F., Gispert, J., Godo, L., Montagna, F. and Noguera, C., (2009). "Distinguished algebraic semantics for t-norm based Fuzzy Logics", **Annals of Pure and Applied Logic.** 160, pp. 53-81.

Corry, L., (1996). *Modern Algebra and Rise of Mathematical Structures*. Basel: Birkhäuser Verlag.

Curry, H. B., (1963). *Foundations of Mathematical Logic.* New York: McGraw-hill book company, INC.

Diego, A., (1965). "Sobre algebras de Hilbert", Notas de Logica Matematica, Instituto de Matematica, Universidad Nacional del Sur, Bahia Blanca 12.

Diego, A., (1966). *Les algebras de Hilbert.* Paris.

Dummett, M., (1959). "A propositional calculus with denumerable matrix", **Journal of symbolic Logic,** 24. pp. 97-106.

Dunn, J. M., (1970). "Algebraic Completeness for R-Mingle and Its Extension", **Journal of symbolic Logic**, 35. pp. 1-13.

Dunn, J. M., (1976a). "Intuitive semantics for first-degree entailment and 'coupled trees'", **Philosophical Studies**, 29. pp. 149-168.

Dunn, J. M., (1976b). "A Kripke-style semantics for R-mingle using a binary accessibility relation", **Studia Logica**, 35. pp. 163-172.

Dunn, J. M., (1982). "A relational representation of quasi-Boolean algebras", **Notre Dame journal of formal logic**, 23. pp. 353-357.

Dunn, J. M., (1986). "Relevance logic and entailment", *Handbook of*

Philosophical Logic, D. Gabbay and F. Guenthner (eds.). Dordrecht: D. Reidel Publ. Co., pp. 117-224.

Dunn, J. M., (1993a). "Partial gaggles Applied to Logics with Restricted Rules", *Substructural Logics,* P. Schröder-Heister and K. Došen (eds.). Oxford, pp. 63-108.

Dunn, J. M., (1993b). "Perp and Star: Two Treatments of Negation", **Philosophical Perspectives (Philosophy of Language and Logic),** 7. J. Tomberlin (ed.), pp. 331-357.

Dunn, J. M., (2000). "Partiality and its Dual", **Studia Logica**, 65. pp. 5-40.

Dunn, J. M. and Zhou, C. (2005). "Negation in the Context of Gaggle theory", **Studia Logica**, 80. pp. 235-264.

Dunn, J. M. and Hardegree, G. M., (2001). *Algebraic Methods in Philosophical Logic*. Oxford: Oxford Univ Press.

Dunn, J. M. and Meyer, R. K., (1971). "Algebraic Completeness Results for Dummett's LC and Its Extension", **Zeitschrift Für mathematische Logik und Grundlagen der Mathematik,** 17. pp. 225-230.

Enderton, H. B. (2002). *A Mathematical Introduction to Logic*. New York: Harcourt Academic Press.

Epstein, R. L., (1995). *The Semantic Foundations of Logic*, vol. 1. Oxford: Oxford Univ. Press.

Fitch, F. B., (1952). *Symbolic Logic*. New York: Ronald Press.

Gabbay, D. M. and Wansing, H.(eds.), (1999). *What is negation?* Dordrecht: Kluwer.

Galatos N., Jipsen, P., Kowalski, T. and Ono, H., (2007). *Residuated lattices: an algebraic glimpse at substructural logics*. Amsterdam: Elsevier.

Galatos, N. and Ono, H. (2004). "Non-associative substructural logics: algebraization, cut elimination and separation", in: Conference on Residuated Structures and Many-Valued Logics, Patras University, Greece, June 2004.

Galatos, N. and Ono, H., (2006). "Algebraization, parameterized local deduction theorem and interpolation for substructural logics over FL", **Studia Logica,** 83. pp. 279-308.

Galatos, N. and Ono, H., (2010). "Cut elimination and strong separation for substructural logics: an algebraic approach", **Annals of Pure and Applied Logic**, 161(9). pp. 1097-1133.

Gentzen, G., (1936). "Die Widerspruchsfreiheit der reinen Zahlentheorie", **Mathematische Analen**, 112. pp. 493-565.

Giambrone, S., (1985). "TW^+ and RW^+ are decidable", **Journal of Philosophical Logic,** 14. pp. 235-254.

Giambrone, S. and Meyer, R. K., (1989). "Completeness and conservative extension results for some Boolean relevant logics", **Studia Logica**, 48. pp. 1-13.

Glivenko, V., (1929). "Sur quelques points de la logique de M. Brouwer", *Académie Royale de Belgique, Bulletins de la classe des sciences,* ser. 5, vol. 15. pp. 183-188.

Gödel, K.,(1930). "Die Vollständigkeit der Axiome des logischen Funtionenkaküls", **Monatshefte für Mathematik und Physik**, 37. pp. 349-360.

Gödel, K., (1933). "Zur intuitionistischen Arithmetik und Zahlentheorie", **Ergebnisse eines mathematischen Kolloquiums**, 4. pp. 34-38.

Gottwald, S., (2001). *A Treatise on Many-valued Logics.* Baldock: Research studies press LTD.

Grzegorczyk, A., (1964). "A philosophically plausible formal interpretation of intuitionistic logics", **Indagiones Mathematicae**, 26. pp. 596-601.

Haack, S., (1996). *Deviant Logic, Fuzzy Logic; Beyond the Formalism.* Chicago: The Univ. of Chicago Press.

Halmos, P. R., (1956). "The Basic Concepts of Algebraic Logic", **The American Mathematical Monthly**, 63. pp. 363-387.

Halmos, P. R., (1962). *Algebraic Logic*. New York: Chelsea.

Henkin, L., (1950). "An algebraic characterization of quantifier". **Fundamenta Mathematicae**, 37. pp. 63-74.

Heyting, A., (1930). "Die formalen Regeln der intuitionistischen Logik". *Sitzungsberichte der Preussischen Akademie der Wissenschaften*, Physicalmathematische Klasse. pp. 42-56.

Hilbert, D. and Bernays, P., (1934). *Grundlagen der Mathematik*. vol. 1. Berlin.

Hughes, G. E. and Cresswell, M. J., (1972). "Entailment and Strict Implication", *An Introduction to Modal Logic*. London: Mathuen and co. Ltd., pp. 335-339.

Jeffrey, R. C., (1967). *Formal Logic: its scope and limits*. New York: McGraw-Hill, Inc.

Jenei, S. and Montagna, F., (2002). "A Proof of Standard completeness for Esteva and Godo's Logic MTL", **Studia Logica**, 70. pp. 183-192.

Jonhnsson, I., (1936). "Der Minimalkalkül, ein reduzierte intuitionistischer Formalismus". **Compositio Mathematica**, 4. pp.119-136.

JØrgensen, J., (1962). *A Treatise of Formal Logic*. vol. 1. New York: Russell & Russell, INC.

Kneale, W. and Kneale, M., (1982). *The Development of Logic*. Oxford: Clarendon Press.

Komori, Y., (1981). "Super-Lukasiewicz Propositional Logics", **Nagoya Mathematics Journal,** vol. 84. pp. 119-133.

Kripke, S., (1959). "A completeness theorem in modal logic", **Journal of Symbolic Logic**, 24. pp. 1-15.

Kripke, S., (1963). "Semantic analysis of modal logic - I", **Zeitschrift Für mathematische Logik und Grundlagen der Mathematik**, 9. pp. 67-96.

Kripke, S., (1965). "Semantic analysis of intuitionistic logic I", *Formal sys-*

tems and Recursive Functions. J. Crossley and M. Dummett (eds.). Amsterdam: North-Holland Publ. Co., pp. 92-129.

Lemmon, E. J., (1957). "New foundations for Lewis modal systems", **Journal of Symbolic Logic,** 22. pp. 176-186.

Lemmon, E. J., (1966). "Algebraic semantics for modal logics, I and II", **Journal of Symbolic Logic**, 31. pp. 46-65, 191-218.

Lemmon, E. J., (1977). *An Introduction to Modal Logic*. American Philosophical Quarterly Monograph Series, No. 11. Oxford: Basil Blackwell. In collaboration with D. Scott, edited by K. Segerbeg.

Lewis, C. I., (1918). *Symbolic Logic*. Berkley and Los Angeles: Univ. of California Press.

Lewis, D. K., (1973). *Counterfactuals*. Oxford: Basil Blackwell.

Łukasiewicz, J., (1910). *Ozasadzie sprzeczności u Arystotelesa*. Kraków: Academia Umiejętności.

Łukasiewicz, J., (1913). *Die logischen Grundlagen der Wahrscheinlichkeitsrechnung*. Kraków: Academie der Wissenschaften Viktor Oslawski'scher Fonds.

Łukasiewicz, J. and Tarski, A., (1930). "Untersuchungen über der Aussagenkakül", **Comptes Rendus des Seances de la Société des Sciences et les Lettres de Varsovie**, 23. pp. 30-50. In German, translated into English in Tarski (1956).

Mares, E. D., (2004). ""Four-valued" semantics for the relevant logic R", **Journal of Philosophical Logic**, 33. pp. 327-341.

Mckinsey, J. C. C. and Tarski, A., (1948). "Some theorems about the sentential calculi of Lewis and Heyting", **Journal of symbolic Logic**, 13. pp. 1-15.

McNaughton, R., (M1951). "A Theorem about Infinite-Valued Sentential Logic", **Journal of Symbolic Logic**, 16. pp. 1-13.

Meyer, R. K., Dunn, J. M. and Leblanc, H., (1976). "Completeness of relevant quantification theories", **Notre Dame Journal of Formal Logic**, 15. pp. 97-121.

Mittelstaedt, P., (M1978). *Quantum Logic*. Dordrecht: D. Reidel Publishing Co..

Moh, Shaw-Kwei, (1950). "The deduction theorems and two new logical systems", **Methodos**, 2. pp. 56-75.

Nelson, D., (1949). "Constructible falsity", **Journal of symbolic Logic**, 14. pp. 16-26.

Ono, H., (1990). "Structural rules and a logical hierarchy", *Mathematical Logic*. (ed.) P. P. Petkov. Plenum, New York. pp. 95-104.

Ono, H. and Komori, Y., (1985). "Logics without the contraction rule", **Journal of symbolic Logic**, 50. pp. 169-201.

Prior, A., (1960). "The Autonomy of ethics", **Australian Journal of Philosophy**, 38, pp. 199-206. Reprinted in Papers in Logic and Ethics. (eds.) P. T. Geach and A. J. P. Kenny. Univ. of Massachusetts Press.

Priest, G., Routley, R. and Norman, J., (eds.), (1989). *Paraconsistent Logic: essays on the inconsistent*. München: Philosophia.

Rasiowa, H., (1974). *An Algebraic Approach to Non-Classical Logics*. Amsterdam: North-Holland Publishing Company.

Rasiowa, H., (1992). "Toward fuzzy logic", *Fuzzy Logic for The Management of Uncertainty*. Chichester: Johns Wiley & Sons. pp. 5-25.

Rasiowa, H. and Sikorski, R., (1970). *The Mathematics of Metamathematics*. Warszawa: PWN.

Rescher, N., (1969). *Many-valued Logic*. New York: McGraw-Hill.

Restall, G., (1995). ""Four-valued" semantics for relevant logics (and some of their rivals)", **Journal of Philosophical Logic**, 24. pp. 139-160.

Restall, G., (2000). *An Introduction to Substructural Logics*, New York, Routledge.

Robbin, J. W., (1969). *Mathematical Logic.* New York: W. A. Benjamin INC.

Rose, A., (1953). "The degree of completeness of the 0-valued Lukasiewicz Propositional Calculus", **The Journal of the London Mathematics Society**, 28. pp. 176-184.

Rose, A. and Rosser, J. B., (1958). "Fragments of Many-valued Statement Calculi", **Transactions of the American Mathematical Society**, 87. pp. 1-53.

Routley, R. and Meyer, R. K., (1972a). "The semantics of entailment (II)", **Journal of Philosophical Logic**, 1. pp. 53-73.

Routley, R. and Meyer, R. K., (1972b). "The semantics of entailment (III)"', **Journal of Philosophical Logic**, 1. pp. 192-208.

Routley, R. and Meyer, R. K., (1973). "The semantics of entailment (I)", *Truth, Syntax, and Modality*. H. Lebranc (ed.), Amsterdam, North-Holland Publ. Co., pp. 199-243.

Routley, R. and Routley, V., (1972). "semantics of first degree entailment", **Noûs**, 6. pp. 335-359.

Ryle, G., (1949). *The concept of mind.* New York: Barnes and Noble, Inc..

Ryle, G., (1954). *Dilemmas.* Cambridge: Cambridge Univ. Press.

Scroggs, S. J., (1951). "Extensions of the Lewis system S5", **Journal of symbolic Logic**, 16. pp. 112-120.

Shramko, Y., (2005). "Dual intuitionistic logic and a variety of negations: the logic of scientific research", **Studia Logica**, 80. pp. 347-367.

Simmons, G. F., (1963). *Introduction to Topology and Modern Analysis.* Auckland: McGraw-Hill Kogakusha Ltd..

Smiley, T. J., (1959). "Entailment and deducibility", **Proceedings of the Aristotelian Society**, 59. pp. 233-254.

Smullyan, R. M., (1968). *First-order Logic*. Berlin: Spring-Verlag.

Stalnaker, R. C., (1968). "A theory of conditionals", *Studies in Logical*

Theory. Oxford: Blackwell.

Stoll, R. R., (1963). *Set Theory and Logic*. Sanfransisco: W. H. Freeman & Co..

Stone, M. H., (1936). "The Theory of Representations for Boolean Algebras", **Transactions of the American Mathematical Society**, 40. pp. 37-111. (Corry(1996)에서 재인용)

Stone, M. H., (1938). "The Representation of Boolean Algebras". **Bulletin of the American Mathematical Society**, 44. pp. 807-816. (Corry(1996)에서 재인용)

Tarski, A. M., (1930). "Über einige fundamentale Begriffe der Mathematik", *Computes Rendus des séances de la Société des Sciences et des Lettres de Varsovie,* cl. iii. vol. 23. pp. 22-29. Translated as "On some fundamental concepts of meta-mathematics" in Tarski(1956).

Tarski, A. M., (1956). *Logic, semantics, Metamathematics*. Oxford: Clarendon Press.

Thomason, R. H., (1969). "A Semantical study conservative falsity", **Zeitschrift für mathematische Logik und Grundlagen der Mathematik**, 15. pp. 247-257.

Troelstra, A. S. and Schwichtenberg H., (1996). *Basic Proof Theory*. Cambridge: Cambridge Univ. Press.

Ulich, D. E., (1970). "Decidability results for some classes of propositional calculi (abstract)", **Journal of symbolic Logic**, 35. pp. 353-354.

Ulich, D. E., (1986). "On the characterization of sentential calculi by finite matrices", **Reports on Mathematical Logic**, 20. pp. 63-86.

Urquhardt, A., (1984). "The undecidability of entailment and relevant implication", **Journal of symbolic Logic**, 49. pp. 1059-1073.

van Dalen, D., (1994). *Logic and Structure*. Third, Augmented Edition. Berlin: Spring Verlag.

Wang S. and Cintula P., (2008). "Logics with disjunction and proof by cases", **Archive for Mathematical Logic**, 47. pp. 435-446.

Wansing, H.(ed.) (1996). *Negation: A Notion in Focus*. Berlin: W. de Gruyter.

Yang, E., (2002). "T-R, TE-R, TEc-R", **Bulletin of the Section of Logic**, 31. pp. 171-181.

Yang, E.,, (2004). "Routley-Meyer semantics for some weak Boolean logics, and some translations", **Logic Journal of the IGPL**, 12. pp. 355-369.

Yang, E., (2006). "Algebraic semantics for some weak Boolean logics", **Korean Journal of Logic**, 9(2). pp. 1-30.

Yang, E., (2007). "Algebras and Semantics for Dual Negations", **Korean Journal of Logic**, 10(1), pp. 1-23.

Yang, E., (2009). "(Star-based) four-valued Kripke-style Semantics for some neighbors of **E**, **R**, **T**", **Logique et Analyse**, 207. pp. 255-280.

Yang, E., (2012a). "(Star-based) three-valued Kripke-style Semantics for Pseudo- and Weak-Boolean Logics", **Logic Journal of the IGPL**, 20. pp. 187-206.

Yang, E., (2012b). "Weakening-free fuzzy logics with the connective Δ", **Soft Computing**, 16. pp. 2089-2095.

Zadeh, L. A., (1987/1965). "Coping with the Imprecision of the Real World: An Interview with Lofti A. Zadeh", *Fuzzy Sets and Applications: Selected Papers by L. A. Zadeh*. ed. by Yager. R. R.(et al.). New York: John Willy & Sons. pp. 9-28.

〈찾아보기〉

〈ㄱ〉

〈ㅈ〉

〈ㅊ〉

〈ㅋ〉

〈ㅌ〉

〈ㅍ〉

논리와 구조
비- 고전 명제 논리의 대수적 접근

지은이 양은석
펴낸이 양오봉
펴낸곳 전북대학교출판문화원

초판 1쇄 발행 2014. 3. 20.
초판 2쇄 발행 2024. 2. 20.

전북대학교출판문화원 전라북도 전주시 완산구 어진길 32 (풍남동2가)
전화 (063) 219-5319~5322
FAX (063) 219-5323
출판등록 2012년 8월 20일 제465-2012-000021호

값 18,000원

ISBN 978-89-98534-15-8 93170